主　编◎张　杰
副主编◎杜　珉　王　力　赵新民

政策调整、产业转型中的新疆棉花经济

——棉花经济研究中心2014~2015年度研究报告

2014~2015

经济管理出版社
ECONOMY & MANAGEMENT PUBLISHING HOUSE

图书在版编目（CIP）数据

政策调整、产业转型中的新疆棉花经济/张杰主编. —北京：经济管理出版社，2016.9
ISBN 978 - 7 - 5096 - 4488 - 1

Ⅰ.①政…　Ⅱ.①张…　Ⅲ.①棉花—作物经济—研究—新疆　Ⅳ.①F326.12

中国版本图书馆 CIP 数据核字（2016）第 152881 号

组稿编辑：曹　靖
责任编辑：丁慧敏
责任印制：司东翔
责任校对：赵天宇

出版发行：经济管理出版社
　　　　　（北京市海淀区北蜂窝 8 号中雅大厦 A 座 11 层　100038）
网　　址：www. E - mp. com. cn
电　　话：（010）51915602
印　　刷：北京九州迅驰传媒文化有限公司
经　　销：新华书店
开　　本：720mm × 1000mm/16
印　　张：17.25
字　　数：334 千字
版　　次：2016 年 9 月第 1 版　2016 年 9 月第 1 次印刷
书　　号：ISBN 978 - 7 - 5096 - 4488 - 1
定　　价：58.00 元

编　委　会

主　　　任：郁兴德　朱东方

副　主　任：郭毅峰　杨兴全

委　　　员：朱北娜　康玉国　杜　珉　龚文龙

　　　　　　魏高成　王根红　梁文盈　何锡玉

　　　　　　陈志祥　张界平　王丹涛　王　力

主　　　编：张　杰

副　主　编：杜　珉　王　力　赵新民

编写组成员：王洁菲　毛　慧　董小菁　温　雅

　　　　　　周亚娟　苗海民　韩亚莉

目　　录

第三篇 产业转型

第一篇　目标价格改革

当前目标价格补贴政策执行的
风险与障碍分析

1 政策出台背景

棉花是我国种植业生产中仅次于粮食的第二大宗农产品，也是产业链延伸最长的农产品之一。棉花全产业链的和谐发展不仅关系着1.5亿多棉农的收入，还影响着棉花加工业、棉花流通业、棉纺织业和服装业的和谐发展。从1953年国家对棉花生产和流通实行指令性计划（简称统购统销）以来，棉花产业一直被政府控制，虽然1998年国家决定对棉花流通体制进行改革，但是统购统销的局面难以彻底打破。2011~2014年国家对棉花实行大规模敞开收储，棉花又重新退回至统购统销状态。

2014年中央一号文件明确提出要坚持社会主义市场经济改革方向，处理好政府和市场的关系，坚持市场定价原则，探索推进农产品价格形成机制与政府补贴脱钩的改革，并在新疆启动棉花目标价格制度。2014年4月5日，国家发改委会同财政部、农业部向社会公布了2014年棉花目标价格水平为19800元/吨，正式宣布国家启动棉花目标价格补贴政策，也标志着在重要大宗农产品领域国家将资源配置功能正式交还给市场，通过国家收储直接干涉市场的政策将逐步退出历史舞台。

棉花目标价格补贴政策设计的原理是国家依据种植棉花的盈亏平衡点，确定能够确保农民基本收益的目标价格，当市场价格低于目标价格时启动补贴机制，市场价格高于目标价格时，则停止补贴。目标价格政策是在市场形成农产品价格的基础上，通过差价补贴保护生产者利益的一项农业支持政策。

对比国家收储政策，目标价格补贴政策的优势在于：①实现了从直接干涉棉花价格向间接调控的转变，使市场配置资源的作用得到很好的发挥，调动棉农和棉企的积极性，主动采取措施应对市场竞争。②实现了全产业链受益的目标。棉花产业上下游主体棉农、棉纺、服装行业都会惠及。国储"顺价"销售的方式，恶化了产业链的利益分配格局。③很大程度上提升国家财政资金的使用效率。原有国储政策下国家财政对棉花收购环节的补贴很少，但在棉花仓储、损耗等方面的花费惊人。目标价格补贴仅在棉花市场价格低于目标价格（成本＋平均收益）的期间补贴，财政支出将大幅度下降。④大大降低了各利益主体败德的机会空间。国储政策下存在的大量诸如"转圈"、"转库"、"进口转储"等败德行为在新政策体系下不复存在。

2 各主体对目标价格政策所持态度分析

为了预测棉花价格补贴政策在实施过程中可能遇到的困难，石河子大学棉花经济研究中心专门针对目标价格补贴政策在植棉大区沙湾、乌苏、石河子等地进行了大量的实地访谈、调研，涉及对象包括：自治区棉农、兵团职工、农业生产部门、轧花厂等。通过访谈大致得出与补贴政策密切相关的各主体对目标价格19800元/吨补贴政策的实施方式、预期效果所持态度。

2.1 棉农对政策认识片面，对棉花市场价格过于乐观

作为棉花目标价格政策的最终受益者，棉农对目标价格补贴政策的认识比较片面，大部分棉农仅仅是将19800元/吨的目标价格换算成籽棉价格，并且认为当年籽棉的市场价格就是换算出的8.3元/公斤，这种对棉花价格过于乐观的心态会严重影响新棉的出售。依照对与国际棉花价格接轨的国内棉花市场价格水平的预测，2015年的皮棉价格水平最大可能将跌至14000元/吨，相对应的籽棉收购价将会在5.6元/公斤左右，如果轧花厂按照这一价格水平收购籽棉，棉农将如何抉择？对这一问题的回答，新疆地方棉农和兵团职工的答案又不同。新疆地方棉农得知市场价格将远远低于其预期水平后表示将会严重亏损，卖棉将更慎重，并且要求10月就发放补贴，否则会影响还贷，进一步导致第二年贷款受限，影响正常农业生产；在兵团，职工对目标价格的敏感程度较低，因为无论市场价格是什么水平，棉花都必须交到团场，团场会统一落实目标价格补贴。所以为了保证目标价格补贴政策顺利实施，棉农对目标价格政策的认识需要更深入，并且具体实施细则需要公开透明。

2.2 棉花加工厂观望情绪浓厚，决定谨慎收棉

轧花厂是棉花流通的重要环节，及时按照合理价格收购棉花不仅关系着新棉的及时上市，还严重影响棉农的收益。新疆地方轧花厂与兵团所属轧花厂性质迥异，所以在收购棉花决策上也表现出巨大差异。地方轧花厂大部分是民营企业，盈利是其主要生产目的，因担心2015年新棉将会出现"有价无市"，所以大部分轧花厂对新棉均持观望态度，决定谨慎收棉。兵团轧花厂归团场所有，团场只支付其加工费，加工是其生产任务，目标价格补贴政策并不会影响其正常生产，新棉的加工将一如往常。

2.3 各生产主体对目标价格补贴政策具体补贴方式观点迥异

拥有高产地的棉农希望补贴按照产量补，认为这可以激励棉花单产的提高。棉花单产无法达到380公斤/亩以上的棉农则希望按照面积补贴，认为按面积补是最公平的方式。兵团则提倡按产量补，并且依托其特殊的管理体制按照产量补贴的方式更加容易操作。国家将补贴金额划拨给各师，各师再通过各个团场的轧花厂将补贴发放下去。而地方政府主张按照面积补贴，为了保障补贴政策的实施，国家对新疆棉花种植面积进行了彻底核查，许多"黑地"被查出，以沙湾县为例，2014年的棉花种植面积是9万亩，2015年核查的结果是14万亩，加国营农产可达到18万亩，地方政府认为按面积补贴不仅有助于国家掌握真实的棉花种植面积，补贴方式也易于操作，并且不易发生寻租现象。

3 目标价格补贴政策实施过程中可能存在的风险

3.1 两种补贴体系下，骗补行为严重

新疆维吾尔自治区和新疆兵团由于管理体制不同，棉花生产经营体制也存在一定差异。为了均衡各地棉农的利益，国家决定对新疆维吾尔自治区采取"60%面积补贴+40%产量补贴"的补贴方式，而兵团则全部依照产量进行补贴。两种补贴体系下，各地政府对骗补行为需防患于未然。地方的棉农在棉花种植采收前获得60%的面积补贴，在棉花出售期棉农可能会将棉花运到周边团场销售，或是委托团场职工将其棉花出售给兵团轧花厂，骗取100%的产量补贴，如此地方的棉农将可能获得"60%面积补贴+100%的兵团产量补贴"，兵团职工也可利用

此机会向地方棉农索取一定费用。这样的骗补方式一旦发生，145 亿元的补贴总额将远远不够。

3.2 轧花企业凭借其 400 型打包机形成垄断，压低价格

国家临时收储政策执行时要求入储的皮棉必须是 400 型打包机加工的皮棉，而获得这一资质的轧花企业数量有限，并且改造一条 400 型打包机的生产线成本在 1000 万元左右。这些拥有谈判能力的轧花企业很可能依托其区域政策垄断地位侵害棉农利益，在棉花收购时压低籽棉价格，低价收购棉花加工、销售后再以较高的价格销售。国家根据皮棉市场价格和目标价格的差价对棉农进行补贴，若皮棉市场价格当中棉农应获得的利益被轧花厂盘剥，那棉农的这一部分损失将由国家补贴弥补，如此下去，棉花产业链利益分配格局的不合理将难以改善。

3.3 价格采集的不准确导致棉花市场价格有偏差

目标价格政策执行最关键的依据就是皮棉的市场价格，一旦市场机制激活，轧花企业开始入市收购，市场运行启动，每一时期的皮棉价格都关系着皮棉的最终市场价格。所以采集点的设置、采集时间的确定、价格采集次数等与棉农的收益紧密相关。棉花 9 月的开秤价、10 月收购高峰期时的价格和结束收购的价格应当最具比较优势的采摘时期，期间价格波动较大时期的价格采集作为皮棉市场价格确定的参考数据。

新棉即将入市，棉花将全面推向市场，市场机制在棉花价格形成中的作用值得期待。提前预知目标价格补贴政策执行的风险与障碍，对切实落实目标价格政策有至关重要的作用。

（王力）

关于新疆棉花目标价格
补贴的几点思考和建议

1 引 言

    2015 年中央一号文件明确提出，将在新疆启动棉花目标补贴试点，连续实施三年的棉花收储政策将不再实行，这也意味着棉花价格将放开，与市场接轨。对于棉纺企业，由于国储导致的"高价棉"时代或将终结。此次改革的方向就是从单纯的制定最低价和执行粮食的临时收储转向逐步实行目标价格，此次试点的目标价格政策是在市场形成农产品价格的基础上，通过差价补贴保护生产者利益的一项农业支持政策。目标价格按照生产成本加基本收益确定。实行棉花目标价格政策后，能够补偿试点地区棉花生产成本，并保障农民获得基本收益。当市场价格低于目标价格时，国家根据目标价格与市场价格的差价和种植面积、产量或销售量等因素，对试点地区生产者给予补贴；当市场价格高于目标价格时，国家不发放补贴。

    2010～2011 年，我国棉花市场出现大幅波动，为保护棉农，国家连续三年实施棉花临时收储政策，对棉花实行托市收购，国内棉花价格由此得到保障。但副作用也随之而来，以 2013 年为例，国内棉花脱市收购价为 20400 元/吨，而国际价格仅为 15000 元/吨，棉农利益得到了保护，棉纺织企业则因为成本高而生存艰难，数据显示，2013 年国内棉纺行业在国际国内环境持续低迷的背景下，企业开工率下滑，库存不断攀升，规模以上的棉纺企业平均开工率约为 72%，棉纱产品平均库存在 20～30 天，纯棉类产品难以摆脱亏损的局面。

    规模化以及机械化可行性较强，尤其是棉花品质优良的新疆棉区。近年来铁运、汽运补贴以及 2014 年即将执行的目标价格补贴等政策偏向，再加上中央将投 100 亿元专项资金支持新疆纺织行业发展等扶持力度，令新疆棉区吸引力大增。目前山东、河北、河南、江苏等地已有部分棉农计划到新疆包地，与此同时，伴随着内地棉花资源减少且质量方面的不足，内地棉企计划赴新疆包厂的也不在少数。目前国家有关部门就棉花目标价格机制已经在新疆各棉区展开调研，后期随着目标价格补贴机制的出台并日渐完善，将既能保障棉农产量、收益以及棉企的良性运行，也有利于国内外棉市自由化对接、缩减内外棉价差，保障棉纺行业的良性发展。

2　以历史数据确定补贴标准

美国农业补贴政策的明显特征是其计算依据以历史数据为基准，如直接补贴核算使用预先确定的补贴面积和补贴产量，而补贴面积是由历史播种面积调整而得，补贴产量是基于往期单产的平均值。而目标价格补贴政策的反周期补贴与平均作物收入选择补贴等政策落实过程中，目标价格与基础面积的核算也采用类似直接补贴的核算方式，以历史数据为准，尽量与当期的生产决策或价格脱钩，减少对市场的扭曲。但是，新疆多年以来大量"黑地"的存在导致棉花单产估算过高，这对于之后的单产估计造成了一定的不良影响。因此，在确定补贴额度时，有关部门要在基于历史单产、播种面积和收入水平的基础上，还要考虑这一部分"黑地"的产量测算，而不是简单地根据当期的单产、播种面积和收入水平，来确定农户获得补贴的额度。

3　由价格支持转向收入补贴

目标价格补贴从政策设计上更接近黄箱补贴政策，对生产和贸易会有一定的扭曲作用。虽然根据 WTO《农业协定》，要求各成员逐步弱化黄箱政策。但中国综合支持量尚未达到承诺的上限，即不超过相关年度基本农产品生产总值或中国农林牧渔业生产总值的 8.5%，因而可适当扩大价格补贴额度，建立目标价格补贴政策。同时，由价格支持转向收入补贴，减少市场干预。新增的棉花补贴尽管以保持棉农积极性为主要目的，但是其政策指向是棉农的家庭收入，而不应该是任何产品的价格或者是补贴农业投入。

4　促进形成棉花加工场竞争环境

　　棉花加工场的垄断结构，直接决定了棉花目标价补贴能否有效发放到农户手中。如果一个地区的棉花收购被一个或少数几个棉花加工场垄断了，那么他们必然会打压棉花价格，以低于市场价的价格收购棉花，以此降低棉农的谈判能力，同时使得国家棉花补贴的支出大幅上涨，给财政增加了压力，这样就大大降低了棉花补贴的效率。因此，当地政府一定要通过各种手段调控和监督一定范围内棉花加工场的数量，促进棉花加工场良性竞争环境的形成，加强棉花补贴的有效实施。

5　在目标价格补贴的基础上，实行棉花综合补贴相结合

　　一是营销贷款差额补贴。它是政府保证农民顺利出售农产品的最低保护价，即政府预定一个农产品的销售价格，并以此价格贷款给农民。农民销售农产品的价格如果高于这个价格，就可以以此贷款比率偿还贷款，相当于政府不给予补贴。如农民销售的价格低于预定价格，那么农民可以按照各个县的市场价格偿还政府贷款，那么预定价格与市场价格之差就是政府给予农民的补贴。营销贷款差额补贴可以由商品信贷公司操作。全国农产品营销贷款额度由相关的农业法案规定，其计算的主要依据是农产品价格月度报告。其还款可以选择如下三种方式：①以贷款利率加上利息成本偿还贷款。其中利息成本等于商品信贷公司从财政部借款的利率加上1%。②以农产品营销贷款的还贷利率偿还贷款。③贷款到期不偿还贷款，直接将抵押的农作物交给商品信贷公司。

　　二是继续完善棉花良种补贴。新疆棉花品种"多、乱、杂"，缺乏适合机械作业的品种，成为制约新疆优质棉生产基地建设进一步发展的重要因素。实施棉花良种补贴政策可以在降低棉农生产成本、促进农民增产增收的同时，促进新技术的推广和运用，提高植棉生产率。可见，棉花良种补贴有利于优质棉种的普及和推广，但随着种植成本的提高，有必要提高补贴标准，建议补贴标准提高到25元/亩。同时应创新补贴方式，现有的领取手续和步骤过于烦琐，大大增加了

补贴过程的管理费用，延缓了补贴的发放时间，可能会让农民放弃购买良种。因此，相关部门应该从政策上要求创新出一种新的补贴方式，简化一些不必要的手续。

三是进一步改善棉花农机补贴。现有的棉花农机补贴存在机械售价偏高、售后服务缺乏跟踪、补贴资金欠缺以及补贴政策下达时间滞后等问题，因此，相关部门应该加大对机采棉等农机的投入资金，加强领导，严密组织，并且深入到一线农村宣传农机补贴政策，加强大家对农机补贴的理解，在发放补贴时，要始终把公正廉洁作为监督检查的重点，认真落实农机纪检监察部门全过程参与农机购置补贴的工作制定，认真落实补贴工作责任制。农机部门要完善、规范补贴程序，严格补贴纪律，以高度的责任心和强烈的使命感精心组织，强化监管，做到政策宣传不走样、操作程序不变形、机具补贴不掺假、服务工作不拖腿，真正把中央的惠农政策落到实处，确保购置补贴工作顺利完成。

四是大力推进实施农业保险补贴。新疆棉花目标价格补贴为256.1元/亩是基于正常年景。如果棉区发生灾情或灾情偏重，这一补贴显然是杯水车薪，因此要采用农业保险措施。①做到应保尽保和提高赔付率，这是解决农业生产因灾减收和致贫问题的有效对策措施。②借鉴美国棉花灾害赔付做法，当收益低于预期值时保险补偿及时启动，政府只对超过预期收入10%以上的收入损失部分进行赔付，其余收入损失部分则仍由农户承担，农保针对一定区域而不是每单个农场（户）。目标价格补贴与农业保险同时启动，可保障农民植棉收益不减少。设计纯收益的92.5%作为补贴基础数据，设计农保补偿收益损失10%以上的部分，大致可保障植棉收益的稳定。

6 探索建立适应新疆区情的目标价格补贴制度

第一，设计双层启动机制，即满足省区水平上的启动标准和县水平上的启动标准之后，目标价格补贴才能启动。不同于美国农业经营多以大农场为主，新疆是以分散的、大量的小农家庭经营为主。在农场水平的衡量上，统计过程较复杂烦琐。因此，如果目标价格补贴要设计省和农场两个启动标准，那么农场水平的启动标准可以用县水平来替代。而区别于国外的行政规划，可以用省区级行政单位替代国外的州级行政单位。则平均作物收入选择补贴的政策实施条件为，实际省区水平的单位面积平均种粮收入与省区单位面积平均作物收入保障基准相比较，实际县水平的单位面积平均种粮收入与县单位面积平均作物收入保障基准相比较，两者均"低于"后者则启动目标价格补贴。

第二，相关的单产、面积、价格参考历史统计数据。新疆基准单产可以采用过去5年的单产数据，去掉最高值和最低值，剩下的3年数据平均后得到相关数据；享受补贴的面积可采用以往的计税面积，也可以采用承包经营权确定的面积，而不必采用当年的播种面积；当年该品种棉花的全省区平均价格，可以采用近3年的全省区平均价格。

第三，鉴于政策推行最大的难点是相关统计数据来源的问题，包括价格数据与播种面积数据。因此，①要加强已有的数据质量控制，在预算范围内扩大样本，减少数据抽样、调整的误差。②要开发新的价格数据来源，与大型购销商、批发市场、大学等建立合作，定点定期统计价格数据。③要建立健全棉花播种面积的统计系统，可以广泛采用实地抽样调查、卫星遥感测量等方法，准确测定棉花播种面积的数据。

7　建立棉花专业合作经济组织，促进棉花规模化经营

新疆的棉花种植主要以家庭生产为主，单个生产者的分散格局没有能力影响国内棉花价格。分散的农户是没有竞争能力的弱势群体，没有办法解决分散生产和市场调节之间的关系。棉花专业合作经济组织降低了农民外部交易的成本，实现了公平和效率，对棉花生产经营的风险和不确定因素有了很好的改善。因此，建立各种形式的农民合作经济组织显得尤为重要。棉花专业合作经济组织的目的是提高农民的收入，促进棉花产业的健康发展，提升棉农在社会经济中的谈判地位。具体措施包括：对社员种植的棉花，提供统一的技术指导，并在棉花收获时统一收购；鼓励引导农村青年、大学生参与并创办棉花经济合作社；对棉花专业合作社向本社成员销售高质量的种子、化肥等，保障棉花品质等。

（张杰　温雅）

新疆棉花目标价格政策调研分析^①

近几年，我国棉花生产支持政策备受各方关注有多方面原因的影响，主要是临时收储政策使棉花价格市场形成机制失灵，进而导致国内外棉花差价过大和国内棉花库存不断攀升。2014 年新疆目标价格政策试点实施的主要目标在于保护棉农利益，发挥市场在价格形成中的决定性作用，维持国内棉花生产的适度规模。但是事实上促进棉花质量的提高和促进棉花产业可持续发展也应该引起重视。为了了解 2014 年棉花目标价格政策实施的状况，我们在南北疆兵团和地方植棉区进行了调研，并走访当地发改委、农业局进行访谈，以期发现问题并提出建议。

1 2014 年目标价格政策试点成效和问题

1.1 政策试点的总体成效

第一，通过全口径统计、核实，较为准确地摸清了新疆棉花生产底数，2014 年棉花实际种植面积为 4017 万亩，皮棉产量达 481.2 万吨，为更好地实施一体化经营奠定了基础。解决了过去大户瞒报面积和产量等部分历史遗留问题，摸清了大户实际承包面积和真实产量。

第二，2014 年地方、兵团平均籽棉兑现价格分别为 7.8 元/公斤和 7.48 元/公斤（含国家补贴），与 2013 年相比，籽棉价格平均降幅 5% ~10%，有效保障了职工的植棉收入。

第三，随着棉花目标价格补贴及控制配额发放总量等配套政策的实施和整体

① 本文为国家社科基金项目"新疆优质棉生产基地综合补贴政策研究"（编号：13xyj017）。

推进，国内棉价理性回归市场，内外棉价差也已趋向合理区间，棉花市场价格正在从临时收储托市价格走向市场价，以市场供需为基础的市场定价机制初步形成。

第四，随着国内外棉花差价缩小和新疆棉花质量的提高，在新疆及兵团促进纺织业发展的优惠政策下，新疆纺织会重新出现新一轮投资高潮，新疆纺织企业对新疆棉花的消纳能力进一步提升。

1.2 存在的问题

（1）政策手段单一，难以促进棉花产业健康发展。目标价格政策的目的是确定棉花市场定价、保护棉农收益、稳定棉花生产规模。就目前政策实施的效果而言，市场定价目标基本达成。就保护棉农收益而言，取决于目标价格标准，2014～2015年目标价格下，棉农收益下降已成定局，间接促进了减棉和农业结构调整。但对于稳定棉花种植规模的目标缺乏约束力。同时，新疆及兵团棉花产业发展还存在质量控制、机械化发展等问题，单一的目标价格政策不堪棉花产业健康发展的要求，必须建立配套性综合补贴政策体系，支持产业健康发展。

（2）政策实施复杂，工作成本居高不下。目标价格政策实施涉及目标价格确定和采价、面积及产量核定、籽棉交售、在库公检和专业监管仓储、制定兑现价格、补贴发放、皮棉销售等环节，涉及发改委、财政、农业、统计、工商业等部门、单位和个人，各环节的衔接和配套存在一定问题，影响了政策实施效果。目前政策实施的烦琐和复杂主要体现在统计棉花种植面积和预测产量核定、统计籽棉交售量、皮棉测产和补贴资金兑付等。在面积和预测产量上至少要经过预报、初次核实、最终核实三个环节，尤其是测产工作量大，但实际效果差，但面积和预测产量却难以真正挂钩；在籽棉交售和皮棉测产上涉及参数和介入机构过多，既增加了工作的复杂程度，又增加了不必要的费用，尤其是给销售企业增加了负担和不便；在补贴资金的兑付上，实行按产量兑付或面积加产量兑付的方式，大大增加了各级单位和人员的工作量，部分部门已不堪重负。此外，政策的宣传、监督等环节也大幅度增加。

（3）按产量补贴下采价期不合理，差额补贴可靠性不足。国家层面将采价期定在9～11月，时间过短，难以真实反映市场价格水平。随着国家临时收储政策的取消，棉花加工企业和棉麻公司的棉花销售期明显延长，大多在半年以上。如11月之前，兵团棉花销售不足总产量的10%，导致市场价与采价出现偏差过大，影响了差额补贴的可靠性。

（4）棉花销售环节监管复杂，增加了负担和不便。作为2014年目标价格政策实行专业监管仓储制度，以杜绝转圈棉问题，但在出入库、移库及货权转移等监管环节程序烦琐、运转不流畅、时间长、手续多，在公检环节，按加工厂流水号组批入库，容易造成组批棉花品质参差不齐，无法按市场不同需求配置，给流通企业带来不便。在监管中，增加的运输、强制入库检验、存储环节的费用（约300元/吨），使仓储企业受益，但侵害了加工厂、棉麻公司和纺织企业利益，增加了企业负担。

此外，还存在政策不同环节衔接和配套性不够，政策与区域经济发展和棉花产业发展协调性不足等问题。

2 构建棉花综合补贴政策体系的建议

针对目标价格政策存在的问题，为了适应国内棉花产业发展的新形势、也为了满足产业发展的新要求，应构建棉花综合补贴政策体系，并加以完善和补充。

2.1 目标价格政策本身的优化

2014年的目标价格政策在中央和新疆地方政府的反复论证、高度重视和认真实施下取得了较好的效果，为下一步完善积累了宝贵经验，笔者以为应进一步从以下方面完善：

（1）目标价格政策应构建双指标实施构架。目前的目标价格政策的核心约束是目标价格标准的确定，补贴以实际种植面积或产量的发生为对象，造成了虚报面积、追求产量和忽视质量等问题，也增加了政策实施和监管的成本。建议采取目标价格标准确定和计划面积及产量确定双目标政策。双目标政策下，确定目标价格标准可以保证市场决定价格和保护棉农基本收益，确定计划面积及产量可以保证棉花合理供给和优质优价竞争优势。

（2）目标价格标准确定既要考虑棉农的生产成本，也要考虑国际市场棉花价格。即：目标价格 = 国内基础生产成本（含合理利润）×权衡系数 + 国际市场平均价格×（1 - 权衡系数）。在国内其他生产支持政策尚未建立起来时，权衡系数可适当高一些，随着国内其他支持政策的建立，逐步降低权衡系数，既有利于控制和保护国内产业，也有利于与国际价格逐步接轨。

（3）确定计划面积及产量可以保护国内棉花的合理供给、稳定棉花生产、保证棉花安全，既要考虑本地自然条件和产业结构调整的要求，也要考虑国内外棉花需求的趋势。①由研究机构根据我国棉花全产业未来发展的需要，明确我国棉花种植合理规模和产量的趋势和弹性范围，并定期评估和调整，作为确定棉花计划种植面积和产量的依据。②根据新疆光热资源丰富和水资源供给的现状，把棉花质量指标优良（确定纤维长度、韧度和马克隆值的指标的下限）和籽棉单产达到350公斤/亩以上的适合植棉的区域纳入优质棉产区，并剔除水资源缺乏地区的不合理植棉区域。③结合新疆及兵团产业结构调整的要求建立棉花种植的轮作或休耕制度和实施计划。④预测国际市场棉花供需形势和价格变动趋势，确定下年支持力度，在价格下行趋势下，计划面积和产量应适当下调，反之亦然。

（4）目标价格补贴政策应简化补贴方案。目前的目标价格补贴实施办法是按照产量或产量与面积分成进行补贴，实施过程中涉及的部门多、环节多，导致政策执行成本居高不下，同时仍具有片面重视产量、忽视质量的问题。双目标政策下，目标价格、市场价格（采价）和计划产量由国家最终确定，目标价格和计划产量确定时间为上一年度末，市场价格（采价）为当年9月15日至次年3月15日（半年），质优系数由当地质量检验部门提供上年棉花质量历史数据，并以此作为国家对地方拨款依据，即：中央拨款额度 ＝（目标价格 － 市场价格）×计划产量×质优系数。优质棉区域和计划面积由地方政府确定，当年计划面积应在2月底确定，方可纳入补贴范畴面积，并实施按面积补贴，即：每亩补贴额度 ＝ 中央拨款额度/地方地方政府计划面积。由于新疆地方和兵团经营模式和植棉水平的差异，也可酌情考虑区域差异，分别进行核算。为保证政策实施的可靠性，应建立优质棉区、计划和实际面积、计划和实际产量信息系统和数据库，实施档案和黑名单制度，另外也可以考虑根据历史棉花和政策导向（紧缩或扩张）确定补贴面积。

2.2 制定其他生产或收入补贴政策

由于目标价格政策要逐步和WTO的黄箱规则相适应，循序渐进调整目标价格，给新疆棉花产业结构调整一个过渡期，给棉花生产、加工、流通企业一个适应期，使其由数量型向质量型转变成为可行的，但就中长期而言，棉花目标价格与国际市场趋于一致是必然的。因此，加大棉花生产的"绿箱"和"蓝箱"支持力度，加强新疆优质棉基地建设，增强竞争力，加大其他补贴政策的制定就十分必要。

（1）优质棉花品种研发、推广和管理支持政策。现有的良种补贴政策已演化为普惠制，且支持额度小，难以发挥相应的作用。应加以调整：一要加大棉花新品种研发机构的支持力度，重点支持优质、更有利于机采品种研发；二要增大优质品种补贴力度；三要严格种子管理制度。

（2）给予规模化经营补贴政策。加大棉花合作社、土地连片经营支持力度，可根据农场、合作社、连片和经营规模确定支持力度。

（3）农业机械化补贴政策。现有的机械化补贴实行的是农机具购置补贴，支持力度小，除一般的农机具本身补贴外，应重点加大对棉花采摘机械化和机采棉加工的支持力度，亦可考虑对使用新疆机采棉的纺织企业给予适当补贴。

（4）地膜补贴政策。考虑生态要求，可强制使用较厚的可回收地膜，一方面解决生态问题，另一方面也有利于降低棉农成本。

（5）农业保险政策。可同时仿照发达国家对农业生产的保险政策来调控市场价格对农户生活的影响。

（6）收入补贴政策。对于部分特定区域和群体可实施收入补贴政策，主要在偏远区域、少数民族聚居区实施。

（赵新民　张杰）

我国目标价格政策试点与思考

　　农业部在库尔勒召开了"全国棉花生产工作会议"。会议上长江流域、黄河流域主管棉花生产的领导对棉花目标价格政策提出质疑，认为这是国民待遇不同的问题，为什么一个国家两种待遇。这些疑问也对新疆棉花目标价格政策的实施提出了要求与期望，虽然国家给新疆很大的政策倾斜和极大的优惠政策，但是如果做不好，可能就是"一锤子"买卖。笔者解读了这个政策，中央一号文件关于东北大豆目标价格和新疆棉花目标价格的试点政策是有一定政策背景的。什么叫政策，政策是政府行为，是政府凭借自己的权力面对市场做出的一系列措施和行动。目标价格政策实际上是一个补贴政策，在WTO贸易规则里这个政策实际上属于黄箱政策范畴，所以对于政策是否会造成贸易扭曲也是大家一致探讨的问题。这个棉花政策说白了就是1998年棉花流通体制改革的宗旨，在国家宏观调控下，依靠市场机制实现棉花的合理配置，包括我们之前实行的临时收储。但是，什么样的国家宏观调控能让市场机制运行得更好一些呢？

　　我们谈政策第一要了解它的背景，了解它的目标、手段是什么，若目标偏离了国家的大政方针，偏离了国情，偏离了实际就会有风险。棉花目标价格政策的背景实际上很简单，水行深处，必须入市，加上全球一体化的经济背景，我国棉花在不断推进市场化改革，其实很大程度上是贸易，怎样去保证生产稳定又实现市场化交易是值得关注的。"十一五"、"十二五"都在写全国棉花的发展战略，关于内定目标数量，我们的解释是保证13亿人的生活和衣着需要，这是我们的底线，其余部分可以依赖进口。棉花入市既是机遇又是挑战，机遇主要是面对纺织业，这不难理解，1999年朱镕基任总理的时候，出席了全国棉花会议，会议上特别明确的就是扎锭子，全国性的扎锭子。2001年入市到现在，我们由一亿二千万锭上涨到一亿五千万锭，这充分说明了棉花消费、棉花纺织业的快速发展。入市以来这样一个阶段，这样一个形式，也是我们当前政策出台的一个背景。

　　第二，我们现在面临着两个市场、两种资源的选择。两个市场就是我们的纺织产业，既有国际市场又有国内市场，好的话是三七开，但通常是 35% 对 65%，65% 是国内消费，35% 要送到国外。原料上，因有两个市场，那么原料也存在两种资源，一个是国内生产，另一个是国际棉源。其中国际棉源有美国、澳大利亚，需要特别重视的是印度的棉花，印度的棉花这两年对我们的影响非常之大。棉花产业链非常长，无论哪个企业都不可能控制，但有一点是成立的，孟山都在我国的种子事业基本退回了印度。分析印度近几年棉花产业的发展，可以得出印度是我们原料最大的一个威胁。2014 年印度的棉花种植面积是一亿八千亩，印度以前亩均产量 30 多斤，后来发展到 35 斤皮棉，一年一个台阶。美国的棉花和印度等其他国家的棉花，随时都会对我们进行打压，这就是我们的两个资源，两个市场的博弈，既考验棉花经营者，也考验政府的抑制力。

第三，我们现在棉花生产，发展的难度太大，长江流域、黄河流域等棉花大省均转变成粮食大省，最典型的就是河南、山东、安徽，包括长江两端都主产粮食。国家的战略发展是粮食不是棉花，所以棉花发展的难度非常大，这也正好给新疆带来了很大的发展机遇。以前棉花种植局面是"三足鼎立"，现在一半都在新疆。

第四，就是国内支持、进出口贸易政策等，虽然有很多支持政策，但能直接补到农民一卡通上的只有粮种补贴 15 元/亩，所以棉农更关心棉花价格政策。2011 年我国出台了临时收储政策，临时收储叫停，说明它有问题，三年我们一共收了 1600 万吨，棉花几乎都进到国家的库里了，那么纺织企业可以通过发配额以支持生产，但是 2013 年纺织企业愿意承受 40% 的关税去进口棉花。我们不能说这个政策一无是处，只是说差强人意，因为我们有非常特殊的一些情况，收储在新疆总的来说还是做得不错的，就是从企业、收购加工、交储最后传导到农户、兵团、自治区。但在内地却问题多多。2013 年有些地方在新疆收购价格为 9.6 元/公斤，根据测算这个价格水平是超出纺织企业承受范围的，长江流域几乎都在 4 元/公斤左右，没超过 4.5 元/公斤的。另外，在这样大政策的支撑下，黄河和长江流域面积一落再落，减少到有点不太平衡了。还有个最大的问题是国家财政，国家财政已经不堪重负，在年初的时候 1000 多个亿财政支出没有产生任何效果。所以在这种情况下，临时收储就告终了。在如此复杂的情况下，棉花还要不要生产，要不要发展，产业如何支撑，这是毋庸置疑的，我们还要发展棉花产业，这个产业对我们来讲太重要了，尤其是新疆。出台的目标价格政策是由多个部门参与制定的，从国家发改委、财政部、农业部、商务部、通信部到海关等部门都进行了讨论。目标价格政策影响棉花方方面面的利益主体，包括农业、收购加工、纺织企业等。19800 元/吨的目标价格因牵涉太多利益主体，所以经过多方商讨，作为农业部门，尤其是政策研究部门，需要用量化的指标去测算目标价格，利用成本收益、粮棉比价、国际价格等综合测算出目标价格。2014 年 9 月，在全国棉花会议上新疆棉花政策正式出台。地方按收购量的 40%、面积的 60% 进行补贴，兵团完全按产量。值得我们注意的是新疆太特殊了，面积太戏剧性了，仅自治区就报了 29800 万亩，兵团农业局报了 1300 万亩。所以新疆 2015 年单产肯定是要降低，以前没报上的面积都要均摊了，农业部测算就兵团产量便可达到 724 万吨。实际上我们的大政策都是在跟着美国人走。收储是美国贷款权的一个翻版。现在的目标价格，也是参照美国人的做法。所以我们能不能自己制定适合本国的政策，并很好地落实？难点有两个：①棉农数量庞大，种植面积细碎化严重。②我们能不能走出诚信的怪圈。美国棉花补贴政策是法案，操作不当那是违法行为，而我们国家不同，如棉花种植面积，怎么一下子多出 1000 万亩，怎样走出诚信的怪圈，怎样让我们的政策运行好是难点。

2015 年棉花目标价格政策只是个试点，希望不是"一锤子"买卖，我们的目标依然是稳定棉花的生产，关键是要提高植棉效益，保证棉农的收益，产业的稳定发展。在这个试点下，我们要未雨绸缪。

（杜珉）

新疆棉花目标价格补贴试点现状与建议

1 引 言

近年来，随着我国要素价格尤其是劳动力价格的攀升，新疆棉花低成本优势不断弱化，来自美国、印度等主要植棉国的棉花到岸价格比新疆棉花的生产成本还低，对国内棉花生产构成了巨大威胁。为保护我国棉农的利益，稳定我国棉花生产和产业安全，2011 年以来，我国实施棉花临时收储政策，但由于收储价格远高于国际棉价、抛储价格超出纺织企业的承受能力，导致大量棉花进入国库却未被纺织企业使用。几年来国内棉花市场与国际棉花市场脱节，产生了严重的价格倒挂现象，国内棉花价格较全球基准价格高出 40%，纺织企业宁愿承受高额的滑准税大量进口棉花，导致 1000 多万吨储备棉难以抛储，给国储管理、仓储、国家财政造成巨大压力。临时收储政策虽然在一定程度上保护了棉农的利益，但却大幅度抬高了国内棉花的价格，削弱了纺织企业的竞争力，难以继续执行。

棉花临时收储政策严重扭曲了棉花市场价格，市场对资源的配置作用难以发挥，探索并实行对棉花市场扭曲较小的差价补贴、稳定价格等措施成为政府、学者关注的焦点。2014 年中央一号文件明确提出在新疆实施棉花目标价格补贴试点，经国务院批准，国家发改委、财政部、农业部发布了 2014 年新疆棉花目标价格为 19800 元/吨，新疆地方与兵团也制定了目标价格补贴的执行细则。这一变化预示着国内棉花价格将回归市场，国内外长期价格倒挂的现象也将得到改善。新疆棉花目标价格改革一年来，目标价格补贴是否能保证新疆棉农的收益？政策调整能否帮助纺织企业走出发展困境？改革试点过程中还有哪些需要解决的问题？本文将对上述问题进行探索。

2　新疆棉花生产的困境

2.1　植棉面积与产量不断增加

自 1995 年新疆优质棉基地建设以来，棉花产量占全国的比重由不足 20% 增加到 2000 年的 34%，到 2012 年已占全国的 51.7%。随着新疆棉花占全国的比重持续上升，新疆棉花产业对于维护我国棉花产业安全的作用不断凸显。2013 年新疆棉花种植面积 2577.93 万亩，产量 351.8 万吨，分别占全国的 39.5% 和 55.8%，其中新疆兵团种植面积 886.22 万亩，产量 146.52 万吨，分别占新疆的 34.38% 和 41.65%[①]。据国家统计局最新发布的数据显示，由于播种面积减少等因素，2014 年我国棉花总产量为 616.1 万吨，其中新疆棉花播种面积比 2013 年增加 352.65 万亩至 2929.95 万亩，占全国的比重达到了 46.3%；棉花产量达到 367.7 万吨，占全国总产量的 59.7%。新疆棉花产业的健康发展直接决定了我国棉花产业的安全，战略地位十分重要。

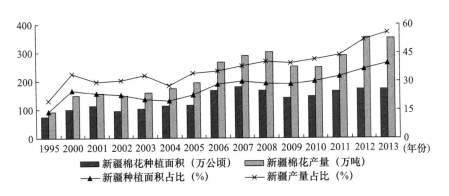

图1　1995～2013 年新疆棉花种植面积及产量

2.2　棉花品质持续下降

2010 年以前，新疆兵团生产的棉花是世界上综合评定和分等分级质量最好的棉花，无论是异性纤维控制、轧工质量还是颜色的一致性、分等分级、成熟的

---

① 新疆维吾尔自治区统计局. 新疆统计年鉴（2014）[M]. 北京：中国统计出版社，2014.

一致性、含杂率等都是控制得最到位的，新疆南疆棉用 88 片机、96 片机轧出的棉花质量及可纺性是世界一流（除三丝），得到行业内普遍好评①。而近几年随着临时收储政策的实施，植棉主体更多关注棉花的产量与衣分，而不是棉花品质；因为棉花产量越高、衣分越高，棉农的收益就越多，受利益驱动，许多棉花生产者追求皮棉衣分高的品种，而衣分高的品种其纤维品质大多不理想，造成新疆棉花品质明显下滑。本文选取 2009～2013 年棉花纤维长度、断裂比、马克隆值和长度整齐度四个指标，对新疆棉花纤维品质进行分析。

2.3　目标价格补贴试点是棉花产业市场化改革的突破性亮点

为解决"收储难以为继、棉花品质下降、库存高企与大量进口并存"等问题，2014 年国家决定结束连续实施三年的棉花收储政策，在新疆启动棉花目标补贴试点。价格改革的方向就是从单纯制定最低价和执行棉花临时收储转向逐步实行目标价格，即通过市场形成棉花价格的基础上，利用差价补贴保护生产者利益的一项农业支持政策。政府按照棉农生产成本加基本收益确定目标价格，补偿试点地区棉花生产成本，保障植棉主体获得基本收益。当市场价格低于目标价格时，国家根据目标价格与市场价格的差价和种植面积、产量或销售量等因素，对试点地区生产者给予补贴；当市场价格高于目标价格时，国家不发放补贴。这也意味着国家将放开棉花价格，探索由市场形成棉花价格的机制，在保障棉花实际种植者利益的前提下，发挥市场在资源配置中的决定性作用，合理引导棉花生产、流通、消费，促进产业上下游协调发展。

3　新疆棉花目标价格补贴实施状况

3.1　补贴实施方案

根据《新疆棉花目标价格改革试点工作实施方案》规定，棉花种植面积采取种植者申报制，新疆农业厅会同发改委、财政、国土、统计、调查总队等部门对全区棉花种植面积进行汇总、会审后，报自治区人民政府审定，建立棉花种植信息档案。棉花种植者将籽棉交到经自治区资格认定的棉花加工企业，开具填写齐全的收购发票，交售票据登记备案。棉花加工企业将加工的皮棉全部存入经自

① 全球纺织网. 新疆棉花优势丧失引发背后的思考［EB/OL］. http：//www. textile. hc360. com.

治区资格认定的棉花专业监管仓库，由专业纤维检验机构公检。国家根据核实确认的棉花实际种植面积和籽棉交售量相结合的补贴方式，中央补贴资金的60%按面积补贴，40%按实际籽棉交售量补贴，在次年1月底前和2月底前，乡（镇）财政部门和县（市、区）财政部门凭基本农户和农业生产经营单位的种植证明、籽棉收购票据，按照《新疆棉花目标价格改革试点补贴资金使用管理暂行办法》，以"一卡通"或其他形式分别将面积补贴资金和产量补贴资金先后兑付至基本农户和农业生产经营单位。

根据《兵团棉花目标价格改革试点工作实施方案》规定，各植棉师根据兵团下达的分师年度棉花种植面积计划分解后下达到各植棉团场。兵团统计局核实棉花实际种植面积，公示后逐级上报兵团，按照棉花产量进行补贴。植棉者按照单位估产将籽棉交到授权认定的棉花加工企业，棉花加工企业出具籽棉收购结算票据，兵团棉花加工企业一律不得收购地方棉花。兵团财务局根据《兵团棉花目标价格改革试点补贴资金管理办法》，按照中央拨付兵团的补贴资金总额和兵团核定的各植棉师棉花产量，拟定各植棉师棉花目标价格补贴资金方案，经兵团审定后，在中央财政补贴资金到位10日内，向植棉师拨付补贴资金。师财务局在兵团补贴资金到位10日内，拨付至团场，团场（兵直单位）20日内按照种植者籽棉交售票据兑付补贴资金。

3.2 补贴实施现状

按照新疆地方与兵团补贴方案，新疆地方目标价格补贴共分两次发放，兵团目标价格补贴一次发放，均应在2015年1月底前发放。新疆籽棉的交售已接近尾声，市场价格的采价期也已结束，财政部根据目标价格与市场价格的差价和国家统计局调查的皮棉产量测算补贴资金总额，进行目标价格补贴。为了缓解棉农还贷、支付拾花费以及备耕的压力，新疆维吾尔自治区政府向国家相关部门提出申请提前发放部分目标价格补贴，因此中央财政部门拨付了这次目标价格部分补贴的预拨款，中央财政拨付新疆地方的首批棉花目标价格补贴资金35亿元已到位，按照补贴基本农户的要求，再结合其种植面积，各县、区棉农于11月底相继领取到了191元/亩的补贴款，补贴发放对象为基本农户，农业生产经营单位（地方国有农场、司法农场、部队农场、非农公司、种植大户等各种所有制形式的棉花生产者）并不在此次发放范围内，不过其享受同样补贴，只是发放时间略有延后。

3.3 补贴效果初显

虽然对植棉者的目标价格补贴还未全部兑现，但已对产业链各环节产生重要的影响。

首先，皮棉价格已大幅下降，根据相关数据显示，2013年国家临时收储的棉花是20400元/吨，卖到市场价格的是19000多元/吨，而同样等级的棉花从国外进口才14000元/吨左右，使得纺织企业难以用得起国产棉。价格试点改革后，尤其是2014年新棉入市后，市场竞争使国产棉价格下降，维持在14000元/吨左右，大幅降低了我国纺织企业的用棉成本。2014年1~10月，纺织工业出口情况好于预期，呈现稳步向上的势头，纺织企业运行质量总体平稳，效益稳定增长。

其次，棉花质量大幅提升，目标价格补贴政策实施之后，新疆棉花质量大幅提升，兵团公检棉花2级棉占80%以上。截至12月11日，2014年棉花全国公检量325.3万吨，其中新疆282.3万吨，公证检验结果显示总体质量指标好于2013年，平均等级达到2.54级。实施目标价格补贴后，受补贴政策和市场的双重作用，棉农直接交售棉花比例提高，棉花收购加工企业质量意识也显著增强，新疆地方和兵团棉花纤维分别比2013年增长0.79厘米和0.87厘米，断裂比分别增加0.83厘牛/特克斯和1.27厘牛/特克斯，平均长度整齐度值增加0.37%和1.12%，棉花的内在品质大幅提升。

4 存在的问题

4.1 补贴发放时间问题

新疆棉农平均植棉面积较大，且种植成本较高，大部分棉农和兵团植棉职工通过联合担保贷款植棉，每年春季由几户农民联合担保，便可获得银行提供的低息贷款，秋季棉花收获后售棉还贷；另有部分南疆棉农植棉资金主要为民间借贷，还款时间一般集中在11~12月，棉农需要通过售棉还贷。这种春贷秋还的贷款模式给广大农民带来了实惠，但是2015年受市场因素影响，棉花价格维持在6元/公斤，再加上受低温大风的影响，产量降低，棉农面临还贷难问题。虽然国家首批预拨付的按照面积补贴的资金近日将发到棉农手中，但其余补贴可能要到下一年1月才能全部兑付，这有可能造成部分农户不能按时还贷。势必降低棉农的信用度，给来年植棉贷款造成影响。因此，如何协调植棉农户的生产周期、贷款周期和补贴发放周期，需要合理安排。

4.2 特殊情况补贴公平问题

目标价格补贴实施前，在南疆由于部分少数民族棉农种植规模小，逐步形成了通过棉花贩子进行种植贷款，待棉花采收后以棉还贷的模式，在实施目标价格补贴的过程中，如何补贴更公平合理变得十分重要。据中国棉纺织行业协会调研对喀什麦盖提县图木图莎尔乡托万库木库萨尔村的调研，该村 40% 的土地用来种棉花，95% 的棉农都将籽棉卖给棉花小商贩。棉农因手中缺乏相关凭证，将影响补贴款的发放，棉农收入不仅比上年减少很多，也将影响下年种植棉花的积极性[①]。因此，应制定更符合实际的政策，解决上述问题。

同时，在新疆植棉过程中存在大量的农地流转和租地植棉现象，虽然新疆补贴方案已明确规定补贴对象为棉花实际种植者，但在植棉收益不断变化、难以形成合理预期的情况下，土地出租人和承租人如何进行合理的收益（补贴）分配成为重点。如土地的发包人和承包人关系明确，合同明确约定发包人收取现金地租的，可将棉花补贴直接发放给实际种植者[②]。对于承包合同不完备的，如何设计公平合理的补贴方式以维护双方的利益，减少补贴争议。

4.3 入库公检影响皮棉买卖问题

要进行目标价格补贴，需要核实棉花的实际产量，入库公检成为确定棉花产量的重要手段之一；同时，通过纤检部门的公检，为交易双方创造了公平、公正的交易环境，维护了交易双方的利益，规范了棉花流通秩序。但据棉花加工厂、流通企业和用棉企业反映，入库公检费时、买卖手续烦琐、运输棉花困难给皮棉交易造成一定的影响。过去棉花质量检验是抽样送检，改革后要求全部棉包送至监管库取样检查。申请预约入库加上公证检验需要 10 天左右，这意味着企业加工的皮棉至少要 10 天后才能销售。同时，运费和其他费用约 200 元/吨，企业负担加重。也有企业反映，2015 年颁布的有关政策致买棉卖棉环节过多、手续烦琐，增加了企业的用棉成本和时间成本，望能得到简化。另外，由于棉花公检标准的部分指标与纺织企业的需求不一致，导致机采棉存在过度加工的问题，造成棉纤维品质下降，考虑如何进行合理调整，才能促进交易双方收益的增加。

---

① 中国纺织网. 棉花目标价格改革的喜与忧［EB/OL］. http：//info. texnet. com. cn/content/2014 – 12 – 03/499551. html.

② 天山网. 新疆自治区首批棉花直补资金陆续到位［EB/OL］. http：//news. ts. cn/content/2014 – 12/03/content_ 10783462. htm.

5 建 议

5.1 补贴应符合 WTO 贸易规则

我国是 WTO 成员国，对农产品的补贴应在 WTO 农业多边协议框架下实施。按照 WTO 贸易规则规定农业补贴包括两种：一种是不会对农产品的产出结构和农产品市场造成直接显著扭曲的政策，如政府对农业科技、农田水利、农业生态环保等方面的投资，称为"绿箱政策"；另一种补贴会对产出结构和农产品市场造成直接明显的扭曲性影响，如对农产品提供的价格、出口或其他形式补贴，称为"黄箱政策"，WTO 农业协议反对"黄箱政策"。棉花目标价格补贴政策显然是"黄箱政策"，属于农业协议限制和削弱的政策。虽然我国目前实施的目标价格补贴还未达到谈判的农产品价格补贴、投资补贴和投入品补贴总额的上限，即农产品总值的8.5%，但如果单独按照籽棉价格计算的话，补贴空间极其有限，按照2013年新疆籽棉价格8元/公斤计算，2014年棉花的最高补贴仅为0.68元/公斤，而目前补贴数量远远超过该数值。因此，应合理设计，安排各项补贴，使目标价格补贴既符合 WTO 农业协议，又保护我国棉花产业安全。

5.2 实施以目标价格为标准确定补贴资金的综合补贴

实施目标价格补贴的最终目标是提高棉花的生产效率，而目前这种按照面积与产量进行补贴的方式，棉农确实可以保持一定的植棉收入，但补贴并未与提高生产效率的措施挂钩，难以激励棉农采用新技术、新品种，补贴对提高生产效率的作用不大。因此，可以利用目标价格测算补贴资金总额，然后通过对新装备、先进生产模式与组织方式进行补贴，提高棉花的生产效率。结合新疆棉花生产的实际，应在加大棉花良种补贴标准的基础上，增加滴灌、化肥、农机等生产资料的补贴；支持发展多种形式的规模化棉花生产主体，增加新型棉花规模化经营主体的发展资金；加大信贷扶持力度，开展棉花规模化经营组织评级授信，对棉农提供优惠信用政策，加大对棉花生产的信贷支持；加强对品种、种植模式、棉花种植管理及收获机械化等科研资金投入力度，提高棉花生产单产、总产量，提高机械化使用程度，降低棉农劳务支出，增加棉花产值及效益。

5.3 提高棉农售棉议价能力是提升补贴效率的关键

完善的市场是高效资源配置方式的基础，目标价格补贴就是要让市场在棉花价格形成中发挥决定性作用，各交易环节市场价格的形成既是供给与需求决定的，也是买卖双方博弈的结果。棉花目标价格补贴的关键点之一是形成怎样的籽棉价格，在目标价格确定的情况下，籽棉市场价格越低，国家补贴的资金就越多，财政资金的使用效率相应的也越低。如果棉农面对的棉花加工企业是垄断性较强的市场结构，那么棉农的议价能力远远低于垄断性的棉花加工企业，棉花加工企业势必会压低籽棉的价格，造成财政资金的浪费。反之，如果棉花加工企业形成竞争性的市场结构，企业之间的竞争会抬高籽棉价格，籽棉市场价格与目标价格之间的差距就会缩小，财政补贴的资金就少，相应地财政资金的补贴效率就会提高。可见，如何提高棉农售棉的议价能力，塑造棉花加工、流通企业有序竞争的市场结构是提高财政补贴效率的关键。因此，政府要通过各种手段调控和监督棉花加工企业的数量，促进形成棉花加工企业的良性竞争环境，提高棉花目标价格补贴的使用效率。

（张杰 杨杨）

新疆棉花目标价格补贴政策的
实施效果与对策分析

棉花产业对国计民生举足轻重，而对新疆来说，棉花生产在增加各民族农民和团场职工收入方面具有不可替代的作用。目前，新疆全 14 个（地、州）中的 67 个县（市）种植棉花，约有 50% 的农户（其中 70% 以上是少数民族）从事棉花生产，新疆生产建设兵团（以下简称兵团）的棉花产量占到新疆棉花生产的半壁江山，新疆已成为我国最大的优质棉生产基地①，棉花种植面积、总产量、单产产量和调出量四项指标连续 21 年全国第一。新疆维吾尔自治区农业厅的数据显示：2014 年，新疆棉花种植面积 2967 万亩，产量 309 万吨，约占全国棉花种植面积的 46.3%，占全国棉花产量的 59.7%（数据来源：国家统计局）；棉花产值占全区种植业产值的 62%，新疆农民收入中的 40% 来自棉花生产（主产区则占到 65% 以上）。新疆棉花经济的健康、可持续发展对实现我国棉花产业安全、推动新疆跨越式发展和长治久安具有重要的战略意义。

1 新疆棉花目标价格补贴政策实施的背景

1.1 我国植棉分布不断调整，新疆植棉优势逐步凸显

长期以来，我国棉花种植主要分布在黄河流域、长江流域和西北内陆三大主产棉区，但随着我国劳动力等要素价格的大幅上升，棉花生产在我国黄河流域和长江流域棉区的机会成本逐渐增大，而新疆地区的植棉优势逐步凸显，植棉格局发生重大变化，新疆棉区所占比重不断增加，其他棉区则持续减少。1985 年以

---

① 王力．棉花经济：挑战与转型［M］．北京：中国农业出版社，2013.

来，新疆棉花种植面积快速增长，据国家统计局统计数据显示：2014 年新疆棉花播种面积 2929.95 万亩，棉花产量为 367.7 万吨，新疆棉花播种面积从占全国的 4.9% 上升到了 46.3%，且棉花产量从占全国的 4.5% 上升到了 59.7%，棉花单产水平是全国的 1.29 倍。除此以外，新疆优质棉基地的建设已经取得一定进展，随着规模化、集约化的植棉方式逐步提升，可以预见的是，新疆的植棉优势将会越来越大。

1.2 棉花品质下降严重，产业可持续性难以保障

近年来，由于所有的棉花都流向国储，棉农对棉花品质的关注程度降低，导致新疆棉花品质下滑严重，本文选取 2009～2013 年一直沿用的四个棉花质量指标（品级在 2013～2014 年不作为判断棉花品质的指标，颜色级、压工质量为 2013～2014 年新引入的指标，没有对比性，因此该三项指标不在本次对比范围内），用新疆地方、新疆兵团和全国均值做对比分析（见表 1）。

表 1 新疆（兵团）棉花近五年纤检品质数据

	区域	2009 年	2010 年	2011 年	2012 年	2013 年
平均棉花长度（mm）	新疆地方	28.40	28.82	28.33	28.09	28.09
	新疆兵团	28.07	28.45	28.08	27.88	27.75
	全国	28.41	28.67	28.27	28.04	27.92
平均断裂比强度（cN/tex）	新疆地方	27.75	28.04	28.59	27.80	27.40
	新疆兵团	27.33	27.72	27.97	27.28	26.90
	全国	28.02	28.24	28.55	28.12	27.99
马克隆值 A 档占比（%）	新疆地方	37.40	41.20	22.33	28.13	31.46
	新疆兵团	44.25	47.25	27.82	29.88	39.37
	全国	33.79	37.02	33.30	31.35	29.97
长度整齐度指数（%）	新疆地方	82.60	83.01	82.87	82.56	82.59
	新疆兵团	82.13	82.67	82.57	82.25	82.08
	全国	82.54	82.74	82.50	82.48	82.41

资料来源：中国纤维检验局。

从表 1 可以明显看出，2011～2013 年，新疆地方、新疆兵团和全国棉花平均长度、断裂比强度、马克隆值 A 档值、长度整齐度明显下降。长度变短意味着可以纺高支纱的棉花越来越少，而新疆棉花断裂比强度指标长期低于全国平均水平，马克隆值级 A 档代表使用价值较好，新疆虽然高于全国平均水平，但依然呈不断下降的趋势；长度整齐度指数是非常重要的棉花质量指标，表示棉纤维长度

分布整齐均匀的程度,对原棉制成率、纱线的条干、纱线的强度有很大影响,但2013年平均长度整齐度处于五年来最低水平。新疆兵团虽然马克隆值级 A 档占比一直高于新疆和全国平均水平,但由于机采面比例较大(2013~2014年兵团机采棉所占比例约在70%),平均断裂比强度、棉花长度、长整度明显低于全国平均水平。根据分析可以看出,新疆棉花的高品质优势已经逐渐丧失,形势不容乐观。

1.3 我国纺织企业面临转型升级,用棉质量要求提高

近10年来,受加入 WTO 后的影响,我国纺织服装对外出口限制减少,纺织业保持了高速发展的态势。2011年,规模以上纺织企业累计实现工业总产值54786.5亿元,同比增长26.8%。此后,纺织行业总量上虽然继续保持增长,但增速明显回落,固定资产投资和新增项目增长缓慢,行业利润也持续回落,主要原因是劳动力成本上升、原材料涨价、人民币升值。赵新民(2015)认为,纺织产业的高成本时代已经到来,以廉价劳动力作为主要支撑的中国纺织服装业低成本竞争优势不再。从产品产量上看,主要大类产品产量增速普遍下降,化纤、纱、布、服装几类重点产量增幅均持续下降。2013年规模以上纺织企业化纤、纱、布、服装产量分别为4122万吨、3200万吨、683亿米、271亿件,同比分别增长7.9%、7.2%、4.6%、1.3%,增速分别较2012年同期下降3.3、2.6、7.0、4.9个百分点。纺织企业面临升级转型的需要,低端低附加值产品逐步向东南亚、非洲等地转移,趋势不断加大;国内纺织企业向规模化、高端化发展,对棉花质量的要求不断提高[1]。

2 新疆棉花目标价格补贴政策现状

国家发展改革委、财政部、农业部于2014年4月5日联合发布2014年棉花目标价格为19800元/吨。2014年9月16日经国务院批准,《新疆棉花目标价格改革试点工作实施方案》(以下简称《实施方案》)由国家发展改革委、财政部正式下发执行。杜珉(2015)认为,棉花目标价格补贴试点是农产品调控政策中的重大突破,由对流通环节的补贴改为对农民直接补贴,既减少了政府对价格的干预、充分发挥了市场作用,又提高了财政资金的补贴效率。目标价格补贴政策

---

① 赵新民. 论如何构建我国棉花综合补贴政策体系 [J]. 中国棉麻产业经济研究,2015(1).

主要的目标是，在保障植棉农民基本收益的同时，不影响市场机制在棉花价格形成中的作用，实施价补分离，探索新的农产品宏观调控手段。

2.1　补贴方式

《实施方案》指出，棉花目标价格政策是指在棉花价格主要由市场形成的基础上，国家有关部门制定能够保障农民获得一定收益的目标价格，当采价期（2014 年 9 ~ 11 月）内平均市场价格低于目标价格时，国家对棉花生产者给予补贴；当市场价格高于目标价格时，不发放补贴。根据中央财政拨付补贴资金时间，新疆地方按照核实确认的棉花实际种植面积和籽棉交售量相结合的补贴方式，中央补贴资金的 60% 按面积补贴，40% 按实际籽棉交售量补贴。补贴对象为全区棉花实际种植者，主要包括基本农户（含村集体机动土地承包户）和地方国有农场、司法农场、部队农场、非农公司、种植大户等各种所有制形式的棉花生产者。

而兵团实行按产量补贴。具体实施如下：中央财政按照目标价格与市场价格的差价和国家统计局统计的产量，核定对兵团的补贴总额，并一次性拨付。兵团财务局按照国家认可的兵团棉花产量及中央拨付补贴资金总额，将补贴资金拨付到植棉师，植棉师再拨到团场及代管的兵直单位，种植者凭棉花加工企业出具的籽棉收购结算票据向棉花种植所在团场申请发放补贴。彩色棉、长绒棉等特种棉的补贴标准与自治区保持一致，适当高于白色陆地棉。补贴对象为团场的所有植棉职工。

2.2　补贴流程

根据《实施方案》绘制新疆地方棉花目标价格补贴流程，如图 1 所示，根据《兵团棉花目标价格改革试点工作实施方案（暂行）》绘制兵团棉花目标价格补贴流程，如图 2 所示。从图 1、图 2 中不难看出，与地方相比，兵团按照产量补贴的流程要更简约一些，加上兵团的集团化优势，操作起来也更为便捷。从整体来看，不管是地方还是兵团，补贴流程的时间点划分都很明确，操作方案也比较完善，虽然该操作流程在政府操作层面上稍显复杂，但两个方案为确保补贴资金直接补贴到棉农均做了大量的保证工作，整体来说是比较完善的。

2.3　补贴发放完成情况

截至 2015 年 3 月底，中央财政给自治区拨付目标价格补贴资金 139 亿余元。自治区通过补贴资金的四次兑付，实现全部补贴资金基本兑付结束（个别生产经营单位由于土地承包等原因还未享受补贴），兑付进度为 97.6%，最终补贴标准

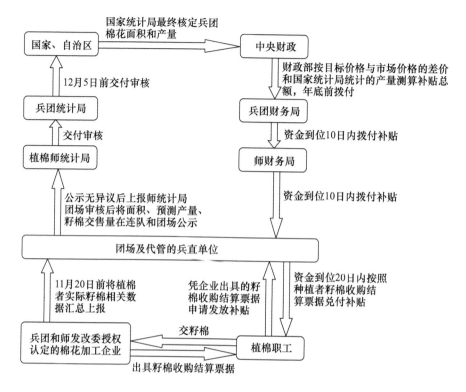

图1 自治区目标价格补贴发放流程

为：60%按面积补贴 267.63 元/亩；40%按产量补贴（陆地棉 0.688 元/公斤，长绒棉 0.893 元/公斤）。其中，第一次从 2014 年 12 月中旬开始发放，补贴对象为基本农户，按照 191 元/亩的标准兑付；第二次兑付在 2015 年 1 月 20 日左右开始发放，补贴对象为基本农户和生产经营单位，标准分别为 33 元/亩和 224 元/亩；第三次兑付时间为 2015 年 2 月底，对基本农户的补贴标准为 43.63 元/亩；第四次在 2015 年 3 月初按籽棉交售量进行补贴，陆地棉补贴标准为 0.688 元/公斤，特种棉补贴标准为 0.893 元/公斤。

截至 2015 年 2 月中旬，中央财政给新疆兵团拨付目标价格的补贴资金约 101 亿元。兵团各师以兑现价格标准，通过二次结算的方式对植棉职工将补贴资金全部兑付结束。第一次结算时在职工交售籽棉时，兵团各师根据具体情况制定第一次结算的价格，平均为 2.5 元/公斤；第二次结算时，即为采价期结束，确定了最终价格后，职工拿到加上补贴后的兑现价格，平均约为 7.5 元/公斤。最终兵团补贴标准平均为 2 元/公斤左右。

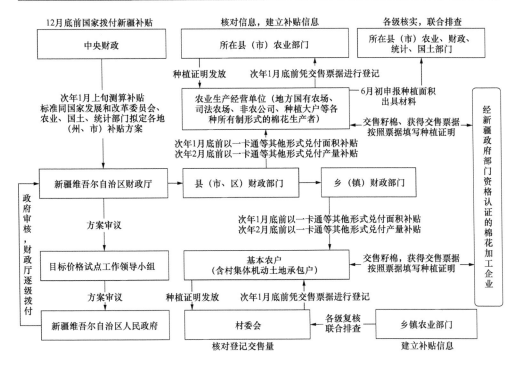

图2　兵团目标价格补贴发放流程

3　新疆棉花目标价格补贴政策实施效果分析

3.1　棉花内在品质明显提升

为积极顺应改革，增强新疆棉花的市场竞争力，新疆地方通过增强对棉花检验环节造假的处罚力度，加强对棉花生产环节的技术指导等方面进行棉花品质的提升。兵团为了增强机采棉的市场竞争力（2014年兵团机采面积达到70%），制定出台《关于加强兵团棉花质量管理的指导意见》，从单一化的追求单产发展成为产量和质量并重，并以提高质量为主，实施全程质量管理，优质优价、优棉优价的市场导向深入人心。另外，兵团还对机采棉提出更高要求，以市场需求为导向，倒逼团场和棉农选择优良品种，改进栽培农艺技术、提高采收和加工的质量水平，降低生产成本，推进棉花生产经营方式的转变，改变机采棉就是"机械采的棉"的传统观念，使兵团的全国优质棉生产基地地位得以加强。根据中国纤维检验局最新数据可以明显看出，2013～2014 年新疆地方和新疆兵团的棉花 7 项公检指标中的 5 项指标比上年有所提升，尤其是长度、长度整体度、断裂比强度、马克隆值 4 项指标明显提高，这对于棉花下游产业的纺织企业生产高质量的棉纱有着积极的促进作用。

表2　新疆2013～2014年度棉花质量对比

年份	地区	长度（mm）	长度整齐度（%）	马克隆值A+B级占比（%）	断裂比强度（cN/tex）	轧工P1+P2占比（%）	颜色（白棉平均级）	品级
2013	新疆地方	28.53	82.59	80.44	27.40	99.43	2.10	2.23
	新疆兵团	28.19	82.08	86.51	26.90	97.37	2.40	2.02
2014	新疆地方	28.81	83.53	85.40	27.90	95.49	2.45	2.15
	新疆兵团	28.55	82.45	93.36	27.75	95.90	2.65	1.81

资料来源：中国纤维检验局。

3.2　促进了种植业结构调整

在临时收储期间，由于棉农种植棉花不需要承担销售的市场风险，植棉收入有保障，因此导致很多不太适合棉花种植的土地也开始种棉花，棉花种植面积不断扩大。实施棉花目标价格补贴试点后，有利于新疆棉花生产布局调整，逐步退出比较效益低的风险棉区和次宜棉区的种植，使棉花生产向优势棉区集中。使得产量较低区域的棉花种植者在产量补贴部分获得的补贴金额要小于优质棉区的棉农，比较之下，次宜棉区的植棉效益会更低，最终棉农会从次宜棉区的种植中逐步退出。这样不仅有利于适当减少新疆棉花产量，改善目前国内棉花供大于求的局面，还有利于新疆棉花质量的迅速提升。

3.3　棉农市场意识不断增强

棉农逐步接受改革，市场化逐渐意识增强。2014 年实施目标价格改革后，棉花市场形成价格机制基本建立。①棉花的销售直接面向市场，优质优价得到充分体现，优质高价的棉花直接关系到棉农的收益问题，职工思想逐渐从只关注棉花衣分向全面关心棉花内在品质转变。②由市场供求形成棉花价格的机制基本建立，市场引导生产的作用开始显现，棉农会根据棉花市场价格的高低来调整种植结构，当棉花收益没有达到预期，棉农会选择种植其他农作物来保证农业收入。

3.4　有效调整了特种棉的植棉面积

在国储期间，棉花生产、加工、流通环节都只重视数量轻视质量，收储也只是针对细绒棉制定的，长绒棉、彩棉并没有纳入收储范围内，特种棉如果要交储也只能按细绒棉的价格交储，导致特种棉种植面积连年下降。而目标价格补贴实施后，补贴向特种棉倾斜，长绒棉、彩色棉种植面积得到稳定，并逐步复苏。主要原因是实行棉花目标价格以来，①优棉优价的市场导向得到充分体现。2014年10月，长绒棉的收购价格为 8.20～8.35 元/公斤，同期间的陆地棉价格在 6 元/公斤左右。②补贴实施方案向优质棉倾斜。《实施方案》规定，特种棉（包括长绒棉和彩棉）补贴标准按照新疆维吾尔自治区政府审定的陆地棉补贴标准的 1.3 倍执行。2014年，长绒棉比细绒棉多补贴 0.205 元/公斤，粗略计算，长绒棉的植棉效益高于细绒棉 2.5 元/公斤。以阿克苏为例，2014 年长绒棉播种面积是 100 万亩，2015 年或将达到 140 万亩，细绒棉播种面积将减少 20%。兵团第八师 148 团也在 2015 年加大彩棉种植面积的同时减少了细绒棉的播种面积。新政策更有利于发挥新疆特种棉的优势，增强竞争力。

3.5　用棉成本大幅降低，纺织企业效益逐渐向好

在临时收储期间，国内外棉花价差大，国内棉价高，棉纺织企业面临不断攀升的高成本困境。目标价格实施后，国内外皮棉价差降为 2000～3000 元/吨，纺织企业经营状况明显改善，扭转了近几年持续亏损的局面。2015 年第一季度，全国棉纺织企业亏损面降至 20% 左右，开工率也较 2014 年（季度平均）提高 5 个百分点，其中新疆纺织企业扭亏为盈的状况更为明显。兵团纺织行业继续保持逐步向好态势，生产棉纱万吨，同比增长 5.2%；生产棉布万米，同比增长 11.6%；纺织业产销率达 92.6%，同比增长 1.3%（数据来源：天山网）。通过落实自治区和兵团给予纺织企业的相关补贴优惠政策，预计 2014 年纺织服装全行业完成产值 89.19 亿元，同比增长 1.58%，规模以上企业实现经营性利润 7000 余万元。

4　新疆棉花目标价格补贴政策试点执行过程中存在的问题

2014 年是国家实行直补政策的第一年，由于直补细则出台较晚，加之宣传

工作做得不到位，执行过程中存在以下问题。

4.1 种植面积核实工作繁复，行政成本耗费大

自治区要求村级面积核查必须达到 100%。由于新疆地区植棉面积大，涉及棉农数量多，面积核查的工作量很重，主要有如下问题：①部分棉农存在 3 块以上棉田，增加核实的工作量。②有些棉农根据棉田实际擅自拓宽耕种面积，造成土地呈不规则形状，给丈量设备造成工作困难。③由于历史原因，差田三亩抵一亩等换算模式普遍存在，导致核实工作量加剧。由于以上原因，政府工作人员多次反复进行核查，行政成本消耗大。

4.2 补贴发放次数多、时间长，影响种植结构的调整

2014 年目标价格改革实施过程中，补贴资金通过四次才于 2015 年 3 月底基本兑付完毕，发放的次数多、时间长，涉及的手续也比较繁杂，多次的审查、核算、公示也导致政府的行政成本攀升。加上新疆大部分棉农在年底之前还面临着还贷压力，补贴多次发放不利于棉农及时还贷，这将影响到他们下年贷款购买农资的能力。此外，由于在下年度春播时，上年的补贴还没有兑付结束，棉农无法准确计算上年的植棉收益，不利于农业种植结构的调整。

4.3 土地流转频繁，补贴资金归属问题矛盾多

在新疆，大量基本农户和生产经营单位共同存在的现象较为普遍，因此导致土地流转较为频繁。这种频繁、复杂的土地流转导致补贴资金在大户和承包户中的归属问题容易产生矛盾，耽误了补贴资金的发放并且给政府工作增加了难度。尤其是部分承包户和土地所有者以部分棉花产量作为租金的承包形式，以产量补贴的资金归属问题难以确定，可能导致部分农户的利益受损。

4.4 棉花交售成本上升，棉农放弃补贴现象时有发生

《实施方案》中规定，棉农要享受 40% 的产量补贴，就必须将棉花交售给经过资质认定的棉花加工厂，拿到其开具的发票后方可得到产量补贴。但是考虑到棉花经纪人到棉田地头收购籽棉的程序方便简单，价格偏高；而加工厂价格偏低，手续烦琐，棉农顾虑补贴政策的执行力度，害怕售棉之后兑现不了期望的棉花补贴价格。棉农认为将籽棉卖给棉花经纪人，可以免去装卸费、拉运费和鞍马劳顿，再者 40% 的产量补贴折算下来与收购差价也差不多，所以愿意接受他们的收购。

4.5　入库公检程序多、操作慢，棉花存销成本过高

实行入库公检，要经过预约、入库、取样、公检、出库等多个程序，不仅手续多、操作繁杂，而且重量检验与质量检验不同步，检验数据信息反馈不及时，信息容易错误、丢失。根据《新疆棉花专业监管仓库收费标准（试行）》规定，给供棉企业增加了负担。另外，由于站内缝包、信息服务费等其他费用的增加导致销售成本增加 200 元/吨左右。棉花进入监管库后，只能按批次销售，由于场地的限制不能进行各个等级的组批销售，难以满足客户的采购需求，尤其是定制需求，影响了皮棉的销售速度。

5　完善新疆棉花目标价格补贴政策的建议

5.1　尽快兑付棉农补贴资金

对于棉花种植者而言，能否切实得到补贴是评价改革成败的重要因素。对于地方而言，要在前期预拨补贴兑付工作的基础上，重点核实好棉花交售量等数据，做好资金逐级尽快拨付的准备工作，确保中央补贴资金到位后以最快速度精准兑付给植棉者。处理好流转地补贴归属和二次支付售棉款问题，要尽快完成种植证明调整等工作，确保补贴资金发放给实际种植者，新疆生产建设兵团要认真梳理二次支付售棉款情况，确保两次支付及时到位。在测算对各地的补贴额时，要综合考虑市场价格、生产成本、因灾受损等因素。

5.2　做好政策宣传和解释

2014 年新疆棉花首次推行目标价格改革，从年初设定目标价格水平，到出台新疆棉花目标价格细则，再到明确补贴标准，政策制定的每个环节都相当繁杂。而新棉上市后，国产棉花市场价格一路下滑，与国际市场棉花价格差距不断缩小，直接售棉收入减少，棉农对补贴期望很高。这种情况下尤其需要加大对补贴发放的依据、办法和程序等相关政策的宣传、解释，特别是要对个体售价与市场监测价的差距以及兵团场售棉款二次结算的补贴办法进行重点宣传，让农民和团场职工了解、理解补贴政策，同时做好各种应急预案，防止因政策理解不当而出现不稳定因素。

5.3 构建多层次收入保障体系

目标价格政策是其他国家采用并实施成功的补贴政策，可最有效、最直接地保证种植者利益。因此，我国建立以目标价格为核心的目标价格补贴机制，有成功经验可资借鉴。由于受到 WTO 农业规则黄箱政策限制，在规则允许范围内，我们应建立多层次收入保障体系，同时加大对绿箱政策的研究，实施提高单产水平和综合生产能力的补贴政策。如提高基础设施补贴、农机购置补贴等资金支持力度，通过政策组合提高棉花种植者的生产能力，增强棉花产业竞争力。

5.4 积极探索棉花保险补贴政策

从欧美等国农产品市场调控政策发展实践看，直接干预为主的黄箱政策逐步向保险计划等绿箱政策转变已成为发展趋势。长期看，受 WTO 黄箱政策 AMS 约束以及庞大的财政压力制约，目标价格补贴在我国仍是一个过渡政策，各类农业保险补贴计划将是未来农产品市场调控政策的发展方向。因此，在目标价格政策的基础上，积极探索棉花保险政策试点工作，通过市场化的保险机制引导棉花种植者参与农业保险，降低其因各种风险导致的损失，以更有效、更全面地保障种植者利益；且须为农业保险的发展创造良好的法律和政策环境，为未来农产品市场调控政策改革和调整奠定良好的基础。

（温雅）

我国棉花综合补贴政策体系构建

棉花是关系国计民生的重要战略物资，稳定国内棉花生产、保障棉花自给是维护国家安全的需要。新疆是我国优质棉生产基地，其产量占全国的一半以上，对维护棉花安全占有举足轻重的作用，还对维护边疆稳定意义重大。我国现有的进口配额制度、临时收储和良种补贴在保护棉农利益、稳定棉花生产上的政策效果不彰。2014 年新推出的目标价格补贴政策在保护棉农利益和发挥市场调控价格方面取得了初步的效果，有利于稳定棉花生产和促进下游产业发展。但目标价格政策的实施能否解决棉花产业发展所面临的一系列问题还待商榷。

1 构建棉花综合补贴政策体系背景

我国棉花生产支持政策备受各方关注有多方面原因，主要是临时收储政策使棉花价格市场形成机制失灵，进而导致国内外棉花差价过大和国内棉花库存不断攀升。目标价格政策的实施主要解决了市场决定棉花价格的问题，也减轻了国储在棉花收购上的压力，但要持续保持棉花产业的稳定和发展，还必须全方位考虑采取综合补贴政策体系。就综合补贴政策构建而言，棉花产业的发展趋势是其重要基础和背景。

1.1 我国植棉分布不断调整，进一步向新疆集中

长期以来，我国棉花种植主要分布在黄河流域、长江流域和西北内陆三大主产棉区，其中长江流域棉区面积占全国的 25%，总产量占全国的 22%；黄河流域棉区面积占全国的 40%，总产量占全国的 37%；西北内陆棉区面积占全国的 35%，总产量占全国的 41%。但随着我国劳动力等要素价格的大幅上升，植棉格局发生重大变化，新疆棉区所占比重不断增加，内地棉区则持续减少。朱会义

（2013）指出，1980 年以来我国棉花生产格局在空间上逐步向新疆集中，这一变化不仅促进了新疆地区耕地的扩张，也强化了新疆地区在我国农业生产中的地域功能。他认为劳动生产率的区域差异是市场经济条件下我国棉花生产向新疆集中的主要原因。从经济学的角度来看，近年来，随着我国农村劳动力价格不断上升，棉花生产在我国黄河流域和长江流域棉区的机会成本逐渐增大，而新疆地区的植棉优势逐步凸显，在总种植面积微幅增长的情况下，单产水平也稳步提升，总产占全国的比重大幅上升。根据新疆棉花公检数量和国家收储数量测算，新疆棉花产量占全国的比重已超过 60%。

1.2　我国棉花生产成本不断加大，国际竞争优势减弱

近年来，随着我国要素价格的上升和人民币的升值，我国棉花低成本优势不断弱化，种子、农药、水费、化肥等重要农业生产资料价格上涨，尤其是劳动力成本的大幅上升，使我国的棉花种植成本不断攀升。根据我国发改委公布的《全国农产品成本收益资料汇编2014》，2008 年我国棉花平均皮棉83.2 公斤/亩，总成本产量为 1080 元/亩，其中，物质和服务费用产量为 403 元/亩，人工成本产量为 527 元/亩；2013 年我国棉花平均产量为皮棉88.2 公斤/亩，较 2008 年上升 6%，总成本产量为 2177 元/亩，较 2008 年上升 102%，其中，物质和服务费用产量为 565 元/亩，较 2008 年上升 40%，人工成本产量为 1360 元/亩，较 2008 年上升 158%。与此对应，美国棉花产量略有下降，生产成本增幅很小。2008 年美国棉花平均产量为皮棉 47.3 公斤/亩，总成本产量为 665 元/亩；2013 年美国棉花平均产量为皮棉 44.2 公斤/亩，较 2008 年下降 6.5%，总成本产量为 717 元/亩，较 2008 年上升 1.6%。

以每 50 公斤皮棉产量计算，2008 年我国棉花生产总成本为 531 元，美国棉花生产总成本为 704 元，高于我国 32.6%，而 2013 年我国棉花生产总成本为 1036 元，美国棉花生产总成本为 811 元，我国反高出美国 21.7%。与美棉相比，我国棉花生产的成本优势已明显丧失，与其他棉花生产低成本国家相比，差距更大。

近年来，世界主要产棉国棉花产量的变化也反映了此趋势，主要表现在美国、澳大利亚棉花产量的下降及中南亚和南美等国棉花产量的上升，而我国棉花在国内临时收储和目标价格政策支持下还保持稳定增长的势态。

2　构建棉花综合补贴政策基本要求

2.1　维持国内棉花生产的适度规模，优化生产布局

由于我国棉花生产成本的不断攀升，国内棉花生产竞争优势不断削弱，而东南亚和非洲等地区棉花生产成本较低，发展潜力巨大，从充分利用国内外两个市场资源的角度看，应该减小国内棉花种植规模。但纺织服装业在今后相当长一段时间内仍然是我国国民经济和增加就业的基本产业之一，棉花是纺织企业的基本原料，也是国民经济的基础性物资之一，维护适当的自给率是减低风险、保持产业链稳定发展、保障国民经济安全的基本要求。因此，适度降低国内棉花种植规模，同时保持对国际棉花市场的控制权和话语权应成为我国棉花生产的发展目标之一。

在此基础上，应该继续调整国内棉花生产布局，发挥比较优势。新疆作为我国优质棉生产基地的基本格局已经初步形成，应进一步巩固。

2.2　保护棉农利益

农业生产周期较长，在农业现代化发展中，农业种植结构调整的成本也不断加大。棉花生产相对粮油等大田作物而言，对农民素质和种植经验的要求更高。保护棉农积极性是维护棉花生产稳定的基础，同时维持农民的生计是国计民生的基本问题，对于新疆多民族地区而言尤为重要。因此，保护棉农利益就成为棉花综合补贴政策的第一目标。

2.3　促进棉花质量的提高

临时收储政策割裂棉花生产与纺织用棉的联系，导致国内棉花生产片面追求产量的局面，进而导致国内棉花质量不断下降。随着国内纺织企业向高端化发展，对棉花质量的重视会超过对棉花价格的关注。因此，重视棉花生产质量既是支持纺织产业转型升级的要求，也是塑造品牌和增加国内棉花竞争力的需要。目标价格政策恢复市场定价机制，在一定程度上遏制棉花质量进一步下降的趋势。但棉花质量提升的复杂性决定了仅通过市场调控难以自觉实现预期目标，通过一定的产业支持政策促进棉花质量的提高是重要途径和手段。

2.4 促进棉花生产的现代化

棉花是产业链最长的农产品之一，其生产本身的复杂性和与上下游产业链的结合度都对棉花生产提出了更高的要求，也给棉花生产现代化赋予了更高的要求。其中比较突出的表现在以下几方面：①提高棉花的规模化生产，既有利于提高棉花质量、产量及控制成本，也有利于新技术的采用和推广及标准化，还会降低棉花支持政策的实施成本。②加强棉花品种研发、推广和管理的力度，无论对棉花质量和产量，还是对栽培管理和机械化等都起着决定性的作用。③加大棉花机械化、信息化的水平，随着要素成本的上升，特别是劳动成本的上升，机械化和信息化已成为控制棉花生产成本的重要手段，特别是棉花机械化采收和加工。④对棉花生产的生态问题支持，在新疆棉花生产基本实现了百分百地膜化栽培，还存在连续十多年甚至 20 年以上连续种植等状况，产生了生态污染和过度利用等问题，应给予重视。

3　我国棉花综合补贴政策的基本设想

我国棉花支持政策目前主要有目标价格政策、良种补贴、农机具补贴、滑准税和进口配额等政策。但这些政策并不适应国内棉花产业发展的新形势，也不能满足产业发展的新要求，应加以完善和补充。

3.1 目标价格政策

2014 年的目标价格政策在中央和新疆地方政府的反复论证、高度重视和认真实施下取得了较好的效果，为下一步完善积累了宝贵经验，笔者认为应进一步从以下方面完善：

（1）目标价格的确定既要考虑棉农的生产成本，也要考虑国际市场棉花价格。即：目标价格 = 国内基础生产成本（含合理利润）× 权衡系数 + 国际市场平均价格 ×（1 − 权衡系数）。在国内其他生产支持政策尚未建立起来时，权衡系数可适当高一些，随着国内其他支持政策的建立，逐步降低权衡系数，既有利于控制和保护国内产业，也有利于与国际价格逐步接轨。

（2）目标价格补贴政策应简化补贴方案。就新疆地方而言，目前的目标价格补贴实施办法是按照产量或产量与面积分成进行补贴，实施过程中涉及的部门多、环节多，导致政策执行成本居高不下，同时仍具有片面重视产量，忽视质量问题（当然，有部分人认为市场的优质优价可以部分解决该问题，但就目前的补贴差额和质优差价而言，棉农多倾向于高产）。按面积补贴简化了补贴涉及的部门、环节，降低了成本。但关于面积的确定不能按照种多少就补多少来确定（防止广种薄收，骗取补贴），在面积确定上，一方面建立信息系统和数据库，实施档案和黑名单制度，另一方面也可以考虑根据历史棉花和政策导向（紧缩或扩张）确定补贴面积。对新疆兵团棉花生产而言，由于其特殊性，应继续实行计划单列的政策，按面积和产量补贴政策实施成本变化不大，故可根据其兵团管理的需要自行确定。

（3）形成固定的定价办法和提早确定下一轮的目标价格，增强可预见性。

3.2　生产补贴政策

（1）优质棉花品种研发、推广和管理支持政策。现有的良种补贴政策已演化为普惠制，且支持力度小，难以发挥相应的作用。应加以调整：①加大棉花新品种研发机构的支持力度，重点支持更优质、有利于机采品种研发的支持；②增大优质品种补贴力度；③严格种子管理制度。

（2）给予规模化经营补贴政策。加大棉花合作社、土地连片经营支持力度，可根据农场、合作社、连片等和经营规模确定支持力度。

（3）农业机械化补贴政策。现有的机械化补贴实行的是农机具购置补贴，支持力度小，对于棉花机械化而言，除一般的农机具补贴外，重点加大对棉花采摘机械化和机采棉加工的支持力度。

（4）地膜补贴政策。考虑生态要求，可强制使用较厚的可回收地膜，一方面解决生态问题，另一方面也有利于降低棉农成本。

（5）农业保险政策。仿照发达国家对农业生产的保险政策来调控市场价格对农户生活的影响。

3.3　其他政策

（1）收入补贴政策。对于部分特定区域和群体可实施收入补贴政策。

（2）其他政策完善。在国际贸易规则下，继续通过滑准税、配额和其他可采取的政策来促进国内棉花产业健康发展。

（赵新民）

兵团棉花目标价格改革
试点政策研究专题

1 改革试点的背景

1.1 目标价格改革试点出台的背景

1.1.1 我国棉花生产格局发生重大变化

随着全球棉花价格持续下跌，我国棉花生产收益率持续下降，2009～2013年我国棉花总种植面积减少905万亩，但总产量仅减少7.8万吨。究其原因，虽然长江流域及黄河流域棉花种植面积锐减，但是新疆却由于国内棉花生产布局调整和国家临时收储政策的影响，种植面积和产量明显增加，5年内面积增加463.4万亩，总产量增加99.4万吨。不仅如此，新疆棉花单产得到了大幅度提升，由2009年的119.4公斤/亩提升到2013年的136.5公斤/亩，我国棉花生产大面积"西移"，具体如表1所示。

表1 2009～2013年全国和新疆棉花生产情况

项目	地区	2009 年	2010 年	2011 年	2012 年	2013 年
种植面积 （万亩）	全国	7423.1	7273.1	7556.7	7032.2	6518.45
	新疆	2114.0	2190.9	2457.1	2581.2	2577.4
总产量 （万吨）	全国	637.7	596.1	659.8	683.6	629.9
	新疆	252.4	247.9	289.8	353.9	351.8
单产 （公斤/亩）	全国	85.9	82.0	87.3	97.2	96.6
	新疆	119.4	113.1	117.9	137.1	136.5

注：新疆代表新疆地方和兵团。

资料来源：《中国统计年鉴》、《新疆统计年鉴》。

1.1.2 棉花供给居高不下

2010～2013年，全球棉花总生产量、总消费量分别为10253.4万吨、9609.1万吨，供大于求，全球棉花生产过剩。另外，近年来我国棉花生产成本持续上升，国内棉花价格持续上涨，纺织企业纷纷选择进口棉花，进口棉使用量增加。2011～2013年国家临时收储政策给国库带来了巨大的库存压力，3年国储库总计收储量超过1500万吨，即使经过三年的抛储，2014年结转的国家储备库存仍然超过1000万吨，进口国外棉花的大量使用以及国内库存居高不下造成了我国国内棉花供给量居高不下。

1.1.3 棉花需求低迷疲软

首先，2008年金融危机导致世界经济发展缓慢，欧美国家对纺织品的需求大幅度下降，而其作为我国纺织品主要出口国，严重影响到我国纺织品的出口。

其次，国内人工、燃料等成本上升，中国劳动力、原料的价格优势不复存在，严重影响到国内纺织企业的发展，部分纺织企业转移至东南亚等低成本地区，企业用棉量大幅缩减，使国内棉花需求处于低迷状态。

最后，随着化纤生产技术和工艺的进步与近期石油价格下跌，化纤产品的使用明显提升，纺织用棉消费被大量替代，同时也降低了棉花的需求量。

1.1.4 国内外棉价不断拉升，用棉成本居高不下，棉花产业缺乏竞争力

国家临时收储政策实施以来，约90%的棉花进入国库，国内棉花价格持续上涨。国内外棉花价格的差价也从2010年的1000元/吨不断拉大，2012年增加到5000元/吨左右，到2013年接近6000元/吨，国内棉价比国际市场高出约45%。纺织企业用棉成本也随之增加，据统计，国内棉纱厂用棉成本占总成本的70%左右，居高不下的棉价差严重影响我国棉纺织产业链的稳定运行，削弱纺织服装业的国际竞争力，导致我国纺织业缺乏竞争力，难以生存。

1.1.5 财政负担不断加重

国家实行临时收储政策以后，存储、管理压力大，高价收储低价出售，差价亏损、棉花储存费用、耗损折旧费用、人工费用、运输费用等造成了巨大的财政损失，极大地增加了国家财政负担。据统计，国家每年要支付的棉花收储成本约为300亿元，三年国储下来，占用财政资金高达2000多亿元（数据来源：中国棉花网），而且每储存一年棉花要下降一个等级，此时国储库里仍有1000多万吨棉花未能销售，最终损失未能完全统计。

1.2 目标价格改革试点的意义

1.2.1 发挥市场形成价格的决定性作用

中共十八届三中全会指出：经济体制改革是全面深化改革的重点，核心问题是

处理好政府和市场的关系，使市场在资源配置中起决定性作用和更好地发挥政府作用。国家用目标价格补贴取代临时收储政策坚持市场定价原则，国家不再收购棉花，而由棉花加工企业直接与市场对接，棉花价格由市场供求关系决定，在政府的宏观调控下，遵循经济发展规律，充分发挥棉花交易市场在资源配置中的决定性作用。

1.2.2 稳定国内棉花面积和产量在合理水平

目标价格补贴政策，通过制定目标价格与市场差额补贴来调整棉花种植。当国内棉花面积和产量低于合理水平时，通过提高补贴调动农民植棉的积极性，增加棉花的种植面积，稳定农民的棉花生产。当国内棉花面积和产量高于合理水平时，通过调整补贴标准，适当降低补贴力度，控制棉花的种植面积，督促农民调整和优化种植结构，使国内棉花面积和产量始终稳定在合理水平。将棉花自给率保持在合理水平，通过"更好发挥政府作用"促进资源高效配置。

1.2.3 促进棉花产业的长远发展

目标价格补贴政策在保障棉农基本收益的情况下，政府不干预市场价格，企业按市场价格收购籽棉、销售皮棉，有利于恢复国内产业的市场活力，提高国内棉花的市场竞争力。充分发挥市场调节生产结构的作用，有利于使效率高、竞争力强的生产者脱颖而出，提高农业生产组织化、规模化程度，激励农业技术进步，控制生产成本过快上升，有利于国内棉花产业的长远发展。

1.2.4 推动棉花产业布局的优化调整

首先，近年来，我国棉花产业布局也发生了明显的变化，种植区域由黄河流域、长江流域逐渐向新疆地区转移，目标价格补贴在新疆的试点将进一步巩固新疆棉花主产区的地位。

其次，目标价格部分按照产量补贴，可调整原有次宜棉区和高风险、低产量棉区的棉花种植，进一步推动优势高产棉区的发展。

最后，目标价格的实行有利于提高植棉的土地利用率，走集约化经营，实现棉花生产规模化、种植标准化、全程机械化、管理信息化，提高新疆棉花的种植水平，推动棉花产业布局的优化调整。

2 兵团棉花的基本情况

2.1 棉花种植情况

2.1.1 植棉面积与产量

近年来，兵团实施了一系列棉花种植基础设施改造，解决了采收工人费用高、原棉一致性降低、棉田灌排系统不配套、盐碱地比例高等诸多问题,大大提升了兵团棉花的种植水平,促进了兵团棉花产业的发展,尤其是2011年国家开始实施临时收储政策,兵团棉花由于其单产优势更是得到了有力支持,其棉花种植面积迅速增加。2009~2014年兵团棉花种植面积增加量高达319万亩,总产量增加50.2万吨,单产提升33.6公斤/亩,具体如表2所示。

表2 2009~2014年兵团棉花生产情况

年份	种植面积（万亩）	产量（万吨）	单产（公斤/亩）
2009	731.9	113.4	155.0
2010	747.0	115.0	167.9
2011	801.9	129.3	161.2
2012	837.0	141.7	169.3
2013	882.9	146.0	165.4
2014	1050.9	163.6	155.8

资料来源:《兵团年鉴》、《兵团2014年国民经济和社会发展统计公告》。

2.1.2 机采棉的基本情况

自2001年起,兵团开始大规模推广机采棉,在6个师的43个团建立首批机采棉示范基地,但是前期由于技术等方面的原因,机采棉发展速度较为缓慢。随着人工成本的不断增加,2010年初兵团开始大力推进棉花全程机械化,机采棉所占比重大幅增加,截至2013年底,兵团机采棉采收面积达到585.6万亩,占其棉花种植面积的66.3%,采棉机保有量已达1639台,同时机采棉加工能力也得到了显著提升,有机采棉加工生产线219条,配套机械采棉所需清杂设备225条生产线,可满足600万亩棉花清杂务,具体如表3所示。

表3 2009~2013年兵团机采棉发展状况

年份	机采棉采收面积（万亩）	采棉机数量（台）	机采棉加工生产线（条）
2009	174	604	88
2010	256.95	708	114
2011	349.95	1000	158
2012	385.05	1339	167
2013	585.6	1639	219

资料来源:《兵团年鉴》。

2.1.3 特种棉的基本情况

长绒棉发展情况：我国长绒棉的种植主要集中在农一师和阿克苏地区，随着采棉成本的不断提高，再加上长绒棉易采性差、拾花劳动力严重不足、长绒棉价格不稳定等因素，兵团长绒棉种植面积开始减少。2010～2013年临时国储期间，长绒棉单产相对陆地棉较低，国家没有给长绒棉特殊的补贴措施，导致长绒棉的种植面积迅速减少。以农一师为例，2010～2014年长绒棉种植面积共减少28万亩，约占2010年总种植面积的94.3%。随着种植面积的减少，产量持续下跌，2010～2014年产量共减少3.41万吨，占2010年总产量的93.9%，具体如表4所示。2014年国家实施棉花目标价格补贴政策，规定长绒棉的补贴标准高于陆地棉，再加上长绒棉价格的大幅攀升，预计2015年兵团长绒棉种植面积将有所增加。

彩棉发展情况：近年来，借助航天搭载、生物转基因、离子束注入等多种技术，成功研发出彩棉品种，并破解了彩棉原株纤维品质差、产量低的难题，使彩棉单产得到大幅度提升，以2011～2014年为例，每亩彩棉产量增加78.6公斤。截至2014年，兵团共培育开发出14个拥有自主知识产权的彩棉新品种，占世界注册彩棉品种的43.9%。经过148团、150团等团场多年的推广和种植，其产量水平已逐步接近常规细绒棉的水平。2014年兵团彩棉种植面积为12345亩，总产量1617吨，占国内总量的95%，占世界总量的60%（见表5）。随着市场需求的扩大，兵团彩棉生产规模将进一步扩大。

表4　2010～2014年兵团长绒棉生产情况

年份	面积（万亩）	产量（万吨）	单产（公斤/亩）
2010	29.7	3.63	122.2
2011	19.31	2.63	136.2
2012	13.68	1.51	110.4
2013	5.64	0.71	125.9
2014	1.70	0.22	129.4

资料来源：兵团发改委。

表5　2011～2014年兵团彩棉生产情况

年份	面积（亩）	产量（吨）	单产（公斤/亩）
2011	9737	509	52.3
2012	12938	1302	100.6
2013	14672	1483	101.1
2014	12345	1617	130.9

资料来源：兵团发改委。

2.2　棉花加工情况

2.2.1　团场棉花加工能力

随着兵团植棉面积的扩大以及棉花产量的增加，兵团棉花加工能力不断提升。据《兵团年鉴》统计数据显示，截至 2013 年底，兵团有棉花清理加工生产线 320 条。其中，人工采棉生产线 75 条，皮辊棉加工生产线 29 条，机采棉生产线 219 条。全兵团棉花清理加工生产线有自动喂棉机 276 台，异性纤维清理机 357 台，打模机 277 套，开模机 114 套。籽棉、皮棉加湿机 25 台（其中籽棉加湿机 7 台，皮棉加湿机 18 台），在线烘干机 405 台，独立烘干机 30 台，国产籽棉清理机 1222 台，各类轧花机 3626 台，自动打包机 256 台，400 打包机 548 台，各类剥绒机 2326 台，在线监测条码系统 440 台套，智能控制系统 72 台套。2013 年，全兵团棉花加工生产线整个加工期平均 86 天，共加工皮棉量达 153.57 万吨。

2.2.2　加工布局

兵团具有加工资质的棉花加工企业共有 204 家，生产加工线共 381 条，整体来看，各师棉花加工场数量和加工能力与其棉花生产规模基本保持一致，可以满足棉花收购和加工需求。具体情况如表 6 所示。

表 6　兵团棉花加工厂加工能力及布局

所属地	一师	二师	三师	四师	五师	六师	七师
加工厂数量	26	25	18	7	14	24	24
加工生产线	73	30	30	10	27	45	39
所属地	八师	十师	十三师	十四师	兵团供销社	兵团直属	
加工厂数量	40	1	11	4	7	3	
加工生产线	158	3	13	4	8	4	

2.3　棉花销售情况

2.3.1　临时收储前的棉花销售情况

国家实行临时收储制度以前，兵团发改委积极争取国家收储政策，深入开展企业帮扶工作，帮助企业解决资金、销售等问题，积极推动兵团棉花销售工作。2009 年兵团皮棉总产量为 113.4 万吨，销售量为 58.43 万吨，销售完成时间为 2010 年 3 月。2010 年兵团皮棉总产量为 115 万吨，销售量为 91.44 万吨，销售完成时间为 2011 年 5 月。临时国家收储政策实施以前，兵团棉花主要销售途径为通过师棉麻公司作为商品棉销售给棉花纺织企业，仅有少部分进入国库。

2.3.2 临时收储期间的棉花销售情况

2011 年国家开始实行临时收储制度，交储成为兵团棉花销售的主要渠道，有力地缓解了兵团棉花销售压力，保障了团场和职工的植棉效益。2011 年兵团皮棉总产量为 129.3 万吨，销售量为 108.88 万吨，其中交储量为 61.88 万吨，销售完成时间 2012 年 8 月。2012 年兵团皮棉总产量为 141.7 万吨，销售量为 153.91 万吨，其中交储量为 151.20 万吨，销售完成时间为 2013 年 3 月。2013 年兵团皮棉总产量为 146 万吨，销售量为 152.87 万吨，其中交储量为 148.38 万吨。临时国家收储期间，兵团约 90% 的棉花都进入国库，交国储之前，销售进度明显加快。

2.3.3 目标价格改革试点后的棉花销售情况

在临储政策实施期间，几乎所有的皮棉都进了国储，实行目标价格改革试点以后，加工企业和棉麻公司直接与市场对接，皮棉销售量以及皮棉价格开始由市场决定，当前国内棉花现货市场极为萧条，棉企信心不足，多数棉企对后续行情继续看空。再者，三年国储兵团棉花内在品质下降，马克隆值普遍偏高，机采棉棉结过多，三丝问题仍然严重，造成 2014 年棉花销售存在很大困难，亏损严重。截至 2015 年 4 月底，兵团籽棉收购总量为 427.29 万吨，共加工皮棉量 165.99 万吨，销售签约量为 89.07 万吨，销售进度为 53.66%，各师具体销售情况如表 7 所示。

表 7　2015 年 4 月底兵团各师棉花销售情况

师部	籽棉收购（万吨）	加工皮棉（万吨）	销售签约量（万吨）	销售进度（百分比）
一师	95.30	35.00	14.5	41.42
二师	29.59	11.84	9.0	76.01
三师	38.48	15.45	9.27	60.00
四师	9.32	3.63	2.18	60.06
五师	25.70	10.83	1.44	13.30
六师	41.0	14.99	11.41	76.12
七师	52.85	20.49	10.65	51.98
八师	121.77	48.74	31.52	64.67
十师	2.18	0.76	0.03	3.95
十三师	11.11	4.27	2.75	64.40

资料来源：兵团发改委。

2.4　兵团棉花购销体制机制

2.4.1　棉花生产经营体制

兵团实行的基本经营制度是"土地承包经营、产权明晰到户、农资集中采供、产品订单收购"。棉花生产是"兵团→农业师→团场→连队→职工"的隶属与生产组织管理关系。其中，师棉麻公司是各师的棉花销售企业，加工厂是团场出资、管理的企业，采棉公司主要以三种形式存在，即私人独资公司、团场控股公司、团场入股公司，但都要纳入团场的管理体系，向职工提供采棉服务。棉花生产由兵团统一制定年度计划，各师分配到相应的任务指标后，组织下辖团场、连队签订承包合同，基层连队与连队职工签订承包经营合同，形成多重承包链条。通过层层分解承包指标，实现农业生产的高效组织动员机制。

2.4.2　棉花购销机制

兵团棉花现行购销体制为统一销售，现阶段团场负责棉花生产加工，由各师棉麻公司统一销售，部分师团棉花收购价按照兵团及各师指导价进行收购兑现后，年终再以综合销售平均价实施二次分配，即"一次交售，两次结算"，初步形成了缓解风险的利益共担机制。团场对棉花生产环节实行宏观管理，包括棉花品种的选择、农资的使用、棉花的采收等，并提前替团场职工垫支部分生产资料费用，然后按照各师每年下达的棉花收购价格与上交任务指标（指令性计划占整体生产计划的95%）进行籽棉收购，收购后交与团场轧花厂进行加工，再由师部棉麻公司统一销售。

2.5　兵团棉花的优势

2.5.1　组织优势

兵团棉花生产、收购、加工、销售整个产业链是统一领导的整体，兵团团场植棉职工在兵团、各师、团场和连队高度统一的生产技术规程指导下从事棉花生产。兵团通过行政权力进行平衡，或通过各种再分配进行补偿，以保证各个环节的合理利益，促进棉花产业链的均衡、健康发展。兵团的组织优势可以让兵团棉花在提高质量、打造品牌、实施机械化、提高生产效率、降低成本等方面发挥很大的优势。

2.5.2　规模化优势

由于兵团土地资源集中，故棉花种植较为集中，并且兵团内部实现产业化经营模式，推行统一供种、统一耕作技术、同步管理棉农的管理模式，为机械化生产提供必要条件。兵团拥有专业的组织生产形式，设有专业的农机工、棉花加工企业、棉花收购企业，提高了棉花生产、加工、销售等环节的运行效率，大大促进了兵团棉花规模化生产，是全国棉花规模化生产水平最高的地区。

2.5.3　机械化优势

在兵团棉花产业链中，机械化贯穿制种、包衣、整地、耕种、播种、植保、收获、储运、加工全过程。多年来兵团注重植棉机械化技术设备的研究和运用，大力推行机械铺膜、精量播种、膜下滴灌等技术的运用，截至 2014 年，兵团棉花生产中实现常规机耕、机播作业率达 100%，棉花种植面积中水滴管技术覆盖率高达 90% 以上，保证了兵团生产灌溉，机采棉面积也占植棉总面积的 75% 以上，大大提高了棉花的生产效率，在全国率先实行棉花全程机械化水平。

3　改革试点的主要内容

3.1　改革试点政策的主要内容

3.1.1　目标价格的制定

（1）目标价格水平制定。由国家发展改革委牵头制定，一年一定，播种前公布。2014 年皮棉目标价格为 19800 元/吨。

（2）市场价格监测。市场价格为采价期内新疆棉花平均销售价格，采价期为 9~11 月。兵团棉麻公司和植棉师棉麻公司作为国家棉花价格监测点，兵团发展改革委负责市场价格每日汇总报送工作。

3.1.2　面积、产量统计、核实、申报程序

（1）统计棉花种植面积和预测产量。

2015 年初，各植棉师根据兵团下达的各师年度棉花种植面积计划，将计划分解下达到各植棉团场。团场以此为依据安排落实种植计划。兵团统计局于每年 6 月 25 日起开始统计、核实棉花实际种植面积，要杜绝虚报、多报、压报、漏报棉花面积现象，解决好果棉套种面积折算问题。团场 7 月完成面积登记、核实工作，分别在连队和团场公示，公示期不少于 7 天，公示后逐级上报兵团。8 月底前完成测产工作。预测产量作为统计籽棉交售量的主要依据，两者相差一般不超过 5%。

（2）统计籽棉交售量。

1）印制籽棉交售票据。兵团植棉者将棉花交到经兵团授权认定的棉花加工企业，棉花加工企业出具籽棉收购结算票据（磅单），票据一式四联，即种植者、加工企业、所在团场、所在师棉麻公司各持一联。票据应注明交售时间、姓

名、身份证号、联系电话、土地所属单位、棉花加工企业全称、籽棉重量、等级、回潮率、含杂率等主要信息，各植棉师结合本师具体情况可增加指标，于8月底前统一印发。

2）明确籽棉交售范围。由于国家分别按自治区和兵团棉花统计产量拨付补贴资金，因此，兵团种植者种植的棉花必须交兵团棉花加工企业才能纳入产量统计范围，获得补贴。团属棉花加工企业不得收购地方棉花。

3）核实籽棉统计数量。11月20日前，团场棉花加工企业将种植者实际交售籽棉相关数据汇总后报团场，经团场审核后，将面积、预测产量和籽棉交售量分别在连队和团场公示，公示期不少于7天，无异议后，上报师统计局。师审核后，将籽棉交售量于11月25日前报兵团统计局汇总、审核。

（3）测算皮棉产量。兵团质监局按月统计汇总各植棉师皮棉公检数量。团场及师逐级申报、核定棉花播种面积、产量、籽棉销售量，经兵团统计局测算、核实后，于12月5日前报送国家、自治区。国家统计局根据遥感测量结果，结合兵团上报资料，最终核定兵团棉花播种面积和产量，作为测算兵团补贴总额的依据。

（4）其他情况。兵直单位的面积统计、产量测定及籽棉收购量、皮棉加工量由所在师负责统计、上报和发放补贴。特种棉（包括长绒棉和彩色棉）单独统计面积、籽棉销售量，单独测产。

3.1.3 补贴资金发放

（1）中央财政补贴依据和下拨时间。财政部根据目标价格与市场价格的差价和国家统计局调查的兵团皮棉产量测算补贴资金总额，年底前拨付兵团。

（2）兵团补贴资金发放办法。

1）补贴资金的拨付。兵团财务局根据《兵团棉花目标价格改革试点补贴资金管理办法》（暂行），按照中央拨付兵团的补贴资金总额和兵团核定的各植棉师棉花产量，拟定各植棉师棉花目标价格补贴资金方案，经兵团审定后，在中央财政补贴资金到位10个工作日内，向植棉师拨付补贴资金。

2）补贴资金的兑付。师财务局在兵团补贴资金到位10个工作日内，将补贴资金拨付至团场及代管的兵直单位，团场（兵直单位）20个工作日内按照种植者籽棉交售票据兑付补贴资金。

3）特种棉补贴发放。特种棉补贴标准与自治区保持一致。其中，彩色棉由兵团财务局按照统计局统计的彩棉产量，将补贴资金直接拨付彩棉集团，彩棉集团负责兑付给种植者。

4）不予补贴范围。没有经过公示、没有籽棉交售票据以及兵团以外流入的棉花，均不予列入补贴范围。

3.1.4 棉花目标价格补贴加工企业加工资格认定

（1）认定标准。棉花加工企业必须符合以下条件：

1）须获得工商行政管理部门颁发的《营业执照》或《企业法人营业执照》、兵团发展改革委颁发的《棉花加工资格认定证书》和自治区棉花质量监督机构颁发的《棉花加工企业质量保证能力审查认定证书》。实行"一线一证"，即一条生产线须具有一个《棉花加工资格认定证书》。

2）有收购计量、结算系统和设备健全、运行良好的在线监控系统，收购加工的棉花全部实行专业仓储，在库检验。加工兵团棉花的加工企业必须使用师统一印发的籽棉收购结算票据（磅单），加工地方棉花的加工企业必须使用自治区统一发票。

（2）认定流程。

1）取得自治区发改委颁发的《棉花加工资格认定证书》的兵团棉花加工企业，均到自治区相关部门进行资格认定。

2）取得兵团发改委颁发的《棉花加工资格认定证书》，加工地方棉花的兵团棉花加工企业，由兵团发展改革委会同自治区质监局（纤检局）认定。

3）取得兵团发改委颁发的《棉花加工资格认定证书》，加工兵团棉花的加工企业，由师发改委会同地（州、市）质监局（纤检所）认定，同时每年7月底前向兵团发展改革委报备。

4）8月底前兵团和自治区资格认定机关对各自认定的棉花目标价格补贴加工企业名单，在各部门门户网站进行联合公示，公示期为10个工作日。公示期满后，兵团发改委对所认定的棉花加工企业颁发带有统一编号的牌匾。

（3）认定企业的退出机制。认定的加工兵团棉花的加工企业如出现以下情形，经兵团发改委核查属实的，或经自治区质量技术监督局（纤检局）等相关部门核查属实转交兵团的，取消认定，同时注销棉花加工资格及相关资质。

1）采购兵团以外的籽棉或皮棉、虚开籽棉收购票据等违法经营行为，套取补贴资金的。

2）不如实标注、籽棉收购总量折算皮棉后大于或等于公检量5%以上的。

3）皮棉未按规定送到指定的棉花专业监管仓库（自用棉除外），未进行仪器化公证检验的。

4）收购棉花期间，未按要求在厂区门口等明显位置悬挂带有统一编号的棉花目标价格补贴资格认定牌匾的。

3.1.5 制定配套政策

（1）制定目标价格改革试点补贴资金管理办法。兵团财务局制定《兵团棉花目标价格改革试点补贴资金管理办法》（暂行），开设补贴资金专户，实行封闭管理，专款专用，单独核算。

（2）制定目标价格改革试点加工企业资格认定实施细则。兵团发改委同自治区质监局，制定《兵团棉花目标价格改革试点加工企业资格认定实施细则（试行）》，明确兵团棉花目标价格改革试点加工企业资格认定的条件、程序。

（3）制定兵团以外籽棉流入控制办法。兵团发改委同兵团质监局、供销社等部门和单位，制定《兵团以外籽棉流入控制办法（试行）》，加强对籽棉结算票据、公检、仓储、自用棉管理及兵团以外棉花流入的监管。

3.2　兵团实施方案与自治区实施方案的异同

3.2.1　与自治区实施方案的相同点

兵团实施方案与自治区实施方案主要存在以下相同点：①补贴对象相同。目标价格补贴的对象都是棉花种植者或者其他各种所有制形式的种植主体和经营单位。②监管模式相同。③实施目标相同。都是为了充分发挥市场机制作用，完善补贴方式，提高补贴效率，实现提升农业竞争力和生产效率。

3.2.2　与自治区实施方案的不同点

①公示次数和内容不同。自治区只对种植面积在村级或县级进行一次公示，兵团7月和11月分别对面积和产量进行两次公示。②结算票据不同。自治区棉花加工企业购进籽棉时，使用统一税票。兵团团场棉花加工企业出具结算票据（磅单），由各师统一印制。③补贴发放依据不同。自治区需要凭种植证明、籽棉收购票据以及有关身份证明领取补贴资金，兵团只需要籽棉收购结算票据（磅单）和有关身份证明领取补贴资金。④补贴发放方式不同。自治区补贴分两次发放：第一次按面积发放补贴资金总额的60%；第二次按产量发放40%。兵团则按产量一次发放。目前，国务院要求自治区选两个县进行全部按面积和按产量一次性发放补贴试点，以检验不同政策效果。⑤销售方式不同。自治区由加工企业自行销售，兵团由兵、师棉麻公司统一销售。

4　改革试点政策实施情况

改革试点启动以来，兵团棉花目标价格改革试点工作领导小组认真学习并领会政策精神，准确把握改革总体思路，坚持市场决定价格、保障职工基本收益、实现平稳过渡等基本原则，紧密结合兵团实际周密制定操作方案、扎实抓好组织实施，汪洋副总理也对兵团试点工作给予了充分肯定。

4.1　面积和产量统计核实工作

兵团各级各部门积极开展对兵团棉花面积和产量的调研与核实，逐一完成了面积统计、测产、核实、公示等工作，分两次对全兵团 16.93 万植棉户的种植基本情况进行逐户统计审核汇总，确保其面积和产量的准确性。最终确定兵团 2014 年棉花种植面积 2050.85 万亩，产量 163.61 万吨。

4.2　加工企业资格认定工作

根据《兵团棉花目标价格改革试点工作实施方案》规定的审核标准，兵团对各师 204 家加工企业进行资格认定并发放牌匾。

4.3　价格监测和成本调查工作

兵团及时向国家反映在兵团不设立籽棉价格监测点，考虑兵团实际种植成本，设立 60 个成本调查点，审核报送 75 期兵团市场价格监测数据。监测兵团皮棉销售价格，不公布籽棉目标价格，对特种棉进行补贴倾斜等问题得到了国家发改委的大力支持和理解，基本采纳了兵团意见，促进了兵团改革试点工作的顺利推进。

4.4　补贴资金拨付工作

截至 2015 年 4 月 10 日，累计收购籽棉 427.3 万吨，皮棉总产 169.7 万吨，累计加工皮棉 165.4 万吨。春节前，兵团分三批将中央财政补贴资金 96.5 亿元拨付各植棉师团，并兑付至棉农。整体实现工作平稳顺利。通过兵团办公厅及时反映改革试点中存在的问题，特别是反映的补贴资金计划单列问题，得到了中央政治局常委张高丽副总理和汪洋副总理的重要批示，实现了兵团补贴资金计划单列，使兵团获得 100.7 亿元的补贴资金，占新疆补贴资金总额的近 42%。

4.5　政策宣传工作

兵团充分运用报纸、电视、广播、网络等加强政策宣传。接受中央、兵团电视专访 8 次，报纸刊文 10 余篇，发布了《致广大植棉户的一封信》，编印了 18 万册汉文、维文版《政策解读手册》，为 576 个驻村工作组发放了宣传手册。对各师 400 人次进行政策培训。师、团也有针对性地开展专题培训。

4.6　改革操作成本

4.6.1　临时收储的成本

在临时收储期间，国家承担了除短途运费以外的全部入库服务管理费用，国家补贴费用主要有 100 元/吨的机动费用，20 元/吨的配合公检费用，100 元/吨的仓储费包干用，棉花出疆运输费用 500 元/吨，500~1000 元/吨的使用新疆棉花的纺织厂的补贴费用。棉花流通企业承担的费用主要包括倒短运输费用 35 元/吨，财务利息费用 102 元/吨。

4.6.2　改革试点的成本

实行目标价格以来，国家承担的主要费用是 19800 元与皮棉市场价格 13537 元的差价补贴费用。棉花流通企业承担的费用大大增加，其中包括财务费用 65 元/吨，棉花整理费用 20 元/吨，材料铺垫费用 18 元/吨，包干费用及其他费用。其中，包干费用分为火车和汽车发运出库两种情况，其中监管信息费用 8 元/吨由农业发展银行贷款范围按与农业发展银行协议执行。此外，还包括可能发生的偶然费用：混批整理费用 20 元/吨、散包复包费用 80 元/吨、露白棉包的缝包粘包费用 3 元/包，铁路发运装车辅助费用 800 元/吨。出入库监管费用比临时收储期间平均增加 22 元/吨左右（按 6 个月计算），且由各师团承担，新增费用 3.7 亿元。

此外，实行目标价格改革试点后，兵团棉花销售难问题突出，使棉麻企业费用增加、资金压力变大。受供求关系、国际市场价格和进口棉纱冲击的影响，国内棉价已经降至 1.3 万元/吨以下，和采价相比，出现购销价格倒挂。兵团兵师棉麻企业统一购销的组织架构符合中央一号文件所倡导的新型现代农业经营组织，但目前棉花市场疲弱，棉麻企业销售压力很大，农发行仅按每吨 1.15 万元发放棉花贷款，与市场平均价相比，每吨差 2037 元，资金缺口 36 亿元，不得已而寻求商业贷款予以解决，每月贷款财务费用平均在 75 元/吨左右，比临时收储约增加 10 元/吨。因棉花滞销，贷款期将延长，按 6 个月计算财务费用将增加 4.3 亿元。

5　改革试点政策的总体评价

5.1　改革试点对相关方的影响

5.1.1　对棉花生产影响

（1）新疆植棉优势不断凸显。随着我国劳动力等要素价格的大幅上升，棉花生产在我国黄河流域和长江流域棉区的机会成本逐渐增大，植棉格局发生重大变化，新疆棉区所占比重不断增加，内地棉区则持续减少。2014 年在新疆实行棉花目标价格补贴试点工作，对于稳固新疆优质棉生产基地具有重要意义。据国家统计局统计数据显示：2014 年新疆棉花播种面积 2929.95 万亩，占全国的 46.3%，棉花产量为 367.7 万吨，占全国的 59.7%，棉花单产水平是全国的 1.29 倍，新疆已成为我国最大的优质棉生产基地，棉花种植面积、总产量、单产产量和调出量四项指标连续 21 年全国第一。其中，2014 年兵团棉花种植面积 1050.85 万亩，占全国总面积的 16.6%，产量 163.61 万吨，占全国总产量的 25.8%，棉花单产水平是全国的 1.47 倍。兵团棉花生产水平高，机械化程度高、规模化和组织优势十分明显，可以预见的是，兵团的植棉优势将会越来越大。

与此同时，由于棉补贴低、竞争力下降，种植面积和产量有所下降，根据中国储备棉管理总公司 2015 年 4 月的调查数据显示：2015 年黄河流域植棉意向面积为 1091.1 万亩，同比下降 31.8%；长江中下游棉区植棉意向面积为 837.6 万亩，同比下降 33.8%；西北内陆地区植棉意向面积为 3141.9 万亩，同比下降 9.6%，其中新疆意向植棉面积同比下降 9.0%，对比全国的种植意愿，新疆作为棉花主产地的地位得到明显巩固。

（2）棉花质量受到重视。为积极顺应改革，增强兵团棉花的市场竞争力，尤其是增强机采棉的市场竞争力（2014 年兵团机采面积达到 70%），兵团提前谋划及早部署，通过制定出台《关于加强兵团棉花质量管理的指导意见》，加强了种植、采收、加工和销售各环节的全过程质量管理。从单一化的追求单产发展成为产量和质量并重，并以提高质量为主，实施全程质量管理，优质优价、优棉优价的市场导向深入人心。另外，兵团还对机采棉提出更高要求，以市场需求为导向，倒逼团场和棉农选择优良品种，改进栽培农艺技术、提高采收和加工的质量水平，降低生产成本，推进棉花生产经营方式的转变，改变机采棉的传统观念，使兵团的全国优质棉生产基地地位得以加强。根据中国纤维检验局最新数据（如表 8 所示）可以明显看出，兵团棉花 7 项公检指标中的 5 项指标比上年有所提升，平均长度 28.55 毫米、马克隆值 A + B 级占比 93.36%、平均长度整齐度值 82.45、平均断裂比强度 27.75cN/tex、颜色指标中的白棉平均级为 2.65，分别比上年提高 0.36 毫米、6.85%、0.37、0.85cN/tex、0.25。

表8　兵团 2013 ~ 2014 年棉花质量对比

年份	长度（mm）	长度整齐度	马克隆值 A + B 级占比（%）	断裂比强度（cN/tex）	轧工 P1 + P2 占比（%）	颜色（白棉平均级）	品级
2013	28.19	82.08	86.51	26.9	97.37	2.4	2.02
2014	28.55	82.45	93.36	27.75	95.9	2.65	1.81

资料来源：中国纤维检验局。

（3）有效调整了特种棉的植棉面积。在国储期间，棉花生产、加工、流通环节都只重视数量而轻视质量，收储也只是针对细绒棉制定的，长绒棉、彩棉并没有纳入收储范围内，特种棉如果要交储也只能按细绒棉的价格交储，导致特种棉种植面积连年下降。而目标价格补贴实施后，补贴向特种棉倾斜，长绒棉、彩色棉种植面积稳定，并逐步复苏。

实行棉花目标价格以来，一是优棉优价的市场导向得到充分体现。2014 年 10 月，长绒棉的收购价格为 8.20 ~ 8.35 元/公斤，同期间的陆地棉价格在 6 元/公斤左右。

二是补贴实施方案向优质棉倾斜。新疆棉花目标价格补贴实施细则的规定，特种棉（包括长绒棉和彩棉）补贴标准按照自治区政府审定的陆地棉补贴标准的 1.3 倍执行。2014 年，长绒棉比细绒棉每公斤多补贴 0.205 元，粗略计算，长绒棉的植棉效益高于细绒棉 2.5 元/公斤。以阿克苏为例，2014 年长绒棉播种面积是 100 万亩，2015 年或将达到 140 万亩，细绒棉播种面积将减少 20%。第八师 148 团 2015 年也在加大彩棉种植面积的同时减少了细绒棉的播种面积。新政策更有利于发挥兵团特种棉的优势，增强竞争力。

（4）促进了种植业结构调整。在临时收储期间，由于职工种植棉花不需要承担销售的市场风险，植棉收入有保障，导致很多不太适合棉花种植的土地也开始种棉花，棉花种植面积不断扩大。实施棉花目标价格补贴试点后，有利于兵团棉花生产布局调整，逐步退出比较效益低的风险棉区和次宜棉区的种植，使棉花生产向优势棉区集中。兵团采取按照产量补贴的方式，使得产量较低区域的棉花种植者获得的补贴金额要小于优质棉区的棉农，比较之下，次宜棉区的植棉效益会更低，最终棉农会从次宜棉区的种植中逐步退出。这样不仅有利于适当减少兵团棉花产量，改善目前国内棉花供大于求的局面，还有利于兵团棉花质量的提升。

（5）职工市场意识不断增强。职工逐步接受改革，棉农市场化意识增强。2014 年实施目标价格改革后，棉花市场形成价格机制基本建立。

首先，棉花的销售直接面向市场，优质优价得到充分体现，优质高价的棉花直接关系到棉农的收益问题，职工逐渐从只关注棉花衣分向全面关心棉花内在品质转变。

其次，由市场供求形成棉花价格的机制基本建立，市场引导生产的作用开始显现，职工会根据棉花市场价格的高低来调整种植结构，当棉花收益没有达到预期时，职工会选择种植其他农作物来保证农业收入。

5.1.2　对团场及棉花加工的影响

目标价格政策直补的对象是种植户而非收购、加工企业，对收购加工企业而言，皮棉的销售价格由市场、下游客户决定，就需全面考虑下游棉纺织企业对棉价的承受能力，再核算收购价格、控制加工成本、确保加工质量。为了满足纺织企业的需求，各团加工厂都需要通过加大对技术改造的投入从而提高皮棉质量。同时销售对象由主要是中储棉公司转变为众多的纺织企业或流通企业，交易方式、结算方式、回款方式等也会发生根本性变化。如入库公检以公定重量结算，现货交易可能就会以实际重量结算；入库必须进行公证检验，现货交易可能就会根据客户要求选择检验方式。另外，实行目标价格后，农发行提供贷款的方案有所调整，给加工企业的籽棉收购造成资金压力。因此，收购、加工企业等持、观望的状态是不可避免的。

5.1.3　对师及棉花经营的影响

临时收储期间，对各师团和棉花经营者而言，收储价格明确、利润可知、兑现资金有保障，可以说几乎没有风险。而取而代之的目标价格政策，导致棉麻公司对外而言，销售周期长、资金占用量大、农发行还款压力大；对内而言，向职工确定兑现价格的风险加大。由于棉花价格由市场决定，而目标价格虽然明确，但具体实施还存在不确定性。经历采价期后，各个师团场对于确定兑现价格仍然没有可依据的一个可靠标准，确定兑现价格的市场风险加大，很有可能会因为定价过高而导致各师团负债。

5.1.4　对纺织服装业的影响

（1）购棉渠道拓宽，选择余地加大。实施目标价格后，原棉采购渠道畅通，提升了纺织企业的买方地位，企业采购棉花可选性增大，加工企业直接和纺织企业对接，皮棉市场买方和卖方数量众多，接近完全竞争市场。皮棉价格开始由市场形成，皮棉价格也随着局地供求关系、国内外皮棉期现货价格同步波动，棉麻公司卖棉的主动性得到提高。

（2）国内外棉价差缩小，新疆棉花更受青睐。新疆地方、新疆兵团出台的售棉优惠政策在临时收储期间体现不明显，国内外棉花价差大，疆内棉花的优势不够明显。国储期间，国内与国际市场价格相差 5000 元/吨左右，实施目标价格以后，国内外价差缩小到 2000 元/吨左右，导致棉纺企业采购国内棉花的热情大大提升。新疆棉花相较内地而言，生产规模大、品质高，新疆棉花整体更受青睐。

（3）用棉成本大幅降低，纺织企业效益逐渐向好。在临时收储期间，国内外棉花价差大，国内棉价高，棉纺织企业面临不断攀升的高成本困境。目标价格实施后，纺织企业经营状况明显改善，扭转了近几年持续亏损的局面。2015 年第一季度，全国棉纺织企业亏损面降至 20% 左右，开工率也较 2014 年（季度平均）提高 5 个百分点，其中新疆纺织企业扭亏为盈的状况更为明显。兵团纺织行

业继续保持逐步向好态势，生产棉纱 2.97 万吨，同比增长 5.2%；生产棉布
494.6 万米，同比增长 11.6%；纺织业产销率达 92.6%，同比增长 1.3%。预计
2014 年纺织服装全行业完成产值 89.19 亿元，同比增长 1.58%，规模以上企业
实现经营性利润 7000 多万元。

5.1.5　对国家支持新疆发展产业政策的影响

（1）政策、产地优势逐步显现，纺织企业落户新疆意向提高。在棉花目标
价格政策的影响下，国内国际棉花价差缩小，新疆棉花产地优势逐步凸显，增加
了纺织企业来兵团投资的积极性。随着在疆购棉成本的大幅下降，和中央、自治
区"发展纺织服装产业带动就业"政策的实施，内地纺织企业来兵团投资的热
情提高。预计 2015 年兵团各师纺织服装产业计划投资 46 亿元，新上纺织 50 万
锭，增加就业岗位 7000 多人。

（2）增强宏观调控能力，保障棉花产业实现可持续发展。与按照保护价格
收购的临时收储政策相比，目标价格政策增强了宏观调控能力，主要体现在以下
两方面：①实施目标价格补贴政策过程中，市场仍然发挥主要的调节作用，市场
供需情况的改变将会带来棉花价格的波动，有助于棉花产业健康、可持续发展。
②国家通过制定目标价格的高低可以调控国内棉花产量。当国内棉花供大于求的
时候，国家通过适度降低棉花的目标价格，从而促使国内棉花减产；反之，国家
则会通过提高棉花的目标价格来促使国内棉花增产。

5.2　改革试点相关方的满意度及效果评价

5.2.1　植棉职工

虽然与临时收储时期相比，植棉职工的亩均收入小幅下降，但是在市场价格
持续下滑、市场销售不振的情况下，职工群众普遍感到如果没有价格补贴，收入
将会大幅下降，甚至出现亏损，因此，大部分职工对目标价格表示满意。

首先，是对补贴方式表示满意。新疆地方实行 60% 按面积、40% 按产量的补
贴方式，兵团实行按产量补贴的方式，植棉职工表示由于兵团亩均产量高，按产
量补贴的方式更能有效地保证他们的收益和种棉积极性，按产量补贴的方式也激
发了职工改善生产技术的动力。

其次，是对补贴额度表示满意。通过对比，地方亩均补贴约为 487 元/亩
（其中面积补贴 267.63 元/亩，产量补贴 0.688 元/公斤），师市亩均补贴约为
918.3 元/亩，2014 年地方籽棉价格比 2013 年下降了 17.4%，2014 年师市籽棉
价格比 2013 年仅下降了 6.94%。因此，职工对兑现价格和补贴标准总体感到满
意。其中，兵团第八师、第十师等，由于生产成本小幅下降，亩产量略增，2014
年还出现了职工收益上涨的现象。

5.2.2 植棉团场及棉花加工企业

临时收储时期，植棉团场和棉花加工厂基本不承担市场风险，只需将加工好的符合标准的棉花交给国储即可。在实施目标价格以后，销售对象由主要是中储棉公司变为众多的纺织企业或流通企业，加工的皮棉质量的好坏直接决定价格的高低，促使很多轧花厂在短时间要加大技术投入。而棉花加工企业在 3 年没有面对市场的背景下，突然转变销售方式走向市场，适应能力还没有及时调整过来，再加上在库公检、贷款收购、销售不畅，各团场流通费用和财务费用大幅上涨，致使植棉团场效益下滑。

5.2.3 植棉师及棉花购销企业

在临时收储期间，师市棉麻公司对接的是中储棉，价格明朗，销售周期短，资金有保障，基本不存在销售问题。2014 年实施目标价格政策后，兵团兵师棉麻企业实行了统一定价销售的经营组织，现在棉麻企业对接市场，承担的风险明显加大。目前棉花市场疲弱，棉麻企业销售压力很人，农发行信贷基价为 11500 元/吨，低于市场平均收购价格，不得已而寻求商业贷款予以解决，贷款的资金占用费很高，综合起来，平均一个月在 75 元/吨左右，再加上出入库、监管库等费用增加，流通费用增加 3 亿多元，兵师棉麻企业的效益下降明显。

5.2.4 仓储物流企业

临时收储时期的新疆仓储物流企业基本只在棉花收购期间承担库存保管作用，收储结束后，绝大部分棉花都将运往内地的监管仓库，当时的收费标准为120 元/吨，每超过一个季度多交 25 元/吨，年平均收费为 165 元/吨左右。实行目标价格改革后，仓储物流行业对于棉花存放在监管库监管表示满意，整体的仓容基本都在使用，但是对于仓储收费的满意度并不高。仓储物流企业从国储时期简单的仓储保管功能转变为入库、公检、仓储、保管等多职能的专业监管方，相比以前，工作量和任务量更为繁重一些，其在各环节中的协调作用得到了充分体现。但是工作量加大的同时，收费标准上升的幅度较小，不足以支付功能增加所带来的成本剧增，导致仓储物流企业收益有所下滑。

5.2.5 纺织服装企业

临时收储期间，整个棉花市场就中储棉一个买家和卖家，国内放储棉价格高于国外（最高比国际棉价高出 6000 元/吨），国内棉纺企业难以承受。尽管棉纺织企业在高棉价的氛围中通过改变原料结构、降低用棉比例，同时通过使用进口棉纱等降低工厂生产成本，但由于进口配额限制及人工、能源等其他成本逐年上升，棉纺织企业很难消化价格远高于国际市场的国内棉花，造成大量棉纺企业亏损甚至停产。国内外棉价差别过大的原因已经导致国内棉花使用量大幅下滑，直接造成棉花使用不足、大都入库的局面。实施目标价格后，纺织服装企业总体满意度较高。

第一，棉价基本上开始与市场接轨，既排除了国家托底造成棉价过高的问题，又保护了广大棉农的利益，实现了"双赢"。

第二，目标价格改革后，原棉采购渠道畅通，提升了纺织企业的买方地位，企业采购棉花可选性增大。

第三，改革在一定程度上引导植棉职工关注市场，提高了棉花质量，有利于企业开发高品质产品。

5.2.6　行政部门

兵团各主体部门在目标价格发布后制定了加强组织领导、设计周密方案、认真组织实施、加强宣传培训、抓好购销和补贴兑现这五个工作步骤，在这五个环节中做了大量的工作，人力、物力成本巨大，尤其是面积统计、测产、核实、公示、宣传、补贴兑现等环节更是工作繁重，但是国家并没有给目标价格实施期间的兵团各级人员工作成本提供专项资金，导致各级部门难以承担费用。

5.3　改革试点的总体成效

5.3.1　摸清兵团棉花生产底数稳定兵团棉花生产

通过全口径统计、核实，较为准确地摸清了兵团棉花生产底数，2014年兵团棉花实际种植面积为1050万亩，皮棉产量达到171.69万吨，为更好实施一体化经营奠定了基础。解决了过去大户瞒报面积和产量等部分历史遗留问题，摸清了大户实际承包面积和真实产量以及兵团植棉面积和产量，对于兵团棉花生产决策具有重要意义。对兵团植棉而言，产量和质量均有上升的空间，有直补政策的强大支持，随着纺织产业的快速崛起，兵团植棉的比较优势依然明显，在"优棉"目标的指导下，局部会有所调整，低产棉田会退出，种植面积逐步稳定在合理的规模，未来兵团植棉模式将在稳定产量的基础上，提高棉花质量，向规模化、机械化、集约化方向转变，向以棉花良种、精量播种、机采棉等为代表的精准棉花种植技术发展，进一步促进优质棉基地的建成。

5.3.2　保护兵团职工植棉收益

虽然与收储期间相比，植棉职工的收益有所下降，但是如果没有目标价格补贴，多数职工可能呈现亏损的状态。2014年兵团植棉各师平均棉花兑现价格为7.48元/公斤（含国家补贴），与2013年相比，籽棉价格平均降幅小于5%，有效保障了职工的植棉收入。相比地方而言，兵团最终兑付价格平均高于地方0.5元/公斤左右，从而更好地促进了职工植棉积极性的提高。

5.3.3　市场供需为基础的市场定价机制初步形成

随着棉花目标价格补贴及控制配额发放总量等配套政策的实施和整体推进，

国内棉价理性回归市场，内外棉价差也已趋向合理区间，棉花市场价格正在从临时收储托市价格走向市场价。过去，临时收储政策"调控价格"和"托底购销"的效果明显。从过去3年的籽棉收购价格来看，除2011~2012年出现先降后升的波动外，棉花收购价格基本维持在高位稳定运行，2011~2012与2013~2014年籽棉收购价格分别为8.40元/公斤、8.74元/公斤和8.90元/公斤。实行目标价格改革后，加工企业直接和纺织企业对接，皮棉市场买方和卖方数量众多，接近于完全竞争市场。兵团皮棉期现货价格也随着市场供需出现同步波动，各师对于职工的籽棉兑付价格差异化明显，棉花购销各环节的协调运行机制逐步市场化。在未来由市场调节资源的情况下，根据棉纺企业需求，整个棉花产业都将会产生一系列的变革，如棉花从注重产量到关注质量、棉花加工企业进行技术改造等，这些都将为激发棉花市场活力注入新的血液。

另外，之前我国的农业政策只对粮食主产区实行优惠，现在针对棉花主产区实施区域性宏观调控政策填补了我国在这一方面的空白，为最终建立适合我国国情的农产品价格综合体系打好基础。

5.3.4 促进产业上下游协调发展

临时收储期间，由于国内外棉价倒挂，纺织企业普遍亏损严重，上游职工种棉积极性高涨和下游纺织企业生产情况消极形成强烈反差。目标价格改革的逐步深入，对于推动了棉花产业上下游协调发展具有积极作用。①补贴资金直接补给植棉职工，职工的基本收益和种棉积极性得到保障。②实施目标价格政策后，新疆皮棉价格越来越接近市场价格，棉纺企业采购成本降低、资金压力减少，促使更多棉纺企业采购新疆棉花，棉纺织企业的国际市场竞争能力提升，国内纺织服装行业经济效益有所回升。同时，随着国内外棉花差价缩小和新疆棉花质量的提高，在新疆、兵团促进纺织业发展的优惠政策下，新疆纺织会重新出现一轮投资高潮，疆内纺织企业对疆内棉花的消纳能力进一步提升，缓解棉花销售压力。预计2015年兵团将完成纺织服装产业固定资产投资46亿元（含园区基础设施建设投资），新增棉纺生产能力50万锭以上、织机500台，争取年内全行业设备开工率提升到75%以上，年末新增就业7000多人。

5.3.5 市场风险压力转移至中游产业

实施目标价格的过程中，目标价格的补贴资金直接补给上游的棉花生产者，基本的植棉收益可以得到有效保障；下游的棉纺织企业根据纺织产品的销售情况和国际市场价格来确定皮棉的采购价，并且在整个国际市场棉花供给大于需求的情况下，纺织企业存在低库存的现象。外加国内皮棉价格逐步与国际市场接轨，可以买到价格低廉的棉花，纺纱成本大大下降，收益逐渐增加。那么，只有中游的棉花流通企业要承受市场风险，一方面，棉花库存大，销售周期变长，仓储保管、银行贷款等资金占用量加大；另一方面，还要承受市场供求带来棉花价格波动的压力，市场风险转移到棉花流通企业。

5.3.6 保障国家棉花安全，促进新疆棉花产业发展

我国是棉花生产、消费大国，大量的棉农和棉纺企业依靠棉花生活，整个棉花产业涉及 4 亿人的就业问题。国内有一定数量的棉花供给，是国家对棉花定价权的一种保障。近些年来，随着棉花主产区不断西移，新疆成为我国重要的棉花产区，国家选择新疆作为棉花目标价格试点具有重要战略意义。2013 年新疆原棉产值达到 300 亿元，占全疆种植业产值的 65% 和农林牧渔业总产值的 1/3；棉花收入占全区农民收入的 35%，占南疆主产区农民收入的 60%；棉花加工产值占全疆工业产值的 60% ~80%；全疆 15% 的财政收入、产棉县 50% 的财政收入来自棉花及其相关产业。在棉花主产区实施新政，有利于保障我国棉花产业安全、优化种植业布局、促进南疆社会稳定。同时，对于全国棉花产业安全和产业发展具有重要的示范意义。

6 改革试点工作中存在的问题和体会

6.1 存在的问题

6.1.1 面积及产量核定存在的问题

2014 年新疆籽棉销售价格为 6.1 元/公斤，折合皮棉价格为 13537 元/吨，与国家确定的目标价格 19800 元/吨的差价为 6263 元/吨，财政部、发改委按照国家统计局数据：兵团种植面积 974.1 万亩、皮棉产量 154.1 万吨，进行补贴，拨给兵团 96.5 亿元，后补拨付 4.2 亿元资金作为应急机动费用。上述补贴面积及产量的确定与兵团的实际种植面积及产量存在较大差距，兵团农业局统计种植面积 1050.85 万亩，产量 163.61 万吨。截至 2015 年 3 月，新疆兵团公检棉花已达到 163 余万吨，与国家统计局公布的补贴产量差别较大，导致部分棉花无法获取补贴，地方政府只能将补贴资金摊薄。

6.1.2 籽棉交售存在的问题

兵团加工企业根据植棉职工的信息进行籽棉收购，开具各师统一印制的票据。植棉职工按照测产范围交售籽棉，测产范围外的无法交售。但在具体执行中存在以下问题：

第一，存在个别职工测产认定量和籽棉交售量两者相差超过 5% 的情况。由

于测产时，棉花的单铃重统一按 5 克计算，没有根据不同的品种和不同的管理水平对单铃重进行现场实测，造成实收产量与测产产量的误差超过 5%。另有个别职工承包面积较小，将自留地棉花交售团场后导致籽棉交售量大于测产数的 105%。

第二，部分监管库在前期皮棉交储时，由于监管库人员、设备等不足，预约入库量较低，使得加工企业皮棉堆场占用了籽棉堆场，籽棉堆场严重不足，影响皮棉加工速度与质量。

6.1.3　在库公检和专业监管仓储管理制度存在的问题

作为 2014 年目标价格政策的一项配套措施，对新疆棉花实行在库公检和专业监管仓储管理制度。入库公检是国家掌握棉花产量与质量的关键环节，但目前入库公检存在以下问题：

第一，程序复杂、手续繁多。驻库纤检出具的批次重量结果表需要带回团场人工输入，才能出具公检证书等材料；销售后出库、移库时必须向全国棉花交易市场递交出库申请表，经过全国棉花交易市场审批，交易市场开具商品棉出库单后客户才能办理出库手续；按照《兵团棉花购销管理办法（暂行）》规定，需要与兵团棉麻签订三方协议，货款汇入、发票开具、客户退款都要经过兵团棉麻等，虽然规定这些程序主要是为了加强监管，但却不利于销售企业捕捉"市场机会"。

第二，公检慢、出库慢、结算慢。从预约到入库再到出库、出证，快者 4～5 天，慢者 7～8 天甚至 10 天。客户不能及时看到各批次棉花公检数据，也就不能及时找到适合自己需求的棉花，进而无法及时进行交易，影响了买卖双方的利益。

第三，流通环节费用增加。以往有部分客户自行到加工厂汽运提货，费用低、速度快，现在棉花销售必须经过交易市场和监管库，增加了出库等费用。初步估计，仅兵团就增加各项费用 3 亿多元，最终这些费用要转嫁到各植棉师团场职工身上。

第四，入库皮棉按在线流水号组批，又只检验重量和水杂，检验结果可能鱼龙混杂，不符合现阶段买方市场对棉花等级一致性的要求，延续多年按等级买棉、配棉的方式难以为继。

专业仓储监管是准确掌握棉花产量与质量、核定棉花补贴资金数量的重要依据，但目前皮棉销售实行专库监管，存在以下问题。

第一，仓储量较大，各类收费项目较多。据调研收费项目主要包括：出入库费、保管费、配合公检扒倒费、混批棉花的整理费、炸包散包棉花的复包费、漏白棉花的缝包费其他混批整理费、散包复包费、缝包粘包费、监管信息服务费等，加工企业普遍反映收费标准过高，仓储成本较高。

第二，影响皮棉销售速度，以铁路发运入库、出库为例，预约入库取样后，企业第二天即开始销售，而公检结果及出库单回来要 10 天左右，影响企业棉花销售进度及效益，有时等加工企业做完各项程序后，会错过销售最佳时间。

6.1.4 制定兑现价格的风险问题

兵团兑付给职工的最终籽棉价格，由棉麻公司结算的"贴近市场的价格"和各师财务局结算的"补贴价格"两部分组成。棉花兑现价格直接关系到团场棉花产业的发展和团场职工的收入。若是棉麻公司的销售价比国家确定的市场价低，棉麻公司为团场结算的价格必将低于市场价，团场没有资金去补贴差额部分，致使团场植棉职工收入减少；若是棉麻公司销售量低，大部分皮棉无法销售变现，棉麻公司为团场结算的金额必定较少，团场同样没有资金向职工兑现，致使团场植棉职工收入减少甚至没有收入。这些现象让团场职工承担本不该由他们承担的风险和责任，势必会引发群访事件。

6.1.5 补贴发放存在的问题

兵团职工平均植棉面积较大，且种植成本较高，绝大部分兵团植棉职工通过联合担保贷款植棉，每年春季由职工联合担保，便可获得银行提供的低息贷款，秋季棉花收获后售棉还贷。目标价格改革实施后，棉花价格维持在 5～5.5 元/公斤，再加上受低温大风的影响，产量降低，职工面临还贷难问题。再加上籽棉加工过于集中，同时由于预约入库、公检、销售时限较长和市场疲软等原因，资金回流慢，使棉花销售和加工企业的资金压力较大，直接影响到植棉户申领价格补贴，而植棉户贷款普遍于 12 月到期，距离春节前拿到补贴资金近两个月，加大植棉户还贷的资金缺口。

6.1.6 皮棉销售存在的问题

临时收储期间，兵团棉花销售主要依靠国储，目标价格改革以来，师市棉花销售主体将直接面向市场，承担市场价格波动风险。目前棉花市场供大于求，受国内经济增速放缓、世界主要经济体复苏乏力影响，皮棉销售形势不容乐观，销售价格较低。目前销售主要存在以下问题：①前期棉花在库公检速度慢，条码丢失、漏检棉样普遍存在，程序烦琐，影响销售。②全国棉花交易市场货权交易程序繁杂，收费较多，给流通和用棉企业带来不便。③铁路发运困难，对销售产生一定影响。④销售形势十分严峻，纺企随用随买，市场观望情绪浓厚，有价无市。⑤费用增加，货款缺口大，影响兑现。⑥因棉花滞销，贷款期延长，还款压力大。

6.2 顺利推进改革试点工作的做法和启示

目标价格改革的目的是放开棉花价格，探索通过政府补贴由市场形成棉花价格的机制，在保障棉花实际种植者利益的前提下，发挥市场在资源配置中的决定性作用，合理引导棉花生产、流通、消费，促进产业上下游协调发展。改革实施一年来，市场形成价格的机制逐步发挥作用，表现为：

第一，棉价基本开始与市场接轨，既排除了国家托底造成棉价过高的问题，又保护了广大棉农的利益，实现了"双赢"。

第二，放开国家收储后，原棉采购渠道畅通，提升了纺织企业的买方地位，企业采购棉花的可选性增大，可选择适宜自身产品的棉花。

第三，改革在一定程度上引导棉农关注市场，提高了棉花质量，有利于企业开发高品质产品。

同时也存在以下不足：

第一，兵团棉花销售机制不灵活，定价过高。新棉上市后，兵团各师按照兵团统定的棉花价格售棉，但周边地方棉花售价普遍低于兵团统定价格，兵团纺织企业虽然想就近采购棉花，但由于价格差距，只能舍近求远地到地方购棉。第二，销售手续烦琐，周期过长。在销售中，地方售棉采取送货上门、按实际重量购买、延长账期结算等灵活方式，而兵团的棉花销售要先将钱打到兵团，到兵团统一开票，手续烦琐，平均销售周期 10 ~ 15 天，也在一定程度影响了兵团棉纺企业购买所属师棉花的积极性。第三，增加的运输、强制入库检验、存储环节的费用（约 300 元/吨），仓储企业受益但侵害了纺织企业利益，增加了企业负担。

7　深化棉花目标价格改革试点的建议

7.1　坚定不移推进改革

7.1.1　坚定改革信心和决心

中共十八届三中全会以完善和发展中国特色社会主义制度为总目标，以经济体制改革为重点，以发展成果惠及全体人民为主旨，拉开了施政治国的大幕。中共十八届三中全会审议并通过了《中共中央关于全面深化改革若干重大问题的决定》（以下简称《决定》），对全面深化改革做出系统部署。《决定》明确提出要以经济体制改革为重点，发挥市场对资源配置的决定性作用，反映出我们对市场经济自身规律的认识达到了更高的水平。新疆棉花目标价格政策试点正是落实让棉花回归市场决定的重要举措，通过 2014 年的试点，达到了进一步确立新疆优质棉主产区地位、保护农民收益和市场决定棉花价格的效果。试点政策对兵团棉花产业发展形成倒逼机制，有利于以市场需求为导向、倒逼兵团棉花种植布局调整、棉农选种优良品种改进栽培模式、提高采收和加工水平，实现优质优价。有利于降低在新疆纺织企业购棉成本和加强产需双方的紧密结合，扭转了棉纺企业的经营效益，也带动了其他纺织企业来兵团投资的热情。有利于推进兵团棉花销售的整合和集团化经营，树立兵团品牌，防止无序竞争，增强市场话语权。我们相信，在目标价格的进一步优化和配套措施的不断完善中，兵团棉花产业的发展会更健康、可持续性更强，也会对国家棉花安全做出更大的贡献。

7.1.2　保持政策持续稳定

我国是全球棉花生产和消费大国，棉花生产的合理供给是稳定棉花价格、实现国家棉花安全和提高棉花价格话语权的基本保证，也事关广大棉农的安居乐业、纺织产业的稳定发展和职工的就业。因此，对棉花产业的持续政策支持是必要的。目标价格政策试点的基本目的在于保护农户基本收益，市场决定棉花价格，实现棉花生产供给的平稳过渡。一年的试点表明：政策的目的基本达到，效果明显。为巩固政策的实施效果，一方面，要合理确定棉花目标价格。在规避黄箱规则下，循序渐进下调目标价格，给新疆棉花产业结构调整一个过渡期，给棉花生产、加工、流通企业一个适应期，使其由数量型向质量型转变。另一方面，加大配套政策支持力度。加大棉花生产的绿箱和蓝箱支持力度，把新疆优质棉基地建设纳入"十三五"规划，提高棉花科技研发和技术推广支持力度，重点支持品种研发、国内采收和加工设备研发，新型栽培模式推广和技工设备的技术改造；加强环境保护的补贴力度，重点是残膜回收和滴管技术的推广应用；基于新疆兵团农业结构调整资金支持；加大新型产业组织模式的支持力度；探索棉花产量保险政策和休耕补贴政策等；对于特定地区也可考虑实施农户收入补贴政策。

7.2　完善试点政策

7.2.1　完善补贴方式

（1）兼顾产量和质量，建立优质多补的补贴导向。兵团按照《兵团棉花目标价格改革试点实施方案》，采取按产量发放差价补贴。试点结果表明，在兵团体制下按产量发放补贴是有效的，既有利于鼓励适合植棉区生产和抑制次宜棉区退出，又有利于减少补贴发放的核实工作。因此，建议兵团今后继续实施按产量补贴的方式。具体而言：①国家按棉花产量下拨补贴资金，并延长采价期。以2015年为例，2015年皮棉目标价格为19100元/吨，采价期确定为9～12月，则国家补贴资金＝（19100－采集皮棉试产均价）×兵团棉花核实产量。②兵团以籽棉产量为基础给予质量系数进行补贴资金发放。随着棉花市场决定价格机制形成，棉花质量的高低成为棉花销路好坏的关键因素，进而影响生产效益和品牌树立。单纯地按籽棉产量补贴使农户或单位更重视产量而忽视质量的提升，为激发农户提高棉花质量的积极性，探索实施在产量基础上给予质量权衡，从而形成籽棉标准补贴产量。如：籽棉标准补贴产量 = 一级籽棉交售量×1.1 + 二级籽棉交售量×1.05 + 三级籽棉交售量×1 + 四级籽棉交售量×0.9，从而实现优质多补，引导棉农和经营单位进一步重视棉花质量。

（2）建立兑现价格报告评估制度，规避市场风险。由于兵团采用师—团场—农户三级棉花统一管理模式，棉农生产的籽棉全部交售给团场，团场加工为皮棉后再统一交由师棉麻公司统一销售。在临时收储期间，由于收储价格明确且收储进度快，团场对农户的棉花兑现价格以收储价格扣除加工费及基本的管理费倒算确定兑现价格，核算相对简单，基本无市场风险。目标价格实施后，棉麻公司直接向市场销售棉花，棉花价格的不确定增强且销售期延长，从而难以测算最终皮棉销售价格，进而形成对农户倒算兑现价格无据可依的状况。为此兵团应建立兑现价格报告评估制度。具体而言，一方面，整合兵师棉麻公司，实行集团化经营，集团首要工作在于做好当年及未来一段时间棉花的销售价格调研和预测工作，从而及早确定基层团场对农户棉花的初步兑现市场价格；另一方面，对当年棉花销售实际状况进行核算，并与前期预测价格对照，评估初步兑现价格，形成最终兑现价格，实施多退少补。另外，为保证兑现价格评估制度的公平公正，应建立听证制度，从而平衡各方利益，实现风险共担。

7.2.2　简化中间环节

（1）优化面积统计核实方法。按照 2014 年棉花目标价格实施方案，棉花种植面积的统计核算次数多，工作量大，行政成本高。基于此，2015 年应优化棉花种植面积的统计核算办法。具体而言，年初开展农户棉花种植意愿调查，在此基础上结合市场形势确定各师团棉花种植面积的计划，计划一旦下达，可仿照订单农业的模式，多种或少种均应承担一定责任，使实际种植面积和计划面积保持最大的一致性，后续的面积核实主要在于检查计划的落实状况，以减小反复统计核查面积的工作量。对于未纳入年初计划的种植面积可考虑不予补贴。调整棉花测产工作时间，将原定 8 月底完成测产延后到 9 月中旬，使产量预测更科学。

（2）尝试在场监管，优化公检方式。在 2014 年目标价格政策实施方案下，所有皮棉均采用在监管库公检的方式，目的在于消除转圈棉和棉花掉包问题。临时收储政策的取消实际上已消除了转圈棉存在的基础，同时棉花产量还受种植面积×预测棉花单产的约束，虚报产量的可能很小。兵团棉花加工厂和棉麻公司棉花直面市场客户，棉花掉包会直接影响质量诉讼和经营信誉，亦不会有掉包的动机。与此同时，目前的在库监管造成了两方面的弊端，一方面，增加了加工厂和棉麻公司的运输装卸等费用；另一方面，延迟了棉花销售的响应时间，造成了销售风险。因此"在库"监管是否有必要？建议兵团实施棉花"在场"监管，在棉花加工厂设立监管区，由公检人员到场提取样本。棉麻公司或加工厂可自主选择是否计入棉花交易信息库。

（3）因地制宜制定补贴发放方式。在棉花种植面积和测产及公检基础上，确定各师团棉花产量，并对照核实和审核最终核拨资金。各级单位可根据具体情况因地制宜地确定补贴发放方式，对于团属棉花种植户可采用兼顾产量和质量，建立优质多补的方案；对集体所有权土地单位可参照自治区补贴发放方式；对其他经营单位可自行选择按团属或集体补贴方式，也可直接按产量补贴方式。

7.3　加强管理创新

7.3.1　建立棉花产供销信息平台，加强数据分析

在兵团农业信息化综合公共服务平台的基础上，建立棉花产供销信息平台板块，加强兵师两级信息化建设的顶层设计，与社会信息网和电子政务建设相结合，实现发改委、农业、统计、财务、工商、质检等和基层单位信息共享，农户、经层单位和其他相关机构可通过信息平台了解兵团棉花产供销状况，实现共建共享和互联互通。具体而言：

一是搭建"1＋N"级棉花信息管理综合服务平台。做好棉花产供销全环节的信息化建设，据此应按照"标准统一，功能完善，分级联动，业务协同"的原则，全面掌握棉花种植面积、测产以及对应的公示情况与实际发放补贴情况。其中，"1"是平台建设的总控模块，主要完成各子系统的调度、共享数据库的搭建及子系统与数据库的衔接，既能分块独立运行，又能实现耦合，发挥整合优势。"N"是兵团各部门、各师及棉花生产不同环节的单位，具有相对独立性。各子系统根据相应生产活动的业务流程和功能需求进行设计和实施，完成数据采集、加工处理、内部互传和应用，并与棉花产供销信息平台有效链接。

二是建立棉花信息数据库。分析信息资源需求，选择合理的数据库管理系统，进行数据资源的统一存储、维护和管理；确定数据资源最有效的提供之者，减少数据采集的工作量，避免重复和混乱。

三是加强数据分析。通过信息平台采集兵团棉花种植面积、品种、产量、质量、单产等信息，在此基础上分析兵团棉花生产存在的问题并及时改进；采集收购、加工、销售、纺织等信息，结合外部信息，分析兵团棉花市场形势，为决策提供支持。

7.3.2　建立兵团棉花销售管理信息系统，增强定价话语权

在兵团棉花产供销信息平台的基础上，重点建立兵团棉花销售服务管理信息系统。在机构上，组建整合各师棉麻公司的兵团棉麻集团来加强运作；在业务

上，筹建兵团棉花的现货和期货交易市场，并建立信息化交易平台；同时组建兵团棉花经济问题研究中心和棉花产销存专家委员，加强兵团棉花产业研究，在此基础上建立棉花信息发布制度，增强定价话语权。

7.3.3　进一步加强对土地承包的管理

通过摸清棉花种植底数，进一步清理超合同的土地面积，以此为契机，规范土地承包合同，收回合同以外部分土地。发挥部门管理合力，增强利用价格杠杆和加大监管等法制方式，减少使用行政命令的方式，加强管理，减少矛盾。

7.3.4　对集体所有制土地要因地制宜科学施策

集体所有制土地下的棉花生产和兵团属棉花生产相比较，存在经营分散、管理水平低和机械化程度差等问题，已成为兵团棉花生产管理的盲点。基于此，应因地制宜、科学施策，促进其棉花生产现代化，一方面，集体所有制土地纳入兵团棉花生产基础设施建设和高标准示范项目建设规划之中；另一方面，鼓励集体所有制土地棉花的合作社建立或连片种植等经营模式。

8　深化改革推进棉花产业发展

8.1　全球、全国、新疆棉花产能、需求、消费情况

8.1.1　全球棉花产量、需求、消费情况分析

2014～2015 年全球植棉面积为 5.01 亿亩，同比增长 2%，全球棉花产量为 2634 万吨，同比增长 1.9%；平均单产下降 2%，为 52.57 公斤/亩；全球棉花消费量为 2405 万吨，同比增长 2.3%；全球棉花供需差为 229 万吨。期末库存为 2181 万吨，同比增加 11.7%。进口量小幅下调为 747 万吨，同比减少 1.6%。

由表 9 可知，相比往年供需情况，2014～2015 年全球棉花供需差逐年减少，库存消费比增加到 90.69%，全球棉花仍处于供大于求的状态。伴随国际棉价持续下降及全球经济恢复增长，预计 2014 年到 2015 年下半年全球棉花消费将温和增长 2%，达到 2450 万吨。由于巴基斯坦进口量和印度出口量均有所减少，增加了全球棉花库存压力，以至 2014～2015 年期末库存量大幅度上升。自 2010 年国际棉花价格指数达到最高点后，国际棉花价格指数一直维持下行走势，2014～2015 年国际棉花价格指数（SM）和国际棉花指数（M）分别为 77.05 美分/磅和 72.44 美分/磅。过剩的棉花产量、期末库存增加和需求市场疲软，使国际棉价下行压力仍然很大，短期内回升可能性较小。在国际棉价持续下跌及为减少高库

存的压力下，预计2015～2016年全球棉花种植面积和产量将有所减少。

表9　2010～2015年全球棉花产销存具体情况

年度	产量（万吨）	消费量（万吨）	供需差（万吨）	进口量（万吨）	期末库存量（万吨）	库存消费比（％）
2010～2011	2510.7	2445.4	65.3	726.5	925.2	37.83
2011～2012	2678.7	2372.7	306.0	768.9	1230.3	51.85
2012～2013	2688.0	2334.0	354.0	1008.0	1789.0	76.65
2013～2014	2630.0	2348.0	282.0	889.0	1952.0	83.13
2014～2015	2634.0	2405.0	229.0	747.0	2181.0	90.69

资料来源：国际棉花咨询委员会（ICAC）公布的全球棉花产销存预测报告。

8.1.2　我国棉花产销存及棉花价格分析

2014～2015年，中国植棉面积为6330万亩，同比减少2.3％；产量为662.1万吨，同比减少10.7％，占全球棉花总产量的25.14％，是全球第二大产棉国；单产同比减少2.7％，为104.6公斤/亩，主要原因是最大棉花生产地区新疆棉花单产减少；棉花消费量为778.7万吨，同比增长3.7％；期末库存量为1383.4万吨，同比增长2.6％，库存消费比为177.66％，较上年减少了1.92个百分点。总的来说，国内供大于需的情况有所加重，库存依然居高不下（见表10）。

表10　2010～2015年中国棉花产销存具体情况

年度	种植面积（万亩）	产量（万吨）	消费量（万吨）	供需差（万吨）	期末库存量（万吨）	库存消费比（％）
2010～2011	7275	664.1	1001.5	−337.4	230.9	23.06
2011～2012	7560	740.3	827.4	−87.1	676.7	81.79
2012～2013	7050	762.0	783.8	−21.8	1096.5	139.90
2013～2014	6480	696.7	751.2	−54.5	1349.0	179.58
2014～2015	6330	662.1	778.7	−116.6	1383.4	177.66

资料来源：中国2010～2014年国民经济和社会发展统计公报、国家棉花市场监测系统。

2014年我国实行目标价格后，国内棉花价格理性回归市场，棉花市场向好，加上我国进口政策从紧及进口量大幅度萎缩，国内纺织企业采购国内棉花呈增长趋势。同时，棉花下游主体参与市场灵活度更大，对棉品品质需求，对次级和低质棉田的退出要求，加上临时收储带来的高库存压力及棉价下跌，国家棉花目标价格的进一步下调以及其他经济作物价格不断攀升，使国内种棉面积在 2015 年会大幅缩减。

国内现货棉价保持弱势，2014～2015 年国家棉花价格 A 指数和 B 指数分别为 13926 元/吨和 13282 元/吨，分别环比下跌 28 元/吨和 22 元/吨，同比下跌 24.14% 和 29.99%。棉价下跌的同时，我国内纱、布市场成交冷清，纱价也有所下跌，市场下游企业持观望心态，随行就市、随用随买仍是主流，加上国内高级棉花稀缺，棉花质量高低分化趋势明显，在供给保持稳定的情况下，国内棉花品质和价格匹配更加趋向合理化，我国一旦开始抛储，国内棉价将有持续下跌的可能。具体如表 11 所示。

表 11　兵团棉花产业集团化发展的公司设立和职能定位

各级公司	功能定位
兵团棉业集团公司	建立现期货交易平台、棉花信息管理系统和物流服务体系
师二级棉麻公司	棉花收购兑现、棉花销售
团场农业经营公司	棉花生产管理、籽棉管理、轧花等产品初加工

8.1.3　建立现货期货交易平台

新疆作为我国优质棉生产基地，未来在我国棉花生产和供应上会有更重要的地位。经过多年的发展，棉花仓储、物流等方面的设施也日益完善，初步建立起了功能较为齐全的现货交易系统。同时，随着新疆棉花地位的不断凸显，国内棉纺企业、棉花贸易公司和其他涉棉企业也纷纷在新疆设厂或建立分公司等，在新疆本地建立棉花现货期货交易平台的需求不断增加。兵团是新疆棉花生产现代化水平最高，生产、加工、销售和仓储规模化程度最高的集团化机构，在新疆棉花产销等方面具有举足轻重的作用。利用兵团优势建立现货期货交易平台，有利于充分利用新疆棉花优势和交割上的地缘优势，减少现货期货交易转场次数和交易成本；并且有利于新疆拥有持续期货交易的时差优势，为国际投资者提供不间断的交易机会；有利于西部大开发和"新丝绸经济带"建设。在兵团棉花现货期货交易平台建设中，应借鉴国内外现货期货交易平台的运作模式，特别是棉花现期货交易平台的运作管理；引进国内外有实力的机构参与兵团棉花现期货交易平台建设，为其提供制度、技术和人才等方面的支持；制定兵团涉棉企业积极参与棉花现货期货的制度，平衡兵团棉花价格波动，稳定棉花生产。

8.2　促进兵团纺织服装产业发展

目标价格实施迎来了兵团纺织产业发展的新一轮契机。兵团纺织服装存在产业链短、棉纱等纺织产品处于产业链低端等问题；忽视产业链上中小企业发展，企业扩展缺少必要的产业生态环境；纺织服装产业人力资源不足，特别是缺乏技术熟练工人、设计创意人才、管理人才和创业带头人等劳动力资源；棉花原料生产与纺织企业结合不够紧密，无法形成产业集群；环境污染治理成本高等问题。另外，政府对纺织产业支持力度落实不够，政策实施滞后，且缺乏稳定性和可持续性。因此，在加强落实原有纺织服装产业支持政策的基础上，还应加强以下方面：

8.2.1　提高棉纱品质标准，走高端纺织品路线

目标价格政策实施，纺织企业在采购方面更加灵活，可以根据需求、市场走势和价格判断去采购棉花，保障棉花质量。国内中低端纺织品供给充足，且价格低廉，只有转变战略思路，发展高端纺织品，发展科技含量高的产品才具有竞争力。响应新疆建成国家重要纺织服装的产业基地、我国向西发展的国际商贸物流中心和可持续发展示范区的政策，统筹规划兵团纺织企业布局和发展战略，完善除了目标价格补贴的产业政策，进一步稳定新疆棉花市场，为纺织企业市场转市提供政策和资金支持。纺织企业根据市场需求提高棉花品质标准，将信息反馈给团场和轧花加工厂，保障原棉高质量，开发构建自主品牌，抓向高端产品市场，带动纺织行业快速发展。

8.2.2　延长纺织服装产业链

将产业链向前延伸至棉花种植加工，在优质棉基地基础上延伸加工环节，解决原材料供应问题，降低原材料成本；重点发展新型纺纱、织造产业，加大力度支持兵团棉纺企业由纺纱向印染、针织、色织布、服装加工等下游链条延伸，提高纺织产品附加值。政府通过资金和技术支持、产业上下游配置，促进本地纺织企业与外商企业共生存发展；重视产业链中小企业发展情况，创造良好的生态发展环境，推进区域产业集群。

8.2.3　加大配套环节招商引资力度

政府应当集中精力改善招商引资环境，创造使兵团比较优势向竞争优势转化的制度条件和市场条件，主动适应市场，保障创新制度的及时供给，特别要加紧培育资本市场和经营者市场等生产要素市场，增强内部地区对稀缺生产要素的吸引力。

兵团纺织服装行业招商引资对象除了下游织布、服装产业，还应转向纺织机械设备维修企业，以解决高额聘请国外专家维修问题和实现国内纺织机械设备国产化研发问题。为解决专业人才紧缺问题，还将招商引资对象转向纺织服装专业和纺织机械维修专业培训机构和学校，培养专业型人才和设计创意型人才。主要通过以下几个措施：除了原有的优惠政策，还需优化软环境，简化审批手续，加

大优惠诚信政策实施和有效制度吸引招商外商；加大力度打造园区载体和项目载体；积极开展银行信贷工作，提高金融支持力度；在对外招商引资政策基础上，加大优惠措施吸引兵团本地企业的大力投资，强化企业的主体意识。

8.2.4　加大人力资源引进与开发支持力度

兵团棉纺织企业应注重人力资源的开发，多渠道、多层次地引进并培育高水平的技术和管理人才，并加强对人力资源的管理。政府对纺织服装企业新招用的新疆籍员工和南疆四地州享受低保的就业人员，均制定特殊补贴政策；对企业招用内地员工给予落户优惠政策，减少人力资源流动性。给予企业员工培训补贴，对企业招录新员工开展的岗前培训按培训后实际就业人数给予培训费用补贴。纺织企业应理顺人力资源开发与引进基本环节，形成良性循环。引导和组织建立以学习型组织为导向的培训体系，为员工设计职业生涯规划和职业发展通道，并与高校合作为员工提供继续再教育条件；采取短期和长期激励手段，建立多元化合理薪酬制度。根据员工工作年限和能力提供落户条件和支持。

8.2.5　加强政策支持的持续性

及时发放上年度运补，尽快落实政策，提高纺织企业对政府的信任度；加大政策支持力度并保持支持持续性，转变政府根据纺织企业经营状况进行支持的观念和做法。设立园区基础设施，企业技改、标准厂房建设等专项资金；实施税收特殊优惠政策，将纺织服装企业缴纳的增值税全部用于支持纺织服装产业发展；对电价高地区降低电价，支持具备条件的纺织工业园区自建配套电厂；提高运费补贴标准，实施南北疆差别化的补贴政策；对疆内棉纺企业使用新疆棉花按实际用量给予适当补贴；支持高标准印染污水处理设备建设，提供处污技术资金和对运营费给予定期补贴；资金安排和项目布局向南疆倾斜，以实现区域均衡发展。

（赵新民　张杰　温雅　董小菁　雷振丹）

完善新疆棉花目标价格
试点政策调研与建议

2014 年国家决定结束棉花临时收储政策，在新疆启动棉花目标价格补贴试点政策，旨在保障棉农利益、稳定棉花生产，发挥市场在资源配置中的决定性作用，合理引导棉花生产、流通、消费，促进产业上下游协调发展。2014 年国家新疆棉花目标价格补贴试点政策周期基本结束，那政策实施效果如何？4 月新棉播种前夕，国家棉花产业技术体系产业经济研究室、新疆石河子大学经管学院等随农业部种植业调研组①对阿克苏、喀什以及兵团第三师进行调研②。

1 政策实施状况

1.1 积极制定政策实施方案

为落实国家新疆棉花目标价格补贴政策，新疆维吾尔自治区各级相关部门以及新疆建设兵团在深入调研分析的基础上，制定出《新疆棉花目标价格改革试点工作实施方案》（以下简称《新疆方案》）和《兵团棉花目标价格改革试点工作实施方案》（以下简称《兵团方案》）。《新疆方案》规定，棉花种植面积采取种植者申报制，自治区农业厅会同发改委、财政、国土、统计、调查总队等部门对全区棉花种植面积进行汇总、会审后，报自治区人民政府审定，建立棉花种植信

---

① 调研组由新疆维吾尔自治区农科院经作所李雪源研究员带队，农业部种植业司经作处项宇、农村经济研究中心研究员、国家棉花产业技术体系产业经济研究室主任、新疆石河子大学经管学院绿洲学者杜珉、石河子大学经管院张杰副教授、赵新民副教授参加调研。农业部农村经济研究中心刘锐副研究员参与问卷设计与讨论。

② 本次调研工作得到了新疆维吾尔自治区农业厅李德明处长、丁鑫同志，阿克苏地区农业局、地区农技推广站、库车农业局、巴楚县委县政府、喀什地区农业局等部门负责同志的支持与帮助，在此一并致谢。

息档案。棉花种植者将籽棉交到经自治区资格认定的棉花加工企业，开具填写齐全的收购发票，交售票据登记备案。棉花加工企业将加工的皮棉全部存入经自治区资格认定的棉花专业监管仓库，由专业纤维检验机构公检。《新疆方案》根据核实确认的棉花实际种植面积和籽棉交售量相结合的补贴方式，将中央补贴资金的60%按面积补贴，40%按实际籽棉交售量补贴，分别在次年1月底前和2月底前，乡（镇）财政部门和县（市、区）财政部门凭基本农户和农业生产经营单位的种植证明、籽棉收购票据，按照《新疆棉花目标价格改革试点补贴资金使用管理暂行办法》，以"一卡通"或其他形式分别将面积补贴资金和产量补贴资金先后兑付至基本农户和农业生产经营单位。

按照《兵团方案》规定，各植棉师根据兵团下达的分师年度棉花种植面积计划，分解下达到各植棉团场。兵团统计局核实棉花实际种植面积，公示后逐级上报兵团，按照棉花产量进行补贴。植棉者按照单位估产将籽棉交到授权认定的棉化加工企业，棉花加工企业出具籽棉收购结算票据，兵团棉花加工企业一律不得收购地方棉花。兵团财务局根据《兵团棉花目标价格改革试点补贴资金管理办法》，按照中央拨付兵团的补贴资金总额和兵团核定的各植棉师棉花产量，拟定各植棉师棉花目标价格补贴资金方案，经兵团审定后，在中央财政补贴资金到位10日内，向植棉师拨付补贴资金。师财务局在兵团补贴资金到位10日内，拨付至团场，团场（兵直单位）20日内按照种植者籽棉交售票据兑付补贴资金。

为了更好地开展政策试点工作，自治区政府还决定，在阿克苏地区的新和县试行100%按照籽棉交售量进行补贴，在柯坪县试行100%按照植棉面积进行补贴①。

1.2 政策执行基本到位

（1）补贴资金适时到位。2014年，国家核定新疆地方植棉面积为2517万亩，皮棉产量为222万吨，按照补贴6263元/吨分三次拨给新疆地方139亿元，后补拨5.8亿元资金作为查缺补漏使用。按照《新疆棉花目标价格改革试点工作实施方案》，各地州市根据实际情况制订了具体的操作流程和方案，各乡镇（场）区、部队组织人员制作棉花价格补贴现金发放公示表。调查组在阿克苏、库车和巴楚对农户调查了解到，目标价格补贴中面积部分分三批已经到户，第一批为191元/亩，第二批为33元/亩，第三批为43.63元/亩，面积补贴标准合计为267.63元/亩。交售量补贴标准分陆地棉和特种棉两种，陆地棉为0.688元/公斤，特种棉为0.893元/公斤。

---

① 调研组在阿克苏地区农业技术推广站的协助下，分别在新河县、沙雅县和柯坪县进行农户问卷调查，收回有效问卷200余份。

新疆建设兵团按照产量进行补贴，2014年国家核定兵团植棉面积1031万亩，皮棉产量148万吨，按照补贴6263元/吨拨付兵团101亿元，后补拨4.2亿元资金作为查缺补漏使用。兵团补贴资金一次性发放。

（2）按交售量补贴有利有弊。按照《新和县棉花目标价格改革补贴资金兑付实施细则》，乡（镇）政府根据农户提供的籽棉收购发票，以村为单位制作《棉花目标价格改革基本农户籽棉交售量补贴公示表》，在村委会对每个农户的籽棉交售量、补贴标准、补贴金额进行不少于5天的公示；公示无异议后由实际植棉农户签名、村委会盖章，报乡（镇）财政所汇总形成《棉花目标价格改革基本农户籽棉交售量补贴汇总表》；报县（市）财政、农业、统计部门审核，审核无误由县财政局拨付补贴资金，乡（镇）财政所通过"一卡通"或现金对植棉户进行补贴。2014年自治区核定新和县棉花交售量为29.98万吨，种植面积94.65万亩，补贴标准为1.533元/公斤，补贴总金额为4.59亿元，折合面积补贴484.94元/亩。

调查显示，按照交售量补贴有其积极意义：①植棉农户更加注重提高棉花产量，有利于农业技术的推广与应用。②有利于促进棉花生产组织化、规模化，促进土地流转。③有效减少棉花种植面积核实的工作量，降低补贴的行政成本。但也存在不足，主要反映在两方面：①棉花加工企业是准确核定产量的关键环节，政府难以进行有效的监管。②部分自身交售籽棉困难的农户通常将籽棉交给籽棉收购商，造成补贴发放困难。

（3）按面积补贴有喜有忧。按照《柯坪县棉花目标价格改革补贴资金兑付实施细则》，各乡（镇）村委会通过农户上报、村级核查汇总、对各种不同种植面积进行公示；公示无异议后由实际植棉农户签名、村委会盖章，报乡（镇）财政所汇总形成《棉花目标价格改革基本农户棉花种植面积补贴汇总表》；报县（市）财政、农业、统计部门审核，审核无误由县财政局拨付补贴资金，乡（镇）财政所通过"一卡通"对植棉农户进行补贴。2014年自治区核定新和县棉花种植面积13.56万亩，其中基本农户9.6万亩，皮棉测产15480.2吨，补贴标准为478.06元/亩，补贴总金额为6397.57万元。

按照面积补贴较好地保护了基本农户，尤其是植棉单产不高的农户的利益，补贴政策相对直观、操作方式简便，只要面积核查准确，补贴资金发放过程中矛盾和纠纷较少，受到维吾尔族农户的普遍欢迎。但是这一做法也存在明显问题：①面积核实工作量大、行政成本高、程序烦琐。②存在鼓励"懒人种地"的倾向，不利于推进棉花规模化、集约化种植。③为获取国家补贴，存在棉花种植面积盲目扩大的可能。

1.3 政策实施效果评价

（1）保障了棉农的基本收入。棉花目标价格由生产成本加基本收益构成，农户籽棉交售价格由市场供求决定。2014年新疆棉花目标价格为19800元/吨，折合籽棉价格为8.5元/公斤。根据调研，地方农户籽棉市场收购价格约为5.6~6.1元/公斤，再加上目标价格约1.5元/公斤的补贴，2014年新疆地方农籽棉交售价格加补贴合计为7.1~7.6元/公斤；新疆兵团各个棉麻公司与植棉职工兑现的籽棉价格，手采棉为7.5元/公斤、机采棉为7元/公斤，比临时收储时期降低约0.5元/公斤。据测算2014年籽棉平均生产成本约6.5元/公斤左右。据此分析，2014年目标价格能保障棉农的基本收入，与政策设计的初衷相符。一些棉田由于受大风、低温等不利气候影响减产，导致棉农收支相抵，甚至入不敷出，但绝大部分棉农（职工）的基本收益得到了保障。总体看，在目标价格政策下，棉花产量高、品质好的农户，收益较高，棉花因遭灾而产量低的农户，收益较低。

（2）提升了流通企业的市场接轨能力。临时收储期间，轧花厂收购加工的棉花可以直接卖给国家，三年收储期间加工销售企业只顾交储，旱涝保收，不需要跑市场、找客户、承担任何市场风险，如2013年国家临时收储的棉花价格是20400元/吨，卖到市场上的价格是19000多元/吨，中间价差完全由国家负担。一方面，国际国内棉花价差巨大，纺织企业用不起国产棉花；另外，加工流通企业与用户纺织企业脱节，经营管理能力严重下降。2014年国家实行目标价格补贴政策后，棉花价格由市场决定，国际国内棉花差价缩小，国内价格维持在13500元/吨左右，大幅降低了我国纺织企业的用棉成本。一方面，国际国内棉花价格差距大大缩小，国产棉的国际竞争力得到提升；另一方面，企业的盈利水平完全取决于自己的市场经营能力，加工经营企业直接面向市场，自行寻找下游用户买家，承担市场波动风险，恢复棉花产业的市场活力，提高棉花全产业链的市场竞争力。

（3）引导了棉花种植面积调节力度。近年来，世界主要经济体复苏乏力，全球棉花供大于求，国际市场棉花价格低迷。虽然新疆目标价格补贴保障了棉农的基本收益，但2014年以来，棉花价格走低，棉花生产成本上升，特别是人工费用居高不下，棉农开始按照市场的行情调减棉花种植面积。此外，新疆维吾尔自治区政府制定下发了"2015年新疆棉花种植面积调减指导性计划"，计划调减棉花种植面积466.5万亩[①]。根据国家统计局新疆调查总队农业调查处对新疆33

---

① 新疆今年调整棉花种植面积调减规模达15.72% ［EB/OL］. http：//news. iyaxin. com/content/2015 –03/17/content_ 4819512. htm.

个调查县 2191 户意向调查数据，2015 年新疆种植业结构主要呈现出"增粮减棉"的种植态势，棉花种植意向面积较 2014 年减少 0.34 万亩，减幅为 7.2%①。
1～3 月，国家棉花产业技术体系产业经济研究室全国棉花生产监测结果显示，2015 年全国棉花意向面积下降 22.1%，其中新疆棉区下降 10% 左右。中国棉花信息网新疆农户问卷调查显示，58% 的棉农等待拿到今年全部补贴款后再定是否继续种植，或是等待国家 2015 年的新疆棉花目标价格补贴政策②。

（4）促进了棉花质量的改善。在三年临时收储时期，为获得较多的收益，棉农种棉花更多的是关注产量与衣分，忽略了棉花内在品质，致使新疆棉花质量明显下降；加工企业为了增加交储量，把部分低等级棉与高等级棉掺在一起，从而拉低了高等棉的品质，提高了纺织企业的纺纱成本。目标价格政策实施以来，在"优质优价"的市场竞争作用下，棉农尤其是加工、销售企业在生产、加工、销售棉花的过程中更注重棉花品质，有意识将棉花分等级处理，以提高市场效益，使棉花质量有所提升。2014 年新疆棉花与 2013 年相比：纤维长度分别提高 0.28mm 和 0.36mm，平均断裂比强度分别提高 0.52cN/tex 和 0.85cN/tex，马克隆值 A 档占比分别提高 2.35 和 11.12 个百分点，长度整齐度指数分别提高 0.35 和 0.37 个百分点。目标价格补贴后，棉花收购加工企业质量意识显著增强，新疆棉花的内在品质大幅提升。

（5）增强了棉纺企业采购新疆棉花的意愿。实行目标价格改革以后，棉花的价格由市场供求形成，纺织企业将根据需求及对市场走势和价格的判断去采购棉花。目前国内棉价维持在 13500 元/吨左右，纺织企业购买新疆棉花的意愿增强。虽然受国内经济增速放缓、世界主要经济体复苏乏力影响，2014 年规模以上纺织企业工业增加值同比增速下降 1.3 个百分点，但与往年相比，纺织企业使用新疆棉花的比重在加大。临时收储时期，只要棉花符合国家收储标准以及相关规定就可以交储，新疆棉花销售速度较快，但这些棉花均存在了储备库中，未被纺织企业使用，而目前新疆棉花销售已超过 60%，且绝大部分是纺织企业生产使用，说明棉纺企业更愿意使用新疆棉花，这样有利于推动纺织服装产业的发展，最终实现与国际棉价接轨。

① 新疆农户 2015 年农作物种植意向面积调查分析 ［EB/OL］. http：//news. ts. cn/content/2015 - 03/17/content_ 11110686. htm.

② 2015 年意向面积下降 16% 替代作物预期收益高于棉花 ［EB/OL］. http：//www. cottonchina. org/news/fuzz. php? articleid = 176325.

2 政策实施中存在的问题

2.1 数据统计差距大，补贴资金足额到位难

按照政策规定，目标价格补贴总额依据产量核定，按照生产者种植面积与产量分别补贴。由于中央与新疆以及新疆自身在棉花数据统计上差距太大，因而补贴额度核定与资金发放中出现了较大矛盾。

一是自治区 2014 年棉花播种面积统计数据与其历史数据差距巨大。2014 年的棉花面积和产量分别达到 4082 万亩和 477 万吨，比之前 10 年（2004～2013年）的平均面积和产量分别上涨了 80.4% 和 77.8%；比 2013 年的面积和产量分别上涨了 52.3% 和 36.3%。

二是自治区核定数据与国家统计部门数据差距较大。按照国家统计局统计数据，2014 年新疆植棉面积为 3548 万亩，地方与兵团分别为 2517 万亩和 1031 万亩；产量为 370 万吨，地方和兵团分别为 222 万吨和 148 万吨，国家统计局统计的新疆棉花种植面积和产量与自治区核定的数据分别相差了 534 万亩和 107 万吨。国家发改委、财政部最终下达的新疆棉花目标价格补贴资金完全按照国家统计局数据下达执行，2014 年国家公布的皮棉目标价格为 19800 元/吨，自治区发改委的新疆籽棉销售价格当期采价为 6.1 元/公斤，折合皮棉价格为 13537 元/吨，与国家确定的目标价格 19800 元/吨的差价为 6263 元/吨。按照调查农户的实际获得补贴金额平均数测算，棉花实际补贴为 4500 元/吨左右，与实际发生额相差1760 多元/吨。据此国家拨给新疆地方 139 亿元、兵团 101 亿元直补资金。由于不同口径统计数据的差距太大，实际补贴资金和预期存在较大差距和矛盾，地方政府只能将补贴资金摊薄发放。

2.2 补贴程序复杂，政策落实成本较高

按照新疆目标价格实施细则方案，兵团目标价格补贴全部按照产量进行，而地方目标价格补贴分为按面积和按产量两种办法，其中面积补贴占比为 60%，产量（交售量）补贴占比为 40%，且补贴工作环节多、工作量相当大。按照补贴政策实施程序，从棉花种植面积核实、种植证明发放、测产、实际产量统计、基础数据录入、棉花公检，到资金发放等至少需要 14 个环节，耗时 7 个月，给县、乡、村基层工作人员增加了大量工作。仅棉花种植面积、产量核实工作要耗

费相当的人力和物力：①基本农户地块小、数量多、较分散、形状不规范，测量困难。②部分流转土地的多层承包关系，导致其难以提供和开具相关证明，需要大量的研究讨论与协调说服等工作。③测产过程中难以做到一户一测，农户填报亩产时随意性较大，造成后期产量补贴难以操作。总之，现行补贴政策的执行工作量大、程序烦琐，大量人力、物力投入使政策运行成本大大增加。

2.3 实际收入低于政策预期，棉农心里落差较大

2014年，国家公布的新疆棉花目标价格为19800元/吨，据此测算的籽棉价格应为8.5元/公斤以上。据调查，2014年新疆籽棉市场平均收购价为5.85元/公斤，目标价格补贴约1.5元/公斤，补贴后籽棉实际价格为7.35元/公斤，籽棉价格与目标价格相差1.15元/公斤左右，农户籽棉销售收入不仅比2013年减少，而且比其预期均大幅减少。2014年是目标价格改革的第一年，多次发放补贴给棉农造成补贴还未发放完、后续还有补贴预期，调查发现部分棉农在棉花播种前夕还处于观望状态。尽管棉农普遍对新疆目标价格补贴政策予以肯定，但由于收入减少使心理落差较大。也有农户反映，地方基层政府在棉田统计中，让大量的"黑地"合法浮现，导致补贴金额被摊薄，基本农户植棉收入降低，因而对政府公信力提出质疑。

2.4 入库公检收费，销售成本上升

在棉花目标价格改革试点工作中，对专业仓储监管棉花实施入库公证检验，是准确计量新疆棉花产量、掌握棉花质量、核查棉花收购加工企业是否真实开具籽棉收购票据的重要手段，是保障棉花补贴顺利发放到棉农手中的重要依据。但调查企业反映，入库公检给企业带来不便：①入库公检给加工与流通企业增加了销售成本，在库公检给加工企业额外增加各种费用高达250元/吨左右。②由于申请预约入库周期较长，再加上公正检验时间，企业加工的皮棉至少要等10天才能进行销售，给企业销售、资金周转带来困难。③入库公检后皮棉混包组批，只能按批次销售，由于场地的限制不能进行各个等级的组批销售，难以满足客户的采购需求，尤其是定制需求，影响企业销售效率。④重量检验结果和品质检验数据无法及时合并，重量检验数据在一个平台（自治区纤检局设计的单机版程序），品质检验又在另一个平台，同一批检验结果不能再同一个检验平台上一次完成数据合并，给企业棉花销售造成不便。

2.5 补贴发放节奏慢，棉农生产还贷难

新疆棉农平均植棉面积较大，且种植成本较高，大部分棉农和兵团植棉职工

通过联合担保贷款植棉，每年春季由几户农民联合担保，获得银行提供的低息贷款，秋季棉花收获后售棉还贷。在南疆，许多棉农生产资金要依靠民间借贷，还款时间一般集中在11～12月，通常是交售完棉花还贷款，这种多年来形成的春贷秋还的借贷模式给广大农民带来了实惠，也受到棉农的普遍欢迎。此次棉花目标价格实施后，市场上籽棉收购平均价格约为5.85元/公斤，获取政策补贴资金在下年的2月，再加2014年受低温、大风等自然灾害影响，棉花产量普遍下降，仅靠市场卖棉收入，部分棉农还贷较难。在南疆，相当多的少数民族棉农种植规模小，逐步形成了通过棉花贩子获取生产贷款，待棉花采收后"以棉还贷"的模式。实施目标价格补贴后，这些农户的生产贷款受到影响。相当一部分农户（尤其是少数民族棉农）在交售棉花初期有还贷或者给拾花工发工资等压力，不得不将部分棉花交给棉花经纪人以获取现金，导致其失去了一部分棉花的产量补贴，植棉利益受损。调研中还发现，一些棉农因无法按时还款被记入"黑名单"，影响了下年的生产贷款。

2.6 黄箱补贴受制约，国际竞争压力较大

新疆目标价格补贴政策属于WTO农业协议限制和削弱的黄箱政策，该政策所能实施的补贴量受到占产品总值8.5%的微量允许制约，黄箱政策执行中存在WTO贸易规则的潜在压力。研究计算，按照2011～2013年我国棉花年均产值计算，2014年全国棉花黄箱补贴额约为130亿～140亿元，目前仅在新疆实施的补贴数量已经超过这个数值。据了解，一些世界棉花生产国家、相关棉花行业组织和机构已经对我国棉花目标价格补贴政策提出了异议，而这种声音随时会发酵和放大，如此，将会使我国新疆棉花目标补贴政策效果大打折扣，也将对我国棉花产业健康发展产生不利的影响。

3 完善棉花目标价格政策建议

新疆目标价格落实调研结果显示，2014年国家在新疆实施的目标价格试点政策尽管存在这样或那样的问题，但是政策目标基本实现，受到了广大农户的欢迎。为了进一步提高政策绩效，完善国家棉花目标价格政策，特提出如下建议。

3.1 明确目标，深入研究市场发展，科学制定目标价格政策

国家新疆棉花目标价格试点政策旨在积极探索推进农产品价格形成机制，在

保障棉花生产者植棉基本收益的前提下，发挥市场在资源配置中的决定性作用，合理引导棉花生产、流通、消费，促进产业上下游协调发展，促进我国棉花产业稳定健康发展。棉花作为工业原料型大宗农产品，不仅受市场因素的影响，而且受自然条件的制约，深入研究分析市场发展趋势，科学制定目标价格，引导生产适时出台政策，提高政策实施绩效。对国家宏观部门提出以下建议：①深入研究、准确把握市场发展规律，分析预测棉花市场价格走势，科学制定目标价格。②遵循棉花种植生产规律，如在播种、收获等时节，及时公布目标价格政策，正确引导棉农生产。建议国家公布目标价格时间不应晚于3月初，给棉农决定种植、准备农资等预留时间。③加大科学决策力度，构建棉花政策专家会商论证机制与联席会议制度，降低政策失误概率。棉花目标价格政策关系到千家万户，关系生产者、加工经营、纺织企业，关系到棉花产业健康稳定发展，棉花目标价格政策制定不仅需要中央和地方、各级政府职能涉棉部门之间沟通，也需要政府部门与专家沟通与研究，提高决策的科学性。

3.2　真实客观，构建国家棉花产业权威信息系统

科学的决策必须建立在准确的信息基础之上，建议尽快构建客观公正的国家棉花产业权威信息系统。

首先，改进国家统计部门原有的棉花产业统计调查系统。①根据棉花生产布局的变化，调整并扩大调查网点，将棉花对户抽样调查转向对地抽样调查。②提高纱产量统计数据的质量，逐步减少错报、漏报、重复统计情况的发生，建立纺纱企业购棉、棉花库存情况统计系统。③结合国家棉花质检体系改革，结合棉包实行信息化逐包编码，推进包包检验、统计，并与统计局棉花产量数据相互印证。

其次，充分利用国家涉棉管理部门与行业协会在棉花生产、消费、市场运行等方面的信息监测系统作用，如农业部现有"农情调度"与"全国生产监测系统"、中国棉花网与中国棉花信息网等承担"国家棉花信息监测系统"等，建议加强上述信息监测系统平台建设、人员培训与信息沟通，将其建成国家统计部门的参考与校正系统。

最后，建立棉花产需统计信息会商发布制度。国家统计局可委托中国棉花协会组织各有关部门专家参加棉花供求信息专家委员会，定期协商预测棉花需求量和生产量。每年至少在棉花产前、产中、产后三次会商，综合各方面的信息，提出权威的符合实际的信息统计报告并对外发布，指导棉花生产经营。

3.3　实事求是，制定目标价格实施方案细则

新疆棉花目标价格试点政策，其目的是既要保证棉花生产的稳定发展，也要

保障棉花生产者植棉收益提高。国家的新疆棉花目标价格试点政策只是原则性的直补标准的许可，具体落实到位还需要实施细则办法。由于新疆地域辽阔，不同地区的气候条件、棉田地力、灌溉条件、生产者经营水平与植棉能力差异较大，因而实事求是研究制定政策实施细则至关重要。第一，因地制宜制定补贴办法。建议兵团继续实行按照棉花交售量实施补贴，北疆植棉地区棉花100%参照兵团的补贴办法，对南疆少数民族集中的地（州）棉区，兼顾不同种植规模、技术水平的农户利益，继续实行面积和产量结合的补贴办法，在上年试点的基础上继续采用60%按照面积、40%按照产量进行补贴。

第二，简化补贴程序，依照生产规律及时发放补贴。①按照交售量补贴的地区，采取农户随时交售，随时带好相关票据到银行领取补贴。自治区政府每旬或每周公布一次全疆棉花采集均价，银行按照该均价与目标价格差予以补贴。②按照面积和交售量结合补贴的棉区，考虑到棉农售棉还贷集中期，一般集中在11～12月，再加上棉花收获期间需要支付大量的拾花费等，因此面积补贴应该在10月完成兑现。交售量补贴部分，则采取随交随补。③坚持优质优价，建议按照交售量补贴部分应加上品级差价，以此提高棉花品质，抑制新疆棉花品质下降态势。

第三，国家对新疆维吾尔自治区和兵团补贴拨款时间，可以参照2014年目标价格补贴情况，在9月底棉花大量收获之前，将补贴资金总额的80%预拨给自治区与兵团，使棉农在交售籽棉后，就能凭相关票据在财政所领取补贴，减轻棉农的还贷与劳务支出压力。

3.4 优质高效，探索棉花公检与入库方式

"入库公检"不仅会延迟皮棉上市时间，而且还会增250元/吨左右成本，显然纺织企业和加工企业都不会承担这个附加的成本，势必通过压低籽棉价格，将成本转移给棉农，进而加大国家财政补贴压力。加工企业与棉花销售企业是市场的主体，在准确核实棉花产量和掌握棉花质量的前提下，积极探索高效率的棉花公检与入库方式，充分利用互联网、大数据与计算机软件技术，创新棉花产量与质量核实方式，切实为加工、销售企业服务。根据我们的调研，加工企业普遍反映入库公检程序烦琐、增加成本、耽误销售时间，均要求逐步严格执行棉花流通体制改革相关政策，规范条例码管理制度，实行入厂公检制度，减少棉花加工企业成本；实行公检人员轮换制，各县市公检人员不定期进行交流轮换公检。

3.5 未雨绸缪，加大绿箱扶持力度，提高棉花竞争力

棉花产业健康稳定发展的根本出路在于提高生产竞争力。建议以提高棉花生

产竞争力为核心，在 WTO 的贸易规则下，规避黄箱风险与国际贸易争端，加大绿箱扶持力度。①加大棉区生产能力建设，适度调整目标价格补贴政策，提高棉花生产竞争力。国家产业政策应向生产效率高、棉花品质好的种植者倾斜，向优势植棉区域倾斜，向科技创新方向倾斜。考虑建立产棉大县奖励政策，鼓励棉花生产向宜棉、优势区域集中；加大棉花生产装备建设，对机采棉生产综合效益高的地区补贴，逐步培养高产量、高品质、低成本的机采棉种植、加工模式。②未雨绸缪，在实现棉花种植保险全覆盖的基础上，逐步探索棉花收入保险政策。棉农以目标收入向保险机构投保，保险机构对棉农目标收入的核算可以根据前几年的棉花生产利润确定一个 3 年内或 5 年内的亩均目标收入水平，具体的数据可由前 5 年单产水平（去掉最高值和最低值）和前 5 年的平均棉花价格（去掉最高值和最低值）以及前 5 年的生产成本（包括人工）决定。若棉农因灾受损，当损失率达到 30% 以上时，保险机构对棉农目标收入与实际收入的差额进行赔付。同时，国家财政对棉农的投保费用给予一定的补贴。

（张杰　杜珉）

2015 年新疆棉花目标价格补贴实施方案

根据《中共中央关于全面深化改革若干重大问题的决定》和 2015 年中央一号文件的精神，经国务院批准，在总结 2014 年棉花目标价格改革试点经验的基础上，对改革试点工作进行优化完善，特制定 2015 年棉花目标价格改革试点工作实施方案。

1 新疆棉花目标价格改革试点的主要内容、原则和目标

1.1 棉花目标价格政策的主要内容

棉花目标价格政策是指在棉花价格由市场形成的基础上，国家有关部门制定能够保障植棉者获得基本收益的目标价格，当采期期内平均市场价格低于目标价格时，国家对棉花生产者给予补贴；当市场价格高于目标价格时，不发放补贴。

1.2 制定棉花目标价格政策的原则

（1）市场决定价格。棉花价格由市场供求形成，政府不干预市场价格。

（2）保障基本收益。当市场价格下跌过多时，政府通过补贴保障植棉者的基本收益，稳定试点地区棉花生产。

（3）统筹兼顾。协调平衡上下游利益，统筹利用国内外资源，妥善处理好政府和市场、当前和长远、中央和地方的关系，确保改革顺利推进。

（4）平稳过渡。做好生产、流通、储备、加工、进出口等各环节上政策措施的配套衔接，保持政策平稳过渡。

1.3 开展新疆棉花目标价格改革试点的目标

（1）为国家完善农产品价格形成机制探索经验。

（2）保持新疆农用地棉花种植面积和总产量基本稳定，保障国家棉花安全，促进新疆棉花产业发展。

（3）利用推行棉花目标价格改革试点的有利时机，进一步摸清新疆棉花生产底数，提高土地集约化利用水平，严格控制水资源过度开发，保护生态环境。

（4）抓住棉花目标价格改革的机遇，进一步凸显新疆棉花的产地优势，加快发展新疆纺织服装产业，吸引更多纺织服装企业落户新疆，创造更多的就业机会。

（5）完善财政补贴机制，提高补贴的精准性和针对性，提高财政资金使用效率。

2 目标价格补贴的发放方式

根据中发〔2014〕五号文件的精神，结合新疆实际，将年度可用补贴总额的10%用于向南疆四地州（阿克苏、喀什、克州、和田）基本农户（含村集体机动土地承包户，下同）兑付面积部分补贴，90%用于向全区实际种植者兑付交售量部分补贴。

2.1 补贴对象

交售量部分补贴对象为全区棉花实际种植者。主要包括：基本农户和地方国有农场、司法农场、部队农场、非农公司、种植大户等各种所有制形式的棉花生产者（以下简称农业生产经营单位）。面积部分补贴对象仅为南疆四地州基本农户。

2.2 棉花种植面积的申报、审核

由自治区农业厅负责修订《自治区棉花种植面积统计核查实施方案（试行）》。南疆四地州要根据此方案，合理制定本地基本农户面积核实操作办法。同时，对果棉、粮棉间作的，应区分不同树龄、树冠、品种制定折实间作面积标准。

棉花种植面积采取种植者申报审核制。每年6月初，基本农户向村委会申报

棉花种植面积，村级全面核实公示，乡（镇）复核，县（市）、地（州）两级自查，自治区、地（州）联合抽查，核实认定。农业生产经营单位向所在县（市）的农业、财政、统计、国土部门申报棉花种植面积，同时出具土地利用现状图、实际种植该地块的证明等材料。县（市）人民政府组织农业、统计、国土、司法等部门全面核实，自治区、地（州）联合抽查、核实。

棉花种植面积核实认定后，由乡（镇）人民政府、村委会在新疆棉花管理信息平台（以下简称信息平台）上录入基本农户种植信息，县级农业部门在信息平台上录入农业生产经营单位种植信息。种植信息应包含基本农户和农业生产经营单位的补贴受益人及相关利益人的基本信息、核实认定的棉花种植面积等信息。

农业、国土、统计、国家统计局新疆调查总队等部门应加强对棉花种植面积的统计调查工作，为兑付补贴资金打好基础。

2.3　籽棉交售

基本农户和农业生产经营单位将籽棉交到经自治区资格认定的棉花加工企业，棉花加工企业购进的籽棉应依法取得普通发票或开具收购发票。棉花加工企业应将植棉户交售籽棉的籽棉毛重、单价、衣分率、回潮率、含杂率和结算重量等信息如实录入信息平台，备注相关信息的发票信息联，签章后交付植棉户。

2.4　交售信息的统计

次年1月31日为交售信息统计的截止时间，植棉户应在此之前将籽棉交售给棉花加工企业，此后交售的棉花不被纳入补贴统计范围。交售量的统计信息由信息平台统计生成，并于2月3日前反馈各地。

2.5　在库公检

皮棉实行在库公检制度。棉花加工企业将加工的皮棉全部存入经自治区资格认定的新疆棉花专业监管仓库，由专业纤维检验机构在库进行重量检验、逐包抽取品质检验样品（以下简称取样）并进行品质检验样品的仪器化公证检验（以下简称后续仪器化公证检验）。纺织企业收购、加工自用棉，在纺织企业库房进行监管，接受重量检验、取样及后续仪器化公证检验。引导企业参与专业仓储的建设，在有条件的棉花加工企业设立监管区域，实行同等的监管要求，进行专业仓储和公检。增加建设仪器化公证检验实验室，与专业监管仓库布局相匹配。

为保证监管棉花在库公检工作的顺利实施，中央财政应据实结算方式，及时将新疆棉花入库公检经费拨付承检单位所在的省、自治区、直辖市、计划单列市财政部门。

2.6 补贴资金的拨付、兑付

当年 9 月 30 日前，财政部根据预算安排情况及预测的市场价格、新疆棉花产量，预拨部分补贴资金一次。12 月上旬国家发改委、国家统计局分别将监测调查的采价期内新疆棉花平均市场价格和新疆农用地内棉花产量书面提供给财政部，财政部收到价格和产量数据后一个月内一次性拨付剩余补贴资金至自治区财政。自治区财政按总额 5% 的额度预留，机动补差。

建立健全预补贴机制。在国家预补贴资金到位后，自治区财政厅根据中央预拨自治区补贴资金总额，扣除预留资金后的 10% 后，依据自治区人民政府审定的南疆四地州基本农户棉花种植面积和全区已交售的籽棉量统计信息，测算亩均预拨补贴标准和交售量预拨补贴标准，会同发改委、农业、国土、统计部门拟定棉花目标价格补贴资金分配方案。补贴资金分配方案经新疆棉花目标价格改革试点工作领导小组审议，报自治区人民政府审定后，由自治区财政厅负责拨付补贴资金。

次年 2 月底前，自治区财政厅根据国家清算的剩余补贴总额以及自治区人民政府审定的南疆四地州基本农户棉花种植面积和次年 1 月 31 日前交售量统计信息，会同发改委、农业、国土、统计部门拟定各地（州、市）棉花目标价格补贴资金方案。其中，特种棉（包括长绒棉和彩棉）的目标价格补贴标准（产量部分）为陆地棉目标价格补贴标准（产量部分）的 1.3 倍。特种棉的种植面积和产量单独统计、单独上报。补贴资金分配方案经新疆棉花目标价格改革试点工作领导小组审议，报自治区人民政府审定后，由自治区财政厅负责拨付补贴资金。

乡（镇）财政部门和县（市、区）财政部门结合比对信息平台基础数据和植棉户提供的税务票据，以"一卡通"或其他形式将补贴资金兑付给棉花实际种植者。

实行棉花目标价格补贴信息公示制度。基本农户棉花种植面积和籽棉交售量等补贴信息在村级全面公示，农业生产经营单位相关信息在种植地所属乡镇和县农业局等处公示，每次公示时间不得少于 5 个工作日，公示期间，县（市）、乡（镇）纪检监察机关负责对公示过程进行监督。公示内容主要包括种植户信息、棉花种植面积信息、交售量信息等，乡（镇）人民政府、县农业局收集和保存公示影像资料。

3 棉花目标价格补贴加工企业加工资格认定

继续实行籽棉加工企业资格认定制度。非资格认定的棉花加工企业不被纳入信息平台统计范围。收购加工的棉花应如数发送棉花专业监管仓库在库进行公检，把在库检验的成包皮棉公定重量作为核定企业收购籽棉加工的皮棉公定重量和棉花运输补贴的依据。对不如实标注、籽棉收购总量折算皮棉后高于或低于公检量4%，且没有充分合理理由的，自治区发改委取消其加工资质，纤检部门停止其公证检验。相关部门将对违法行为进行处罚，触犯刑律的，移交司法机关处理。

3.1 认定标准

棉花加工企业资格认定必须符合以下条件：

（1）在疆内从事棉花加工的企业，须获得工商行政管理部门颁发的《营业执照》或《企业法人营业执照》、自治区发改委颁发的《棉花加工资格认定证书》和自治区纤维检验局颁发的《棉花加工企业质量保证能力审查认定证书》，实行"一线一证"，即一条棉花加工生产线须具有一个《棉花加工资格认定证书》。

（2）诚实守信，合法经营，法人治理结构完善，财务状况良好；正常开展棉花收购、加工经营活动，收购籽棉未出现"打白条"行为；加工的皮棉按规定时间全部发运到指定的经资格认定的棉花专业监管仓库，接受监管并在库进行重量检验、取样及后续仪器化公证检验；纺织企业收购、加工的自用棉，须在纺织企业库房进行重量检验、取样及后续仪器化公证检验；定期向自治区发改委上报企业棉花收购、加工、销售和库存等购销运行情况。

（3）能与信息化平台和税务部门联网，在经营活动中按照现行税法规定开具、取得发票，不得虚开发票。

（4）遵守有关法律法规、规章制度关于棉花质量监督和市场管理的规定，以防出现严重质量违法行为或其他违法经营行为。以防发生伪造、变造、冒用《棉花加工资格认定证书》、棉花质量凭证、公证检验证书、公证检验标志及其他检验标志、标识的行为。

3.2 认定流程

（1）各地（州、市）发改委会同财政局、质监局（纤检所）、工商局、国税局及农发行，按照认定标准提出企业初选名单在每年4月底前上报自治区发改委。

（2）自治区发改委会同自治区财政厅、质监局（纤检局）、工商局、国税局及农发行联合审查并确定企业名单，并于每年5月底前在各部门门户网站予以公示，接受社会监督。公示期为10个工作日，公示期满后由自治区资格认定机关分批次对符合条件的棉花加工企业核发带有统一编号的牌匾，有效期为两年。

（3）对棉花加工企业实行动态管理和不定期检查制度。在棉花收购、加工期间，各地（州、市）发改委、质监局（纤检所）、工商局、国税局及农发行对企业实施动态监管，据实上报棉花收购、加工、销售和库存等经营有关情况。

（4）棉花加工企业在申请资格认定时，应向审批机关备案籽棉代收点信息。设立的籽棉代收点为棉花加工企业的外派机构（部门）或具备棉花加工企业的委托书，以棉花加工企业的名义开展经营，有固定收购场地并达到防火要求。棉花加工企业和代收点不在同一县（市）的，应按现行税法规定办理税务登记和其他涉税事项。棉花加工企业对代收点负有管理义务，承担籽棉代收点全部法律责任。若代收点出现不开具或虚开发票等违规行为，主管部门将及时取消棉花加工企业资格认定。

3.3　资格认定的退出机制及相关处罚

经资格认定的棉花加工企业出现以下情形之一的，经自治区发改委、质监局（纤检局）、工商局和国税局核查属实，取消其棉花加工资格及相关资质：

（1）发生税法规定的虚开发票行为，达到少缴税款、恶意套取补贴的。

（2）恶意修改棉花品质、重量、条形码等信息，套取补贴资金的。

（3）在籽棉收购中压级压价、不如实标注有关检验数据，且情节严重的。

（4）加工好的皮棉未按规定时间全部送到指定的棉花专业监管仓库（自用棉除外），未进行仪器化公证检验的。

（5）通过采购新疆以外的籽棉以及购买区内外皮棉、进口棉，蓄意套取补贴资金的。

（6）直接参与、操纵"转圈棉"套取补贴资金，或恶意收购疆外棉的。

（7）收购棉花期间，未按要求在厂区门口等明显位置悬挂带有统一编号的棉花目标价格改革加工企业资格单位牌匾的。

（8）伪造、变造、冒用、转借、自行悬挂棉花目标价格改革加工企业资格单位牌匾的。

（9）使用擅自扩建增加的生产线（即"一证多线"）从事棉花加工活动的。

（10）棉花加工企业对其籽棉代收点不认真履行管理义务，致使籽棉代收点不符相关规定，在收购籽棉过程中严重违规，情节严重的。

4　相关配套措施

4.1　目标价格改革试点补贴资金使用管理办法

由自治区财政厅负责完善《新疆棉花目标价格改革试点补贴资金使用管理暂行办法》，补贴资金要专款专用，任何地方、单位和个人不得虚报棉花种植面积，不得套用、挤占、挪用补贴资金。

4.2　本地转圈棉及疆外棉流入控制办法

（1）本地"转圈棉"控制办法。

一是由质监（纤检）部门牵头定期核对加工企业皮棉产量，并与折算后的籽棉进行对账，会同相关部门不定期对棉花加工企业进行检查，对于存在问题的企业要严肃处理。

二是棉花加工企业不得恶意低开衣分，如出现该行为，一经核实，取消资格认定并向社会公布。

三是认真落实在库取样和专业仓储制度，有效防范"转圈棉"，精确统计棉花数量，确保新疆棉花公检的公信度。对发送到经资格认定的棉花专业监管仓库的棉花，强化监管，并进行在库重量检验、取样和后续仪器化公证检验。对自治区纺织企业自用棉，须在纺织企业库房进行重量检验、取样及后续仪器化公证检验。入厂公检的棉花只能自用，不得转让销售。

（2）疆外棉流入控制办法。采取措施坚决杜绝疆外棉花流入我区以非法套取国家补贴资金的行为，凡是没有明确使用目的的疆外棉不予进疆。

一是自治区交通运输厅、公安厅和乌鲁木齐铁路局负责分别制定《疆外棉进疆运输管控办法》，严格监控疆外棉进疆的公路和铁路运输渠道。所有进疆棉花都应出具疆内用棉企业的收购合同，除持有《中华人民共和国农产品进口关税配额证》的进疆棉花外，其他凡是在入疆列车中装载棉花的，须向铁路部门填报"棉花铁路进疆申报单"，如实填写列车批次、发货地、发货单位、收货地、收货单位、装载数量、棉花种类（籽棉、皮棉）等信息；铁路部门核对铁路运单相关信息后，每月定期汇总报送自治区财政厅、纤检局和统计局。由交通管理、公安部门在星星峡、依吞布拉克等主要入疆通道设监测点，对入疆装载棉花的车辆实施登记，填写"棉花公路进疆申报单"，凡是无法出示购销合同的疆外棉不予放行。监测点定期将进疆棉去向反馈自治区棉花目标价格改革试点工作领导小组办公室，并由领导小组办公室反馈各地领导小组，由各地重点对购买疆外棉的棉花加工企业进行监管。

二是各级质监（纤检）部门在公检过程中如发现疆外棉花，不予公检，并依法进行处置，同时，将有关情况通报当地各行政主管机关。各行政主管机关依法加强对相关责任单位和责任人的监督管理。

三是经资格认定的棉花加工企业在收购籽棉时要安排专人负责甄别棉花品种和质量，禁止利用疆外棉套取补贴。

4.3　政策宣传工作

（1）部门分工及责任。由自治区党委农村工作办公室牵头，会同自治区党委宣传部、发改委、农业厅、财政厅制定宣传工作方案，组织媒体开展宣传。按照自治区确定的统一宣传口径，编印宣传资料。自治区党委宣传部负责组织新闻媒体做好棉花目标价格改革试点的政策宣传和舆论引导工作，通过电视、报纸、网络等多种媒体向广大农民群众、基层干部宣传补贴政策，让农户、农业生产经营单位均能了解掌握棉花目标价格补贴政策。

（2）充分发动驻村干部入户宣传。由自治区党委农村工作办公室牵头，会同访惠聚办公室等部门，结合自治区"访民情、惠民生、聚民心"活动，号召植棉区的驻村干部集中开展宣传工作。驻村干部要采用政策口口相传、田头讲解等方式，为植棉户答疑解惑。

4.4　培训工作

由自治区党委农村工作办公室负责棉花目标价格政策和相关涉农政策的整理汇总，编印《新疆棉花目标价格及相关惠农政策培训资料汇编》；牵头修订《新疆棉花目标价格改革试点培训工作实施方案》，指导各地开展培训工作；牵头组织自治区层面的培训。

各地州根据培训工作实施方案的要求，指定牵头部门，有针对性地分批对地州有关部门、各县市有关部门、村镇干部、棉花加工企业进行培训，力争做到所有涉及棉花目标价格改革的人员熟悉掌握国家和自治区相关政策。由受训人员组成宣讲组到县市进行培训和宣传工作。各县市党委、人民政府另行组织相关培训，直至将培训落实到村级。

4.5　其他政策支持

实施棉花目标价格改革后，将增加对新疆节水灌溉工程和优质棉生产基地建设投入，加大对农机具购置和农业保险保费等补贴力度，继续实行出疆棉运费补贴。自治区发改委、财政、农业等有关部门要积极与国家有关部委进行对接，确保各项政策落到实处。

自治区发改委等有关部门要进一步加强棉花目标价格改革的政策研究，论证引入价格保险等其他工具参与改革的可行性。

5　组织领导、监督检查及应急措施

5.1　组织领导

新疆棉花目标价格改革试点工作领导小组负责组织开展棉花目标价格改革试点工作，领导小组的职责：贯彻落实中央关于新疆棉花目标价格改革试点工作的决策部署，研究制定相关改革政策，会商改革试点中出现的问题，指导试点工作的组织实施，加强对试点工作的督导检查。领导小组各成员单位按照分工各司其职，认真开展工作。领导小组办公室设在自治区发改委，负责领导小组日常工作。

5.2　监督检查

（1）设立监督电话，畅通投诉举报渠道。自治区财政厅、农业厅设立棉花目标价格改革试点工作监督电话，并通过新疆卫视、新疆日报等主流媒体和网络向全社会公布。各地州、县市的各级财政、农业部门均需设立补贴监督电话，并在当地主要媒体及植棉乡镇公布，接受群众监督。有关部门要认真受理群众涉棉投诉举报，及时处理有关问题。

（2）建立补贴公示和档案管理制度。实行棉花种植补贴村级公示制，建立补贴档案管理制度，指定专人负责，以备查询。

（3）坚决杜绝补贴面积虚报、漏报现象发生。对于南疆基本农户出现虚报面积套取补贴的情况，经查实后取消其当年补贴资格。对棉花加工企业虚开收购发票，或农业生产经营单位向棉花加工企业虚开普通发票，或基本农户、生产经营单位私自篡改籽棉交售票据冒领补贴的，严肃查处，追缴其非法所得，触犯法律的追究其法律责任。各有关部门应及时组织有关人员调查核实受理问题，若情况属实，对造假有关责任人和负责人进行严肃处理。

（4）严厉打击利用疆外棉套取国家补贴的行为。凡是参与利用疆外棉套取国家补贴的植棉户，取消当年补贴资格，追缴其非法所得，触犯法律的追究其法律责任。对恶意收购疆外棉的棉花加工企业，取消其资格认定并向社会公布。

（5）各级地方政府要采取有效措施，防止将农用地外其他性质的土地上的棉花种植者纳入基本农户范围。

（6）县、乡两级政府要加强对设在当地的棉花加工企业代收点进行监管，对于没有棉花加工企业委托书，没有固定收购场地，没有达到防火要求的代收点要予以取缔。籽棉收购期，要加强代收点的安全检查，规范其收购行为。如发现代收点不给开具或虚开发票等违规行为，要及时向地州棉花目标价格领导小组反映。

（7）加强部门协作，充分发挥发改委、财政、税务、工商、质监、统计、供销等相关部门的监管职能，完善监管机制，加强各环节监管，加大对违规企业和生产经营主体的惩戒力度，避免收购环节出现虚开发票、"转圈棉"等问题。建立健全棉花生产经营数据信息平台，涵盖种植信息、籽棉交售信息、皮棉加工信息、税务票据信息、入库公检信息和一卡通信息等。通过平台完成种植面积、销售数量、价格、加工能力的数据采集和综合分析，实现籽棉收购量与皮棉加工量的有效监控。

（8）棉花收购期由发改委、财政、农业、质监、工商、税务、统计、交通、铁路、供销等部门抽调骨干人员组成督查组到各地进行督查，及时发现工作中存在的问题。对棉花加工企业收购时使用籽棉交售票据情况、收购量、公检量等情况进行监督检查，发现问题及时整改，确保政策的顺利实施。

5.3 会商协调机制

在区、地、县、乡四个层面分别建立会商协调机制。实行定期会商和不定期会商相结合的形式，原则上自治区层面的定期会商在棉花收购期（每年 9～12 月）每周举行一次，主要是会商日常工作中的常态性事项。遇重大事项或突发性专项工作随时进行不定期会商。

（张杰 杜珉）

第二篇 产销情况与市场分析

棉花品种多、乱、杂与棉花品质关系探析

1 引 言

　　棉花在我国是关系国计民生的重要物资，棉花产业涉及生产、加工、流通、纺织、出口等多个行业，解决了我国大量城乡劳动力的就业问题，不仅是纺织工业发展的重要支撑，还是植棉农户增收的重要途径。棉花质量关系到产、供、需各方利益，贯穿整个棉花产业链，对于纺织工业和国民经济有非常重要的影响。全面提高我国棉花质量，对于维护市场稳定、引导棉花产业健康有序发展是十分必要的。为扶持棉花产业发展，国家先后出台了棉花良种补贴政策、进口配额管理和临时收储政策等一系列政策。这些扶持政策不仅没有解决我国棉花发展问题，反而进一步导致了我国棉花种植面积连跌、棉花质量下滑、市场动荡、巨额储备等一系列危机。上述危机表面上看是供需矛盾导致的一次产业危机，实质上则是棉花产业发展中存在的许多深层问题的暴露：棉农种植规模小、经营分散、生产效率低的局面没有得到扭转，棉花品种多、乱、杂直接导致棉花品质难以提高，棉花品种产业的市场秩序有待规范。

　　品种是决定棉花内在品质的关键所在，按照纺织企业的需求选择相应的品种，是棉花种植合理布局的基本要求。但由于纺织企业无法直接从棉农手中购买棉花，且在棉花的多次交易中存在信息不对称问题，市场经济条件下棉农在棉花品种选择时更多考虑产量和衣分率，而忽视其他影响棉花质量品级的指标，导致棉花品种多、乱、杂的问题普遍存在，棉花品种布局十分混乱。据调查，2012年，衡南县棉花种植面积为12万亩，品种达60多个；而安乡县所种植的棉花品种甚至超过了100个。根据我们的调研数据，2012年全疆种植棉花品种有100多

个；兵团一个植棉师有一定规模的棉花品种就有 10 ~ 20 个，有的植棉大团棉花品种也多达 20 多个。品种多、乱、杂现象已成为当前困扰着棉花生产稳定发展的重要障碍之一。由于不同品种的棉花其内在纤维品质有很大差别，而棉农在选择棉种时追求单产高、色泽好、衣分高的棉种，并不注重棉花的内在品质，忽视了马克隆值、含杂率、回潮率、断裂比强度等影响棉花品级的指标。导致棉花品质参差不齐，杂乱不堪，进一步导致棉花产业利益下降。

目前，棉花品种研发、推广过程中的体制机制弊端，是导致品种多、乱、杂、棉花品质下滑的关键因素，如何解决新疆棉种产业发展中面临的一系列问题，迫切需要进行深入系统的理论研究。现阶段研究新疆棉花品种市场存在的问题与对策，对于降低棉花生产成本和增加棉农收入具有重要的现实意义，对提高新疆棉花的品质进而提升棉花产业的国际竞争力具有实践意义，对于稳定和发展我国棉花及涉棉产业具有特殊的战略意义。

2　棉花品种多样性的原因

近年来，各棉花生产地区为追求单产的提高，大量引进抗病丰产品种，由于没有实行棉花品质区域化种植，在生产种植上，品种多、乱、杂问题一直未能有效解决，中熟、中早熟、早熟品种并存，造成混收、混级、混储，棉花品质混杂，棉包间品质一致性较差，给纺织企业调配原棉造成困难。各种纤维内在品质本身的差异造成原棉纤维内在品质一致性差。另外，由于棉花主栽品种不抗病及新疆抗病育种工作的滞后，造成生产单位大量引进内地抗病短季棉品种在病地种植，替代感病品种，形成一地多种、一场多种、百花齐放的局面。

造成上述局面的主要原因有：

一是由于棉花品种审定权下放，致使每年各级审定机构审定的新品种很多，但品种质量无法得到保证，从而导致棉花品质的降低。

二是棉种市场点多面广，管理难度大，不法商贩经营假冒伪劣种子的行为屡禁不止，加剧了棉种多、乱、杂现象。这也反映出我国棉种领域在以下方面还有待完善，①虽然我国棉花品种选育速度快、类型多，但与国外先进国家相比，品种的适应性、稳定性不足，尤其是适合我国种植环境的机采品种难以突破。②棉花品种产权市场不完善，品种权人的权益常受到侵犯，得不到应得的回报，难以激励科研人员进行创新。③市场监管力度不够，致使很多未审定的品种与审定品种一起进入市场，使得棉花种子的品质和质量都很难得到有效保证。产生这些问题的根源在于棉农的分散经营，只考虑短期利益，因此只有构建新型农业经营体系，才能解决上述问题。

3　棉花品种多样性的弊端

棉花是关系国计民生的重要物资，是我国主要经济作物及纺织工业的主要原料，在国民经济中占有非常重要的地位。但是，近年来棉花品质明显下降，2012～2013年全国低于标准级的棉花占24.46%，同比2011～2012年增加9.13%，长绒棉长度、断裂比强度、长度整齐度明显下降。对比五个年度数据，2012～2013年长度指标连续两年下降，平均长度处于五年来最低水平，并且长度值离散范围逐渐扩大（见图1）；2012～2013年断裂比强度指标下降，中等比例减少，差级以下比例明显增加（见图2）；2012～2013年长度整齐度略有下降，

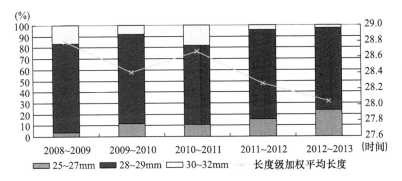

图1　2008～2009年至2012～2013年棉花长度指数变化情况

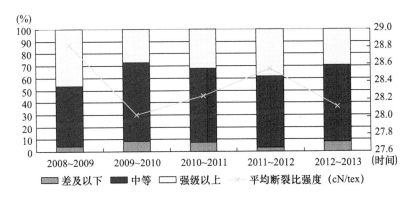

图2　2008～2009年至2012～2013年棉花断裂比强度指数变化情况

长度整齐度指数是非常重要的棉花质量指标，表示棉纤维长度分布整齐均匀的程度，对原棉制成率、纱线的条干、纱线的强度有很大影响，但是2012～2013年平均长度整齐度处于五年来最低水平（见图3）。根据分析可以看出，棉花各指标离散度加剧，表明棉花品质一致性下降，形势不容乐观。究其根源是棉花品种多、乱、杂，导致了棉花品质下降。

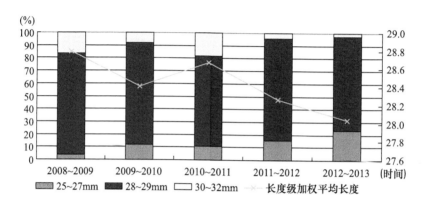

图3 2008～2009年至2012～2013年棉花长度整齐度指数变化情况

资料来源：中国纤维检测局。

4 棉花品种多样性的对策

棉花品种多、乱、杂现象导致了棉花品质参差不齐，严重制约棉花产业的发展，使棉花产业效益下降，农户增收难度加大。应该真正把棉花当成一种商品，既要注重数量也要重视内在品质，把新疆棉花做成行业标准，必须从以下几方面着手：

4.1 加快科技创新，选育优良品种

围绕新疆"一白"战略，自治区各级党政领导应高度重视棉花育种工作，对棉花品种在棉花生产中的地位和科学技术的作用应有全新的认识，找出新疆棉花育种与国内外棉花育种上的差距，在棉花育种科技创新、相关政策上予以倾斜，在棉花育种项目上予以大力扶持，把科研与生产有机结合起来，瞄准世界棉花育种的先进水平，应用现代生物科学技术，超前性的育成广泛适应新疆棉区种植的新品种。

实现优质育种目标的主要关键是：优异的种质材料是优质棉育种的物质基础。通过广泛征集、精选筛选、人工选择、基因工程、远缘杂交、理化诱变和转育创新等多种方法，多途径获得优异种质亲本材料供优质育种利用。在育种方法和方向上，要将传统的常规育种技术与生物育种技术相结合，尤其要加强基因克隆、转基因育种方面的研究，将日新月异发展的生物技术及其研究成果应用于棉花优质育种的实践中。在标准选择上，要以优质、丰产、多抗为选择目标，尽量协调好优质与丰产、优质与抗性、优质与早熟等性状之间的相关关系。在品种类型方面，除坚持常规品种、转基因品种选育外，要大力发展杂交棉，利用棉花杂种优势，将棉花的优质性、丰产性、多抗性结合起来，以利于提高植棉的经济效益和社会效益。

4.2　统一棉花栽培品种，转变农户种植理念

目前，农户在种植棉花时多关注产量和衣分，在一定程度上忽视了棉花的内在质量，尤其是机采棉长度偏短，大多集中在 27～29mm。政府应该建立一套完备的棉花品种培育、优选机制，提升育种技术，并筛选出优质高产的品种，同时实行统一品种，实现区域化种植，规定一个团只有一个主栽品种。在不同的地区，实行棉花品种登记制度，提高新品种引进门槛，未经权威部门认证，不得随意推广，改变棉花品种多、乱、杂的局面。对各个团场实行统一供种、区域化种植，保持品种纯度，提高棉花品质。这不仅可以保障棉纤维品质的一致性，利于棉纺产业发展，还可以切实改变目前棉花品种繁杂、品质参差不齐的局面。

4.3　加大新疆棉花标准化生产补贴政策，完善生产环节的财政补贴

我国棉农的补贴远远少于国外发达国家的棉农补贴，政府应加大棉花补贴政策，出台棉花种植直补政策。不仅从国家种子而且从农药、肥料、滴灌等生产环节直补，降低棉花标准化成本，不断提高棉花标准化规模进而提高棉花品质，促进农户增收。2015 年出台了新的棉花补贴政策，政府可以对棉种进行直接补贴，筛选出适合各地区生长的品种，统一免费供种，这样不仅实现了补贴政策，促进农民种植积极性，也限制了棉种的多样性，促进标准化的实施。

4.4　提高棉种企业转入门槛，限制品种数量

相关部门要从源头上采取切实可行的措施，严格执行品种审定标准，控制品种审定数量，加大一些规模小、品质差的品种退出力度。把市场上的棉花品种数量控制在合理范围内。在种子营销方面，应培育大型棉种公司，建立种子直销或

配送经营模式，减少经营环节，这样或许会更有利于品种的统一。

棉花品种多、乱、杂问题严重制约棉花产业的发展，使棉花产业效益下降，农户增收难度加大。兵团应该真正把棉花当成一种商品，既要注重数量也要重视内在品质，把兵团棉花做成行业标准。因此，大力实施棉花标准化生产，统一棉花种植品种，降低棉花生产成本，提高棉花品质进而提高棉花收益成为兵团棉花产业发展的必由之路。

（张杰　毛慧）

2013～2014年度第八师
棉花公检品质报告

1 概 述

为全面掌握棉花质量整体状况，为师、市领导和经济管理部门提供研究决策依据，我们对2013年第八师垦区39家棉花加工企业加工的40万余吨棉花质量

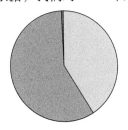

**图1 2013年手摘棉
轧工质量**

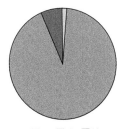

**图2 2013年机采棉
轧工质量**

进行了统计，并与2012年的棉花检验数据进行了对比，发现2013年第八师棉花质量总体稍差于往年，颜色级白棉1级、2级和3级部分增加，但是淡点污也增加了。大部分团场机采棉长度比例增加，而手摘棉长度比例则较2012年有所增加，平均长度级为27.83mm，比上年增加0.20mm，符合入储颜色级、长度、马值、长度整齐度、断裂比强度和轧工质量要求的比例分别为96.8%、98.6%、96.2%、97.0%、86.4%和94.6%。其中石河子纤检所承检32万余吨，平均长度级为27.82mm，比上年提高0.13mm，符合入储颜色级、长度、马值、长度整齐度、断裂比强度和轧工质量要求的比例分别为96.7%、98.7%、95.9%、96.9%、83.8%和94.1%；五家渠纤检所承检7.6万吨，平均长度级为27.78mm，比上年提高0.25mm，符合入储颜色级、长度、马值、长度整齐度、断裂比强度和轧工质量要求的比例分别为97.0%、98.5%、97.5%、97.4%、95.9%和96.1%。完全满足八师棉花90%以上入储的基本要求。

2 质量状况分析

2015 年开始第一年实行新的棉花标准（GB1103.1 – 2012），在外观检验和仪器检验方面都有很大的改动，颜色级和轧工质量取消了传统的品级检验，用 HVI 检验和感官检验。仪器测试方法也有很大的变动，为了取得准确的测试结果，HVI 颜色级测试测试次数增加一倍。但经过数据统计，各项测试指标仍均有可比性。经过对各团场近两年棉花质量分析可以看出，第八师棉花质量状况基本良好，但也存在一些不可忽视的问题。具体分析如下：

2.1 颜色级方面

表1　2012～2013 年颜色级

机采	合计	白1级	淡污1级	淡黄1级	白2级	淡污2级	淡黄2级	黄2级	白3级	淡污3级	淡黄3级	白4级	白5级
2012 年	1157346	5686	6539	30	65186	19634	390	4	760877	2035	207	294618	2140
2013 年	1330730	39578	57947	207	311707	41762	233	19	844406	214	0	34529	128
手摘	合计	白1级	淡污1级	淡黄1级	白2级	淡污2级			白3级	淡污3级		白4级	白5级
2012 年	394564	41057	12	1	191536	27			157881	12		3827	211
2013 年	222857	41677	9637	9	122106	352			1	48971		103	1

无论机采棉还是手摘棉，白棉类型比例有所增加，但是淡点污棉类型也有所增加，尤其是手摘棉淡点污棉类型增加较明显。其中 121 团、133 团、石总场、147 团、150 团的机采棉和手摘棉的白棉 1～4 级都有所增长。个别团场颜色级略有波动，如 121 团、134 团、142 团、143 团、144 团的手摘棉淡点污 3 级比例增加。控制淡点污的上升主要从籽棉收购管理和皮棉加工过程管理入手。在籽棉的管理过程中加强保管，防止霉变，在加工过程中控制好棉花的水分，防止水分过多引起棉花发生霉变或变色。

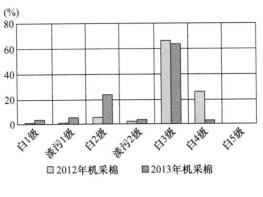

□ 2012年机采棉　■ 2013年机采棉

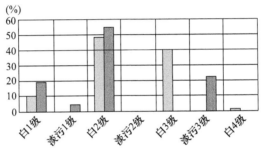

□ 2012年手摘棉　■ 2013年手摘棉

图3　机采棉与手摘棉颜色级比重

2.2　长度级情况

表2　2012～2013年长度级

机采	合计	25mm	比例	26mm	比例	27mm	比例	28mm	比例	29mm	比例	30mm	比例	31mm	比例
2012 年	1157346	129	0.0%	22391	1.9%	534854	46.2%	564785	48.8%	34383	3.0%	626	0.1%	178	0.0%
2013 年	1330730	91	0.0%	20291	1.5%	360395	27.1%	782456	58.8%	142409	10.7%	1625	0.1%	7	0.0%
手摘	合计	26mm	比例	27mm	比例	28mm	比例	29mm	比例	30mm	比例	31mm	比例	32mm	比例
2012 年	394564	1110	0.3%	91378	23.2%	239460	60.7%	58783	14.9%	3624	0.9%	112	0.0%	95	0.0%
2013 年	222857	780	0.4%	47146	21.2%	134582	60.4%	38930	17.5%	1406	0.6%	13	0.0%	0	0.0%

　　经过分析可看出，2013 年机采棉长度与 2012 年相比整体呈增加趋势，平均长度级为 27.81mm，比上年增加 0.27mm，27mm 及以上比重增加，长度改善较明显，28～29mm 比例增加 5%～10%，只有少量团场棉花长度比例有所下降，如 141 团、147 团、石总场。

　　手摘棉平均长度级为 27.96mm，比上年降低 0.02mm，手摘棉长度稍有下降，大部分长度保持不变，一部分长度有所改善，如121团、136团、143团和144团；一部分长度下降较明显，如141团、147团和石总场。手摘棉长度级的下降应该予以重视，采取适当措施，如分期采摘、调整加工工艺、减少纤维损伤、增加纤维长度。

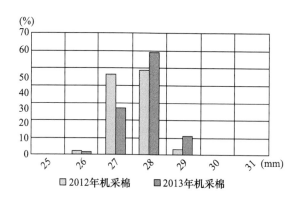

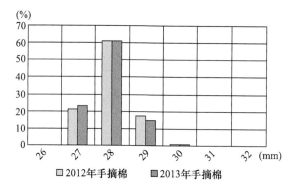

图4　机采棉与手摘棉纤维长度比重

2.3　纤维成熟度方面

表3　2012～2013年纤维成熟度

机采	合计	C1	比例	B1	比例	A	比例	B2	比例	C2	比例
2012年	1157346	3110	0.3%	3543	0.3%	527530	45.6%	622510	53.8%	653	0.1%
2013年	1330730	48100	3.6%	124990	9.4%	989135	74.3%	168173	12.6%	332	0.0%
手摘	合计	C1	比例	B1	比例	A	比例	B2	比例	C2	比例
2012年	394564	103	0.0%	298	0.1%	67177	17.0%	326525	82.8%	461	0.1%
2013年	222857	10664	4.8%	13328	6.0%	84612	38.0%	112340	50.4%	1913	0.9%

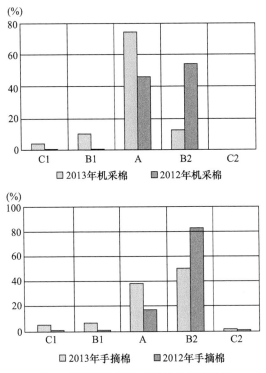

图 5 机采棉与手摘棉纤维成熟度比重

马克隆值是反映纤维成熟程度与细度的一个综合性指标，数值越大（C2 档，5.0 以上）说明纤维过成熟，4.3～4.9（B2 档）说明纤维还算比较正常成熟但趋于过成熟，数值越小（C1 档，3.4 以下）说明纤维趋于未成熟，3.7～4.2（A级）最好。

由以上数据图表可看出，受气候影响，无论机采棉还是手摘棉成熟程度都较低，A 档所占比例增加，甚至个别团场 A 档比例高达 90% 以上，如 147 团和 148 团分别达到 93.7%、94.8%；但 141 团、142 团、121 团的机采棉和手摘棉成熟程度较低，C1 级所占比例明显增加。A 级比例增加有利于纺纱，但伴随 C1 的增加对纺纱有一定的影响。

2.4 长度整齐度、断裂比强度和轧工质量

（1）长度整齐度。

今年开始长度整齐度作为质量控制指标被列入标准中，从图 5 可知，机采棉长度整齐度变化不明显，手摘棉长度整齐度和断裂比强度整体下降，大部分团厂手摘棉长度整齐度都有所降低，但 143 团长度整齐度稍有增加。长度整齐度指标

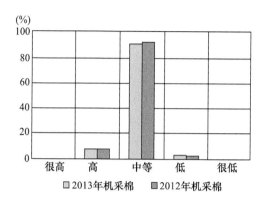

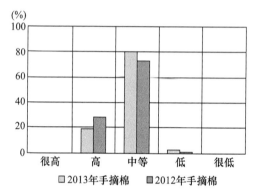

图6　机采棉和手摘棉长度整齐度比重

好坏对下游工序的质量起着决定性作用。要加强控制长度整齐度，应从加工厂的管理，分品种、分种植区域等加强管理加工，以及加工企业调整加工工艺等有利于改善长度整齐度。

　　（2）断裂比强度。

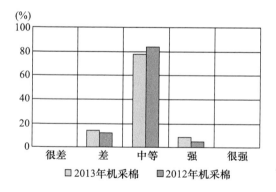

图7　机采棉和手摘棉断裂比强度比重

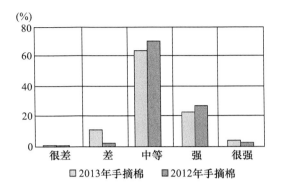

图7　机采棉和手摘棉断裂比强度比重（续）

今年开始断裂比强度作为质量控制指标列入标准中，从图6可知，机采棉和手摘棉断裂比强度整体下降。断裂比强度的好坏对下游工序的质量起着决定性作用，尤其是强力的影响。因此，要加强控制断裂比强度，应从农业种植管理入手，分品种、分种植区域等加强管理和皮棉的加工有利于改善断裂比强度。

（3）轧工质量和异性纤维。

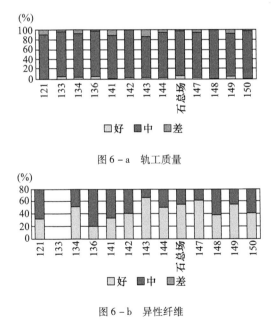

图6-a　轧工质量

图6-b　异性纤维

图8　异质纤维数量比重

轧工质量是棉花质量的一项重要指标，轧工质量的好坏直接影响皮棉的品质和成纱质量，也关系到轧花厂的经营管理和纺织厂的用棉。从图7中可以看出手摘棉的轧工质量大多数加工厂较好，121 团、136 团、141 团和 148 团手摘棉轧工质量好的低于 40%。机采棉轧工质量普遍在中档，部分加工厂偏差，例如 141 团和 121 团机采棉轧工质量有待提高。在感官检验过程中，发现异性纤维数量相对较多，形态多为塑料薄膜之类。在棉花采摘和加工过程中应加强管理，为了提高棉花质量，建议在棉花加工工艺流程中去除异性纤维装置，这样可以避免异性纤维在加工和使用过程中，打碎由 1 个变为数个，严重影响下游产品的质量。

3 关于第八师棉花质量的几点建议

2013 年，由于气候影响，第八师棉花较上一年产量变化不大，而且整体质量也受到一定的影响，根据上述颜色级、长度、马值、长度整齐度、断裂比强度和轧工质量六项指标的统计结果分析，针对影响第八师棉花质量的主要因素，提出以下建议：

3.1 品种方面

2015 年开始执行 GB1103.1 – 2012 的新标准，此标准中对棉花内在质量有了更加严格的要求。近几年棉花种植的品种多注重产量和衣分，在一定程度上忽视了棉花的内在质量，尤其是机采棉长度偏短趋势严重，大多集中在 27mm 和 28mm，29mm 及以上的棉花相对很少，建议第八师有关部门能够建立一套完备的棉花品种培育、优选机制，培育和筛选出优质高产的棉花品种，同时制定相应的管理办法，加强各团场棉花品种的选种和采购管理，切实改变目前第八师棉花品种繁杂、品质参差不齐的局面。

3.2 采摘、收购方面

第八师是最早发展机采棉也是规模最大的地区，2015 年第八师机采棉达到85.9%。机采棉采摘方式不同于手摘棉，基本属于一次性采摘，这就要求棉农喷洒脱叶剂进行催熟，如果喷洒脱叶剂的时机把握得不好，喷洒过早势必会造成未成熟纤维含量增加，籽棉含杂大，叶屑、棉秆多，致使棉花品级下降，喷洒过晚也会造成棉纤维过迟成熟，易出现落棉，降低纤维品质，建议有关部门进一步加强棉花田间地头的管理，指导棉农适时喷洒脱叶剂，把握好进地采摘时间，严控水杂，做好"四分"工作；还要更好地改善采棉机采棉技术，降低籽棉含杂，叶屑、棉秆含量，以便降低棉花被色素沾染的机会，在收购管理过程中要加强籽棉的保管，避免淋雨和堆放过多，时间等方面要加强管理，提高棉花的颜色级。

3.3　加工工艺与质量控制方面

轧花加工是棉花加工的最后一道工序，与皮棉品质直接相关，设备状况的好坏、工艺的优劣等直接影响皮棉的质量，因此加强轧花过程中的工艺控制、质量管理尤为重要。在籽棉预处理时，在烘燥、回潮率控制方面必须要注意：籽棉回潮率过高时，易产生带纤维籽屑、棉结、索丝等疵点，籽棉毛头率增大，衣分损失高，杂质难以清除；而籽棉回潮率过低时，则纤维强度会降低，加工过程中易拉断纤维，使得皮棉长度整齐度差、短纤维率增加，降低棉花的可纺性，而且在加工过程中还易产生静电现象，不利于安全生产。另外，在轧花机工艺配置方面，尤其是轧花速度和隔距调整，都要根据籽棉纤维的长度、回潮率、含杂等，进行实时调控，不能一个工艺参数从头开到尾，这样不利于棉花质量的提高，尤其是长度整齐度、断裂比强度和轧工质量等指标。

（石河子纤维检验所）

不同管理体制下棉农机械化
生产意愿差异分析

1　引　言

我国是世界上最大的棉花生产国，产量占世界的1/4。新疆作为国家优质棉生产基地，2012年产量占全国的46.67%。新疆作为我国棉花主产区，也是唯一一个使用机械采收的植棉区，新疆生产建设兵团（以下简称兵团）和新疆维吾尔自治区棉花生产收获机械化程度因不同的管理体制而存在较大差异。以2012年为例，兵团棉花机采面积高达328千公顷，机采比重达到59%（见图1），而新疆维吾尔自治区仅40千公顷，所占比重仅10%。兵团实行党政军企合一的特殊管理体制，在农业生产发展方面具备了高度组织化、规模化的优势，基本农地制度得到了创新与发展，并对兵团农业生产机械化的不断发展起到了推动作用。新疆尤其是南疆少数民族地区多依照传统模式进行耕种，经营单位还是单一的以

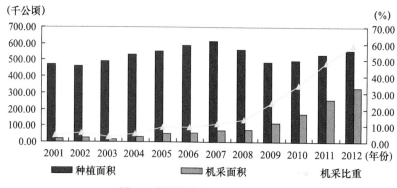

图1　兵团棉花机械化采收比重

家庭为主，户均耕地面积不足0.7公顷，家庭成员即主要劳动力，农业生产机械化发展受阻，农业现代化还有较大差距。本文通过不同管理体制下棉农生产收获机械化意愿分析，从理论与实践角度客观分析不同管理体制下棉农生产机械化意愿的差异。

2　样本选择与描述

2.1　样本选择

为了剖析不同管理体制下棉农选择机械化生产意愿的影响因素，本文选取兵团4个植棉师和自治区4个地州作为主要调研对象，先后发放了370余份调查问卷，回收有效问卷341份，其中兵团有效问卷为167份，自治区有效问卷为174份（见表1）。

表1　样本分布

单位	地区	样本分布	户数（户）
兵团	第一师	1团、2团、3团、10团	39
	第二师	29团	14
	第七师	125团、130团	69
	第八师	149团、121团、133团	45
总计（户）			167
自治区	巴音郭楞蒙古自治州	库尔勒包头湖农场	13
	塔城地区	乌苏市、沙湾县	88
	阿克苏地区	阿瓦提县、沙雅县、柯坪县	50
	喀什地区	巴楚县	23
总计（户）			174

2.2　样本描述

本文选取不同管理体制下兵团和自治区的棉农作为调查对象。表2为自治区调查样本个体的基本特征。如表2所示，调查对象中植棉户的年龄集中在30～60岁，且集中分布于30～45岁；植棉农户中受教育程度为初中及以下比重为

82.2%，棉农知识水平较低；调查户中自治区的少数民族户占到81.6%，自治区棉花大区多集中在南疆，南疆是少数民族聚集地，棉花生产多依赖少数民族劳动力。

表2　新疆维吾尔自治区样本个体基本特征　　　　　　单位：户；%

年龄	户数	比重	受教育程度	户数	比重	是否为少数民族	户数	比重
30岁以下	16	9.2	小学	30	17.3	是	142	81.6
31~44岁	95	54.6	中学	113	64.9	否	32	18.4
45~59岁	49	28.2	大专	29	16.7			
60岁以上	14	8	本科以上	2	1.1			
合计	174	100	合计	174	100	合计	174	100

表3为调查户中新疆兵团样本个体基本特征。兵团棉农的年龄主要集中在30~60岁，45~59岁的棉农比重较高；大专以上学历占兵团样本总体的49.1%，而自治区仅有17.8%，兵团棉农受教育程度整体明显高于自治区；兵团绝大多数植棉户是汉族，比重占样本总体的91.1%，少数民族样本仅有15户，这与自治区形成鲜明对比。

表3　新疆兵团样本个体基本特征　　　　　　单位：户；%

年龄	户数	比重	受教育程度	户数	比重	是否为少数民族	户数	比重
30岁以下	6	3.6	小学	9	5.4	是	15	8.9
31~44岁	84	50.4	中学	76	45.5	否	152	91.1
45~59岁	70	41.9	大专	67	40.1			
60岁以上	7	4.1	本科以上	15	9			
合计	167	100	合计	167	100	合计	167	100

自治区与兵团在农业生产机械化程度上有较大差别，兵团的机械化水平整体高于自治区，这得益于兵团不断创新基本农地制度，积极推进农地融合，大力改善土地细碎化程度。图2为自治区和兵团棉农调查户2013年棉花种植面积散点图，可以看出兵团棉农的棉花种植面积多集中在5~10公顷，而自治区棉农的植棉面积主要分布在2~3公顷。在具体种植面积数据中，南疆喀什和阿克苏植棉大区的棉农植棉面积普遍较小，种植区域分散，这是自治区难以推进棉花生产机械采摘的重要原因。

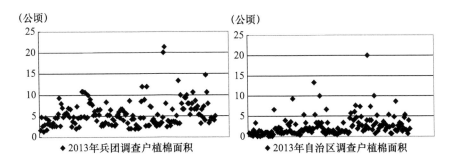

图2　2013年新疆维吾尔自治区及兵团调查户棉花种植规模散点图

3　实证分析

3.1　研究方法选择

本文选择兵团和自治区植棉长达2年及以上的植棉户作为研究对象，分析兵团与自治区棉农植棉机械化模式选择意愿影响因素的共同点和差异性。通过分析影响棉农生产收获机械化的因素，得出促进农业机械化发展、加快农业现代化进程的动力。本文借鉴较成熟的研究方法，选择离散型二元选择模型 Logit 进行实证分析。

Logit 概率模型采用一个以 Logistic 随机变量的累计分布函数为基础函数形式来施加约束。

$$P_i = F(\alpha + \sum_{i=1}^{n} \beta_i X_i) = 1/(1 + \exp[-(\alpha + \sum_{i=1}^{n} \beta_i X_i)]) \qquad (1)$$

式（1）中，F 是逻辑分布函数，满足 $F \sim e^x/(1 + e^x)$；i 为农户序号；p_i 为农户 i 选择机械化生产的概率；n 为影响概率的因素个数；X_i 是影响农户生产模式的第 i 个因素；β 为估计参数。

3.2　变量选取

棉农生产收获是否机械化不仅与自身综合素质有关，与两种生产模式的经济效益、国家的农业现代化支持政策也有紧密联系。综合各种因素，本文选取3个个体特征指标，7个生产特征指标和3个认知能力指标共13个指标作为影响棉农是否机械化生产收获的影响因素（见表4）。

表4 变量选择及说明

变量类型	变量名称	变量描述	预期相关性
被解释变量	Y	虚变量：棉花生产收获是否全程机械化，是—1，否—0	—
个体特征指标	X_1	虚变量：户主年龄，30 及以下—1，31 ~ 44 岁—2，45 ~ 59 岁—3，60 岁及以上—4	不明确
	X_2	虚变量：受教育程度，小学及以下—1，中学—2，大专—3，本科及以上—4	不明确
	X_3	虚变量：少数民族否，是—1，否—0	不明确
生产特征指标	X_4	实变量：2013 年棉花种植面积（公顷）	不明确
	X_5	实变量：公顷均成本（元/公顷）	负相关
	X_6	实变量：出售价格（元/公斤）	正相关
	X_7	实变量：棉花单产（千克/公顷）	不明确
	X_8	虚变量：棉花主要交售等级，一级—1，二级—2，三级—3，四级—4	不明确
	X_9	虚变量：种植2年或2年以上，是—1，否—0	不明确
	X_{10}	实变量：家庭务农人数	不明确
认知能力指标	X_{11}	虚变量：是否知道国家棉花生产农机具补贴政策，是—1，否—0	不明确
	X_{12}	虚变量：是否知道棉花检验新标准—颜色级，是—1，否—0	不明确
	X_{13}	虚变量：种植县、市、团场是否有机采棉交售地，是—1，否—0	正相关

3.3 实证结果及分析

3.3.1 实证结果

本文采用 Eviews6.0 分别对自治区 174（户）及兵团 167（户）调查户进行 Logit 分析，得出两组结果：Logit 模型结果一、Logit 模型结果二，如表 5 所示。

可以看出，自治区棉农机械化生产 Logit 模型一的 LR statistic = 97.46793、Prob（LR statistic）= 0.000001；兵团棉农机械化生产 Logit 模型二的 LR statistic = 83.72114、Prob（LR statistic）= 0.000000，说明两个模型的整体显著性水平较高。

表5 实证结果

解释变量	Logit 模型结果一（自治区）			Logit 模型结果二（兵团）		
	参数	Z 统计值	P 概率	参数	Z 统计值	P 概率
X_1 户主年龄	0.0316	0.1406	0.5323	− 0.6742	2.3438	0.0196 **
X_2 受教育程度	0.3038	0.2576	0.2085	0.0636	0.2684	0.7884
X_3 少数民族否	− 0.0414	3.9015	0.0031 ***	− 0.0097	0.3108	0.9208

续表

解释变量	Logit 模型结果一（自治区）			Logit 模型结果二（兵团）		
	参数	Z 统计值	P 概率	参数	Z 统计值	P 概率
X_4 种植面积	0.0012	− 1.8204	0.0687 *	0.0014	− 2.7029	0.0064 ***
X_5 公顷均成本	0.0264	0.1032	0.9098	0.2901	1.9496	0.0372 **
X_6 出售价格	− 3.4264	− 4.7058	0.0000 ***	2.5779	1.4611	0.1006
X_7 棉花单产	− 0.0043	− 2.1997	0.0278 **	0.0214	3.5348	0.0004 ***
X_8 主要交售等级	− 0.0511	− 0.1966	0.8519	− 0.4373	− 1.4067	0.1595
X_9 种植 2 年及以上	0.3663	0.7800	0.4354	1.1185	0.1622	0.0306
X_{10} 家庭务农人数	0.7432	1.4071	0.0594 **	0.4060	− 1.7352	0.1105
X_{11} 是否知农机具补贴政策	0.3206	− 0.0549	0.2910	0.5387	1.3059	0.0816 *
X_{12} 是否知检验新标准	0.0071	0.0336	0.8633	− 0.1603	− 0.6767	0.4973
X_{13} 是否有机采棉交售地	0.4202	1.8411	0.0202 **	0.2528	0.9978	0.3174
McFaddenR^2	0.432076			0.533617		
LR statistic	97.46793			83.72114		
Prob	0.000001			0.000000		

注："＊"、"＊＊"和"＊＊＊"表示统计检验分别达到 10%、5% 和 1% 显著性水平。

3.3.2　结果分析

依据 Z 统计值和伴随概率 P 的约束，可以得出的模型一、模型二中，分别有 6 个和 5 个指标通过显著性检验。在自治区棉农对棉花生产收获机械化选择意愿实证模型中"是否为少数民族"、"种植面积"、"出售价格"、"棉花单产"、"家庭务农人数"和"是否有机采棉交售地"6 项指标可用来分析自治区棉农种植机采棉的影响因素。在兵团棉农机采模式采用意愿模型中有"户主年龄"、"种植面积"、"公顷均成本"、"棉花单产"和"是否知农机具补贴"5 项指标用来解释兵团棉花的高机采率。

4　不同管理体制下农业生产机械化差异的理论探讨

4.1　自治区棉农全程机械化生产模式选择显著影响因素

（1）生产主体民族对农业生产机械化程度有一定影响。在实证结果一中指标"是否为少数民族"通过了显著性检验，且呈负相关性，说明少数民族棉农较汉族更难接受生产收获机械化，具有较强的农业生产路径依赖性。在少数民族分布较多的南疆喀什、阿克苏植棉区，多数县、乡的少数民族比重高达90%，并且汉语水平有限，难以接受先进的农业生产科技，农业生产以传统方式为主。

（2）土地细碎化影响农业生产机械化发展。家庭联产承包责任制为我国农业经济的飞速增长做出了巨大贡献。农地制度的改革重购了农业最基本的生产经营单位，也促进了农业生产力的快速发展。但随着市场经济体制的不断建立与发展，家庭联产承包责任制的弊端日益显现。小而分散的生产经营主体很难满足多样化、标准化的市场需求，农业现代化难以实现。自治区棉农棉花种植面积较小，加上土地细碎不平整，大型机械无法进行作业。

（3）机械化生产对棉花单产、价格影响认知不足。在调研中了解到，许多地区农户不愿意改种机采棉大部分是担心大型采棉机的机采率无法达到预期，棉农无法接受辛苦耕种的棉花不能被采收干净，影响棉花单产，降低收入。棉农对采棉机的认识较为片面，目前美国进口的凯斯和迪尔采棉机的采尽率已达到95%以上，国内采净率的规定标准是93%，相比人工采摘来说，机械采摘并不会造成单产幅减少。

（4）家庭劳动力人数满足传统农业生产需要。由于我国少数民族并不受计划生育政策约束，南疆植棉区棉农家庭劳动力平均多于5人，加上耕种面积也不足1公顷，在劳动需求较高的农忙季节，家庭劳动力也能够满足农业生产需求，如果采用机械采收只会增加生产成本。

（5）政府的支持、推动决定农业机械化进程。自治区许多植棉区域内几乎没有机采棉交售地，这意味着棉农的机采棉出售困难。棉花经纪人在收购棉花时因为没有机采棉交售地，轧花厂没有机采棉加工生产线而只收购手采棉。政府在支持、推动农业机械化进程中扮演重要角色，政府主导建立机采棉生产加工轧花厂对促进当地转变农业生产方式、采用机采棉种植模式有极大推进作用。

4.2 兵团棉农全程机械化生产模式选择显著影响因素

（1）植棉农户劳动力年龄导致机械化生产模式选择差异。据模型结果二可知，户主年龄与是否采用机械化生产呈负相关性，户主年龄越小，越易于接受机械化生产。农业劳动是辛苦乏味的，年龄较小的农户具有一定的劳苦规避性，对于劳动力强度大、历时长的传统耕作方式有抵触心理，反而是劳动力效率高的机械化生产模式更能获得越来越年轻的农业劳动者青睐。

（2）种植面积、亩均成本迫使农户采用机械化生产，单产提高也是农户选择机械化生产的推动因素。在兵团，单位农户的植棉面积大，且棉花种植分布集中，加上劳动力成本的不断高涨，机械化生产具有绝对优势，比较经济效益显著。棉花生产尤其是采摘的劳动力需求规模非常大，在每年的棉花采摘季节会出现百万拾花大军涌入新疆主产棉区，2013 年手采棉已达到 2 元/公斤，大大挤占了棉农利润。此外，兵团通过膜下滴灌技术已将籽棉亩均单产提高至 400 公斤，加上棉农植棉面积大，手采成本高，棉农为了维护自身收益，比较机采、手采效益后便纷纷选择机械化生产模式。

（3）国家补贴政策促进兵团发展机械化。对处于市场中的各主体来讲，机械化生产的关键是经济收益，大型机械的投入非常大：一台采棉机需要 150~200 万元，而国家仅补贴 20 万元，补贴比重偏低。在兵团实证分析结果中，指标"是否知农机具补贴政策"通过了显著性检验，了解农机具补贴的棉农更愿意机械化生产、收获，但是调研过程中了解到，棉农普遍认为补贴力度有待加大，只有这样才能促进兵团农业生产机械化的进一步加深。

5 结论与对策建议

5.1 推广"家庭农场"，实现规模化经营，促进机械化发展

南疆主要植棉区多为少数民族聚居地区，传统种植观念较强，基本农地制度在地权稳定方面给农民带来的回报达到预期水平，农地流转不易，阻碍了先进生产技术的运用，农业生产机械化实施困难重重。农地制度的变迁和农业经济组织形式的不断演变，促成了家庭农场的产生。2013 年中央一号文件首次提出，"鼓励和支持承包土地向专业大户、家庭农场、农民合作社流转"。发达国家经过多年实践，证明"家庭农场"是成功的农业经营模式。所以要积极促进农村土地合理流转，推广"家庭农场"农业经营组织模式，从而有效推动机械化。

5.2 技术进步，完善农业机械化生产配套技术

随着中国人口红利逐渐消失，机械替代人力已成为生产的必然趋势，新疆棉花种植规模大、种植区域较为集中，是大力发展机械化的优势之地。虽然新疆兵团由于其管理体制的优势，机采面积已达到种植面积的40%~50%，但棉花机采与手采相比含杂质、水分较高；喷洒脱叶剂造成顶部棉铃成熟度不够，减产约7%；机采棉各环节加工工艺不相适应，严重影响机械化生产收获的认可程度；相较之前的"品级"，目前实施的棉花质量检验新标准"颜色级"是从感官检验

过渡到仪器检验，更有利于肯定机采棉的内在品质，这将促进棉农机械化生产的积极性。所以通过技术进步努力完善机采棉配套技术，培育适合机采棉种，政府加强金融扶持政策创新，改造、更新农业生产设备，只有农业科技不断发展，才能实现更大范围的农业生产机械化。

5.3 转移农村剩余劳动力，积极推动农业生产机械化

目前，新疆，尤其是南疆少数民族地区应把解决农民劳动力非农就业作为核心的经济政策目标。农业劳动力非农就业是依靠经济利益自发引导的，在主导产业选择上，应将增加就业增长率作为首要衡量指标。南疆各地州政府应鼓励劳动密集型产业，如纺织工业，服装制造业等产业发展，同时强化技术进步对创造新的就业机会的作用。努力为民营经济吸纳农民劳动力以实现非农就业创造宽松的外部环境，增加棉农的非农业收入。

（王力　王洁菲）

植棉农户实施农业标准化行为分析

——基于新疆生产建设兵团植棉区 270 份问卷调查

1 研究背景

2010 年中央一号文件《中共中央国务院关于加大统筹城乡发展力度进一步夯实农业农村发展基础的若干意见》指出，将把发展现代农业作为转变经济发展方式的重大任务，支持垦区率先发展现代化大农业，建设大型农产品基地。我国 2013 年中央一号文件指出，按照规模化、专业化、标准化发展要求，引导农户采用先进适用技术和现代生产要素，加快转变农业生产经营方式，努力提高农户集约经营水平。2014 年中央一号文件继续强调农业标准化的重要性，通过实施农业标准化，发展资源节约型、环境友好型农业生产体系，对转变农业经济增长方式、提高农产品质量安全和竞争力、促进农民增收和农业经济全面发展有着非常重要的作用，是推动传统农业向现代农业转变的最佳选择。实施农业标准化生产不仅可以促进技术效率、提高生产效率，还能促进农产品国际贸易，攻克贸易技术壁垒，进而提高农民收入。新疆生产建设兵团（以下简称兵团）农业经过发展，成为兵团的基础和优势产业，尤其是农业经济效益指标在全国处于领先行列，但离实现农业现代化还有差距。目前，资源供给、生态环境约束、团场体制机制制约、农业成本增加等影响因素严重制约兵团实现农业现代化，而农业标准化可以有效缓解资源环境因素、降低农业生产成本、提高农业经济效益，进而加快农业现代化进程。

20 世纪 70 年代以来，我国一直实行家庭联产承包责任制，个体农户是我国农业生产的主体，也是农业经营的基本单位，具有一般理论与生产者行为：生产者是追求利润最大化的经济人。林毅夫（1991）提出，农户是否采用新技术，主要是看学习新技术的成本和采用新技术的预期收益；舒尔茨提出"理性的农户"

在面临选择时，会选择效用最大化的方案。陈昌洪（2013）通过实证分析提出年人均收入、参加标准化技术培训、售卖价格保证、政府是否支持对农户采用标准化生产有明显影响。王芳（2007）等提出，销售难度对农户是否采用标准化生产的影响较大。黄文华、林燕金（2008）提出，农民素质的高低直接影响着农业标准化的推广和实施，是现代农业建设中关键因素之一。本文以兵团棉农为研究对象，通过对棉农实施标准化生产行为实证分析，为推动棉花标准化的发展提出政策建议。

新疆生产建设兵团是我国重要的棉产区，占全国10.27%的种植面积，产出全国棉花19.29%的产量，兵团棉花的亩产、销售量、管理水平均处于全国领先地位，并且实现了规模化种植。但是，近年来棉花质量有所下降，棉花一致性不高、异纤含量增多，如果继续发展下去将危及整个兵团棉花品牌和声誉。兵团棉花产业面临着严峻的问题：

（1）棉花生产成本不断上升，由于农药、种子、肥料等生产资料价格上涨，劳动力成本大幅上升，使得棉花成本不断上升，价格却没有上涨（见图1）。

（2）棉花品质不高，兵团棉花品种繁多。据调查，2013年兵团种植棉花品种有130多个，由于不同品种的棉花内在纤维品质有很大差别，而有些棉农在选择棉种时，追求单产高、色泽好、衣分高的棉种，并不注重棉花的内在品质，忽视了马克隆值、含杂率、回潮率、断裂比强度等影响棉花品级的指标。

（3）机采棉品质低下，由于机采棉品种、脱叶剂、机采棉等相应配套技术不完善，导致兵团机采品质不高。据统计，这些问题严重制约棉花产业的发展，使棉花产业效益下降，农户增收难度加大。兵团应该把棉花真正当成一种商品，既要注重数量也要重视内在品质，把兵团棉花做成行业标准。因此，大力实施棉花标准化生产，统一棉花种植品种，降低棉花生产成本，提高棉花品质进而提高棉花收益成为兵团棉花产业发展的必由之路。

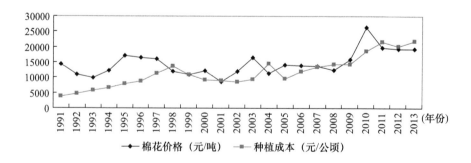

图1　1991~2013年棉花价格和种植成本波动

资料来源：《中国棉花年鉴》。

本文从棉花生产环节出发，以兵团棉农为研究对象，通过对棉农实施标准化生产行为实证分析，为推动兵团棉花标准化的发展提出政策建议。

2　农户实施农业标准化生产的理论分析

　　农民是天生的经济学家，是追求利润最大化的经济人，那么农户是否愿意实施标准化生产的主要原因是标准化产品能否增加收益。理论上，实施农业标准化，通过统一规范农户农业生产的整个过程，最终实现产品优质优价，增加收益。而标准化农产品的收益主要取决于农户自身的内在因素和外部环境因素。其中，自身内在因素主要包括户主年龄、性别、文化水平、种植收入、耕地面积、机采面积、种植品种数量、参与标准化培训的次数及对标准化的认知，外部环境因素主要有政府是否支持、标准化产品的价格、标准化产品的成本。

　　标准化生产来自外部因素的影响，主要有标准化成本、标准化产品的价格、政府支持等因素。实施标准化生产的内在动机来自农户收入水平、户主文化程度、种植面积、机采面积、对标准化的认知、参与培训的次数。本文将影响农户标准化生产行为的因素概括为内部因素和外部因素两类，如表1所示。

表1　影响农户标准化行为的因素

影响因素		具体表现	影响
标准化生产动机	外部因素	标准化生产环境	政府支持变量	+
		标准化农产品价格	比非标准化产品价格高	+
		标准化农产品成本	比非标准化产品成本低	−
	内部因素	农户基本特征	收入、户主文化程度、种植面积、品种等	+
		标准化生产意识	对标准化生产的认知	+
		标准化生产能力	标准化培训次数	+
		种植面积、机采面积	农户耕地面积及使用机械采收面积	+

　　根据分析，本文提出以下假设：

　　第一，农户特征主要包括户主文化程度和种植收入水平，一般来说，收入水平和户主文化程度越高的农户，抵御标准化生产带来风险的能力越强，对生产的规范性要求越高。由此提出假说：户主文化程度和种植收入越高，越倾向于标准化生产。

第二，种植面积和机采面积越大的农户，越容易形成规模收益、降低标准化成本，从而农户参与标准化生产的概率就越大。由此提出假说：种植面积和机采面积越大，农户越倾向于标准化生产。

第三，农户所在团场种植品种的统一程度指农户所在团场种植棉花品种数量。农户所在团场品种越统一，棉花一致性越高、异性纤维含量越低，进而品质越好、品级越高，农户越愿意参与标准化生产。由此提出假说：农户所在地棉花种植品种越少，农户参与标准化生产的程度越高。

第四，农业标准化生产能力是指农户标准化培训的次数。农户参与标准化培训次数越多，标准化生产能力越高、生产意识越强，越容易满足农产品品质的要求。由此提出假说：农户标准化培训次数越多，越倾向于参与标准化生产。

第五，标准化农产品效益指标准化农产品收益高于非标准化产品。由于从长期看标准化农产品经济效益高于非标准化农产品，农民都是天生的经济学家，是理性的生产者，农户会选择标准化生产以获得更多的收益。由此提出假说：标准化生产的农产品经济效益越大，成本越低，农户越倾向于参与标准化生产。

第六，标准化生产环境指制约或促使农户参与标准化生产的外在影响因素，如政府支持因素，政府是否支持对农户参与标准化生产有很大的影响力，成为不可忽视的因素。由此提出假说：政府支持因素对农户参加标准化生产有较大的促进作用。

3 农户实施农业标准化生产行为的实证模型、数据来源

3.1 模型选择及研究方法

Logistic 回归为概率型非线性回归模型，是研究分类观察结果（y）与一些影响因素（x）之间关系的一种多变量分析方法。Logistic 概率函数模型为：

$$P(y=1 \mid x) = \frac{e^{a+bx}}{1+e^{a+bx}}$$

其中，P 为农户采用标准的概率，x 为影响农户采用标准生产行为的因素，a，b 分别为各个因素所对应的参数。模型中的变量选取及统计数据如表 2 所示。

表2　模型变量的含义、取值范围

变量名称	取值范围	变量含义
因变量（Y）		
农户是否采用标准化生产	0～1	否＝0；是＝1
自变量（X）		
户主年龄（X_1）	1～5	30岁以下＝1；31～40岁＝2；41～50岁＝3；51～60岁＝4；60岁以上＝5
户主性别（X_2）	1～2	男＝1；女＝2
文化程度（X_3）	1～4	小学及以下＝1；初中＝2；高中＝3；大专及以上＝4
种植收入（X_4）	1～6	10万元以下＝1；10～15万元＝2；15～20万元＝3；20～25万元＝4；25～30万元＝5；30万元以上＝6
耕地面积（X_5）	1～5	50亩以下＝1；50～100亩＝2；100～150亩＝3；150亩～200亩＝4；200亩以上＝5
机采面积（X_6）	1～5	50亩以下＝1；50～100亩＝2；100～150亩＝3；150亩～200亩＝4；200亩以上＝5
所在团场种植品种数量（X_7）	1～5	1～2种＝1；3～4种＝2；5～6种＝3；7～8种＝4；9种以上＝5
参加标准化培训次数（X_8）	1～5	未参加＝1；偶尔参加＝2，经常参加＝3，多次参加＝4；频繁参加＝5
对标准化生产的认知（X_9）	1～4	没听说过＝1；有印象＝2；听说过＝3；经常听说＝4；
政府支持变量（X_{10}）	0～1	无支持＝0；支持＝1
与非标准化产品相比		
售卖时价格（X_{11}）	1～3	降低＝1；不变＝2；提高＝3
生产成本（X_{12}）	1～3	降低＝1；不变＝2；提高＝3

假设农户选择标准化生产用Y表示，Y取决于X_i（影响农户实施标准化生产的各种因素）。结果只有两种：分别用Y＝0和Y＝1表示农户不采用和采用标准化生产，是非连续性的，并且这属于分类结果（Y）与多种影响因素（X_i）之间的关系，可以用Logistic回归模型分析此问题。

3.2　数据来源

棉花是兵团重要的农产品，根据新疆兵团棉花种植的特点，主要调查兵团棉花主产区的第八师、第七师和第一师，其中第一师2011年总产量为310733吨，2012年总产量为312541吨；第七师2011年总产量为114396吨，2012年总产量为 147684；第八师 2011 年总产量为 352455 吨，2012 年总产量为 390188 吨；而兵团 2011 年和 2012 年总产量分别为 1293053 吨和 1417738 吨。2011 年和 2012 年，一师、七师、八师棉花种植面积和总产量分别占全兵团的 60.14% 和 59.98%（出处：2013 年新疆生产建设兵团领导干部手册），占全兵团总产量的一半以上，即受调查样本具有高度的典型性。每个团场随机抽取 20 名农户进行调查，调查问卷共发放 300 份，剔除未收回及不合格问卷，有效率为 90%。

4 模型结果分析

用 SPSS19.0 统计软件对 270 个样本数据进行二元 Logistic 回归分析，在处理中，先对选定的 12 个变量进行多重共线性检验，发现所选择的 12 个变量方差膨胀因子均小于 10，即各个变量之间不存在显著多重共线性，然后采取逐步剔除，得出以下结果（见表 3）。其中数据选择变量的标准水平是 $\alpha = 0.05$，剔除变量的标准水平是 $\alpha = 0.1$，模型预测采用农业标准化生产的正确率为 91.1%，-2 对数似然值为 110.611，说明回归方差的拟合度好，卡方检验值为 139.024，$P = 0.00$，小于 0.05，说明模型至少有一个变量系数不是 0，有统计意义。Hosmer Lemeshow 为 0.645，大于 0.05，说明模型数据的拟合度较好，实际值与预测值之间没有显著差异。通过检验得出：种植面积、种植品种数量、参加培训的次数及标准化产品价格 4 项指标对棉农实施标准化生产均有显著影响。

表 3　农户标准化行为的 Logistic 模型估计结果

解释变量	B	S.E.	Wals	df	Sig.	Exp（B）
常量	−2.470	1.989	1.543	1	0.000	0.085
X_5	0.931	0.413	5.086	1	0.024 **	2.538
X_7	−1.280	0.218	34.367	1	0.000 ***	0.278
X_8	0.793	0.326	5.922	1	0.015 ***	2.209
X_{11}	1.111	0.531	4.370	1	0.037 **	3.036
模型整体检验 整体预测准确概率：91.1% −2 对数似然值：110.611			卡方检验值：139.024 Nagelkerke R2：0.667 Hosmer 和 Lemeshow 检验：0.645			

注：* 表示在 10% 的水平上统计显著，** 表示在 5% 的水平上统计显著，*** 表示在 1% 的水平下显著。

第一，种植面积水平对农户是否采用标准化影响较大。从模型结果看，在1%的显著水平下，回归系数为正，OR 值为 2.538，农户种植面积每改变一个单位，农户选择标准化生产行为的可能将增加 2.538。农户种植面积越大，越容易形成规模效应，降低标准化成本，农户参与标准化生产的概率越大。

第二，农户所在地种植棉花品种数量对农户实施标准化生产有很大影响，显著性最强。原因在于棉花栽培品种是棉花生产的基础，品种的数量直接影响棉花品质的统一度及标准化程度，品种质量的好坏直接影响棉花产量的高低和纤维品质的优劣，进而影响棉花的品质。通过限制棉花品种，可以有效解决棉花品种多、乱、杂等问题，促进棉花标准化生产。

第三，参加标准化培训的次数对实施农业标准化生产有很大影响。从表3中可以看出，在其他条件不变的情况下，农户对标准化的认知改变一个单位，其采用标准化生产的概率将增加 2.209 倍。对标准化的认知及标准化培训可以提高农民对标准化的认知，转变人们的思想观念。通过技术培训提高农户标准化技能，增加实施标准化的概率。

第四，标准化农产品售价对采用标准化生产有明显影响。计量结果表明，标准化产品每改变一个单位，则标准化生产优势将增加 3.036 倍。农民是经济人，农产品需求价格弹性较低，只有提高农户收益才能提高农户采用标准化生产的积极性。采用标准化生产可以提高产品的品质，进而提高价格，农户越愿意采用标准化生产方式。

第五，户主年龄、户主性别、种植收入、机采面积、标准化产品的生产成本对农户标准化行为影响不大。因为兵团职工年龄大都分布在 40～60 岁，户主大都是男性，对标准生产的影响较小。兵团属于政企合一，棉花从种植到栽培再到采摘，相对地方有较高的标准，但是目前棉花生产补贴水平较低，国家政策支持力度不够，使得政府支持因素对农户实施标准化生产的影响不显著。当前棉花生产资料价格上涨，现有技术在降低标准化生产成本方面有效果，使得标准化产品成本变量不显著。尽管兵团有部分农户实施标准化生产，但目前农业标准化生产组织管理不规范，生产各环节标准不一致，标准化体系没有建立，未能解决好农户抵御风险、增加收入等问题。

5　政策建议

5.1　完善土地流转制度，促进兵团农业标准化生产

种植面积对农户参与标准化生产有显著影响，种植面积较小的农户按标准生

产的固定成本投入比较大，从而降低了农户参与标准化生产的积极性。只有适度扩大生产规模才能有效地实现经济效益，规模化生产是保证农产品标准化的最佳途径。

5.2 大力推广棉花机械采收

随着我国人力成本的提升及农业现代化的要求，机械生产替代人力生产已成为必然趋势，农业机械化是农业标准化和现代化的必然要求。为了解决棉花成本问题，应该大力发展机采棉。加大机采棉品种研究，认真执行农业部门在机采棉打药、脱叶、采收、烘干等环节制定的有效管理制度，并落实机采补贴制度，加大机采棉品种研发经费投入，提高兵团棉花机械采收率及机械采收质量，降低棉花生产成本。

5.3 探索棉花种植体制，推广棉花公司化经营

目前，我国棉花栽培模式面临着成本高、品质差、竞争力小等问题，难以承担农业现代化的要求，而美国的公司化经营模式可以很好地解决此类问题。棉花公司化经营指把棉花生产纳入企业范畴，转向公司经营方式，提高标准化程度，向规模化、集约化、专业化转变。棉花公司化经营可以很好地解决棉花品种多乱杂、棉花品质参差不齐等现状，从而有效促进棉花标准化生产，推进棉花生产现代化。

5.4 加大培训力度，积极引导农民参与标准化生产

加强农业标准化培训工作，降低农户学习成本，政府应该增加兵团农业标准化的财政投入和政策支持，可以免费对农民进行标准化技术和标准化知识的培训，加大对农户的指导和标准化补贴等，以培养农户参与培训的积极性。通过培训可以将信息有效地传递给农户，帮助农户获得必要的知识、技术和观念，使他们接受新知识、新信息、新技术、新设备，从而具有经营管理知识和能力，提高标准化生产意识。棉花标准化除了规定的格式外，还有很多专业术语，例如马克隆值、衣分率、断裂比强度、轧工质量、异性纤维含量等，农民很难理解其中的含义，更不知道怎么按这些要求去做，农业技术人员在培训时可以将这些术语简单化、通俗化地讲授给农民，帮助农民更好地达到标准化生产。因此，政府必须加大培训以将信息有效地传递给农户，让农户更深地了解标准，按新标准生产。

我国棉花品级检验方法随着棉花新标准的出台即将成为历史，棉花标准改革的核心内容是将品级改为颜色级；取消了品级，增加了颜色级、轧工质量指标及检验方法；老标准质量评价体系指出：棉花质量 ≈ 品级（品级涵盖了色泽特征、

轧工质量、成熟度等指标），新标准质量评价体系指出：棉花质量 = 颜色级 + 马克隆值 + 断裂比强度 + 轧工质量等物理指标。新标准实现了"质"的飞跃，对棉花质量要求细致化，有利于提高棉花品质，促进棉花标准化生产。农业技术人员在培训时将新标准传授给农户，帮助农户更好地了解新标准，按标准生产。

5.5　统一棉花栽培品种，转变农户种植理念

目前，农户在种植棉花时多关注产量和衣分，在一定程度上忽视了棉花的内在质量，尤其是机采棉长度偏短，大多集中在 27 ~ 29mm。政府应该建立一套完备的棉花品种培育、优选机制，提升育种技术，并筛选出优质高产的品种，同时实行统一品种，实现区域化种植，规定一个团只有 1 个主栽品种。在不同的地区实行棉花品种登记制度，提高新品种引进门槛，未经权威部门认证，不得随意推广，改变棉花品种多、乱、杂的局面。对各个团场实行统一供种、区域化种植，保持品种纯度，提高棉花品质。这不仅可以保障棉纤维品质的一致性，利于棉纺产业发展，还可以切实改变目前棉花品种繁杂、品质参差不齐的局面。

5.6　加大标准化生产补贴政策，完善生产环节的财政补贴

我国棉农的补贴远远小于国外发达地区，政府应加大棉花补贴政策，出台棉花种植直补政策。不仅在种子而且在农药、肥料、滴灌等生产环节直补，降低棉花标准化成本，不断提高棉花标准化规模，进而提高棉花品质，促进农户增收。2015 年已出台新的棉花补贴政策，政府可以对棉种进行直接补贴，筛选出适合各地区生长的品种，统一免费供种，这样不仅实现了补贴政策，促进了农民种植积极性，也限制了棉种的多样性，促进了标准化的实施。

（王力　毛慧）

2014～2015 年棉花市场观察①

本文从三个方面介绍棉花的宏观环境和在宏观经济环境下，棉花及其下游纺织业的发展态势，来看棉花市场会呈现什么样的趋势。我们首先关注国际货币基金组织发布的一个报告，下调了我们的经济增长，全球下调了 0.4 个百分点，而中国下调了 0.3 个百分点。我们再看 WTO 在 9 月底发布的　个预期，2014 年全球贸易增长大概在 3.1%，比 4 月下降了 1.6 个百分点，2013 年的增长速度是 2.1%，2013 年的预期较为乐观，现在显现的结果不像预期的那么乐观，这是第一个层面。从国际背景下看中国的情况可能更具体，从各种媒体都能看到这些数据，CPI、PPI 等都在下降。目前实体经济特别是小型企业融资困难，呼声是比较高的，包括我们纺织企业普遍反映资金紧张，甚至有些银行在企业还完贷款之后就不再贷款给企业了。据报道，央行对货币投放又有所增加。资金是这么多年来困扰中国实体企业很重要的一个因素，如果资金问题能够很好地解决，流向能够赚钱的企业。7 月以来，美元指数在大幅上涨。原油价格暴跌，原油价格由 100 美元跳水到了 80 美元，相关产品价格都在下降，所以我们的棉籽价格、棉油及相关产品价格也可能受到一些抑制。这些对我们棉花及其相关产品的价格都会带来一些抑制、冷却的作用。现在国际环境及国内经济格局呈下滑趋势，让人比较揪心。我们看看与棉花比较接近的下游纺织企业的态势怎样作为棉花消费大国，主要竞争力在亚洲。中国在美国的市场占比为 1%，比 2012 年度下降 1 个百分点，在欧盟是 40%，比 2012 年度下降 2 个百分点，在日本为 72%，比 2012 年下降了 3 个百分点左右，越南比中国低了很多，它只有 10% 的比率，与 2012 年相比扩大了 1 个百分点，欧盟也是这样，在日本扩大得更多一点，印度的 4% 相对比较稳定，巴基斯坦在欧盟市场上是扩大了，孟加拉在欧盟市场上，其占比是比较大的。从我国棉花监督市场及棉花中心跟踪情况来看，棉花下游企业有所期待。先看 9 月的数据，从纺织企业来看，处于一个增长的态势，是比较好的一个

---

① 本文为冯梦晓总经济师在"石沙子大学棉花研究中心论证"上的讲话，根据录音整理。由于未拷贝相关图片资料，因此未能在本文中附上相关的图片内容。

数据。从纺纱和织布企业来看，我们每月 5 日都会出台一个报告，统计具有代表性的纺织企业的棉花库存、纱的库存和布的库存。从这些数据来看，接受调查的纺织企业的纱布产销率有所回升，库存有所下降，截至 10 月 9 号，企业纱的产销率是 98.8%，同比提高了 2.9 个百分点，近三年的平均水平提高了 0.1 个百分点，棉纱的库存是 22 天，同比减少了 0.8 天，近三年的平均水平增加了 2.3 天。当棉花价格不稳，而且是持续下滑超过一个月，或更长时间下滑时，纺织企业是不会随便采购棉花的，因此大家聚焦在棉价不稳这样一个状况下。在棉价下滑的状况下，纺织企业都在收缩产能，棉价不稳，纱价也不稳，因此从 4 月到目前这几个月，纺织企业的运行是非常紧的，为了减少亏损，就会控制采购，控制生产，这是它的原则。现在有些纺纱企业反映前段时间亏损，现在开始盈利了。这是我们棉花下游的纺织企业的一个亮点。

我们再来看棉花的趋势有怎样的特点：我们用库存消费比这一全球数据来表示。这个数据笔者用的是美国农业部的数据，有点像"U"形，我们可以看出 2008 年、2009 年、2010 年是在一条比较顺畅的曲线上，到了 2010 年以后，又是一条向上延展的曲线，2008 年金融危机爆发，可以说是个分水岭，棉花市场分成两个阶段，在市场引领下棉花的生产与消费及行情的运行。曲线整体是往下走的，也就是说，生产与消费相比，消费更胜一筹。在市场起作用的时候，消费其实是很旺盛的。这几年我们的产量并不低。我们通过长期观察发现，市场的环境适合企业持续旺盛的发展。金融危机爆发以后，不仅中国出台临时收储，印度等其他国家也相继出台农业、棉花等方面的收购。库存消费比向上扬，说明在这样的背景下，我们的政策是抑制消费扩大产量的。产量和消费的通道和市场的影响力是不一致的：当消费减少时，产量应微缩，但我们的产量都是大于需求的，库存就更不用说了。在这样一个政策背景下，对消费的抑制、对产量的错误判断，在种植棉花方面，怎样让资源有一个很好的配比。中共十八届三中全会提出了回归市场，让市场在资源配置中起决定性作用，同时更好地发挥政府的作用。我觉得应该建立一个相对完善的、相对合理的市场体系。在中国这个政策环境背景下，包括目标价格的出台，包括我们现在正在实施的一些微观政策，都是在秉承这样的宗旨下往下运行的。从 2008 年 8 月左右开始，这几年的行情走势，前面有几个小高峰，然后逐步往下滑。2010 年以后，就开始往上攀升，2011 年 8 月左右，出台了临时收储政策，逐步稳定了全国棉花期货和现货的价格，临时收储政策取消，目标价格出台后，我们认为这又是一个探底的过程。经分析，印度现在所遇到的情况与我们前几年类似，实行的最低价格保护是棉花最高价格，我们怀疑印度政府能不能把这些棉花收走，大概有 600 万吨，它自己的消费也就是 500 万吨左右，怎样执行政策，执行到什么程度，印度的政策对中国起到很大的作用，巴基斯坦现在的政策面临的最大困难是，找不到愿意收购棉花的企业。

目标价格政策其实只保护了棉农，不管现实情况怎样，亏损了我们就给你补贴。有了外在补贴，即便外在价格下跌，也不影响你的种植面积。因此，在保护棉农充分利用、稳定棉花的种植面积方面起到很好的作用。它是市场以外的东西，但是从整体来看，它其实可以构成我们棉花整体运行的一个基础，它的作用点在棉花生产者，棉花生产者上游是收购加工企业，再上游是皮棉的贸易商纺织企业。也就是说，上面的压力最终传导到生产者，生产者有压力的时候，最后传导到目标价格政策，如果看成一个整体，它就是一个基石。在整个消费中，如果供大于求，我们的市场是有压力的，这个压力最终传导给了棉花政策，在不同的政策、市场背景下，它产生的力量是不一样的。当前来看，潜在的供给是比较充裕的，当然这个潜在的供给是指国家有相当大的库存棉。我国还是很好的，国际产量还不错，也就是这样的力量给我们的政策产生压力。在潜在供给压力的情况下，我们的政策在前期起到一个中流砥柱的作用。我们依然延续了前几年的情况：收购加工企业众多，内地很多企业到新疆收购，许多纺织企业也比较着急，因为他们的库存是比较低的。在一定程度上化解了这种传导力量，如果不是这种力量，我们收购加工企业像一盘棋，如果大家拧成一条绳，就会形成一个政策的风险敞口。

我国棉花关税配额89.4万吨，中国以外国际棉花供给较为充裕，期末库存消费比将接近或超过60%。若其他国家收储与中国可能的进口量，中国以外库存消费比或近57.8%。从历史数据看，后期外棉压力仍然较大，极端行情不排除向55美分/磅靠近的可能。后期可能还存在一个空间，国棉主要面临三种压力，一是外棉特别是美棉以全关税进入中国，以及强大的棉花法案。二是印度、巴基斯坦等棉花生产规模较大、价格较低且具有一定规模纺织产能的东南亚国家的低价棉纱。三是非棉特别是涤短价格或许仍有一定下行空间。目前，内地棉花逐步开始购销，纺织企业纷纷入疆购棉。假设2014年末，国内自由贸易市场工商库存或近110～140万吨，库存消费比则为14%～18%，理论上，年度棉花潜在市场价格或近13000～14000元/吨。皆大欢喜的是全年度前低后高、慢牛行情走势，上述多空力量博弈才是谱写出2014年棉花历史的真实动力。

（冯梦晓　中国储备棉总公司信息中心　总经济师）

Cotlook 全球棉花价格分析^①

英国 Cotlook 有限公司隶属于展望集团，还有个分支是 Cotlook 咨询公司，在北京还有个合资公司，是 15 年前我们和棉花交易市场、中国棉花交易协会合办的——北京棉花展望公司，现在他们的很多产品我们都在用。我们公司的业务有 90 多年的历史，最早可以追溯到 1923 年，我们就开始对全球棉花价格进行监测，我们总部设在英国西北部毗邻我们棉花正财协会，Cotlook 还在孟菲斯、北京设有分部，我们致力于从最客观的角度来反映全球棉花的动态，我们主要关注的是经济政策用宏观调控及市场的供需情况、产量、进出口、消费，另外就是期货的分析，我们公司没有贸易部门，这就规避了利润带来的主观意见。我们的目标是让棉花市场成为一个更为有效的市场。简单地说，我们信息工作人员的日常工作方式，是每天通过各种途径联络贸易商、中间商、买商还有各种方面的情况，包括来源地价格、贸易商的报价表及对市场的一些看法。对中国市场，由北京办公司报告，其中包括了郑州商品交易所的期货报告，美国市场由孟菲斯办公司报告，包括纽约期货交易所的报告。还有其他地方的报告主要涉及印度、巴基斯坦、韩国等海外市场。Cotlook A 指数使用的是远东港 CNF 价格，即期信用证到港报价，港口包括中国、日本的主要港口。这个价格是卖方价格而不是最终的合同价格，所以世界上这些大的棉商都会给我们报价，我们采用的级别是 Middling 1 –3/32 等级。从明年开始，我们会提高这个等级，向我们提供报价的棉商数量在增加，会根据市场的情况，每天可能有所变动，我们的指数每天进行更新，价格最低的品种的算术平均价，最多只纳入两个非洲国家，因为我们知道非洲的报价是比较低的，不可能五个价格全都是非洲的价格。Cotlook A 指数存在双指数的体系，我们都知道，国际棉是从每年的 8 月 1 日开始，我们会在同年的上几月存在远期 A 指数用来反映下年装运期比较靠后的价格情况，这是一个平稳的衔接，但我们可以看到会出现一个断崖式的情况。我们 A 指数的运用非常广泛，我

---

① 本文为张思齐主管在"石沙子大学研究中心论坛"上的讲话，根据录音整理。

们说它是全球棉花价格的晴雨表，受到全世界棉商的重视，具有一定的权威性。现在我们经常强调"两种资源，两种市场"。作为一个外企公司，在分析中国市场时也非常重视这点。在一个竞争日益激烈的全球背景下，中国棉花在考虑棉花政策的同时还要注意全球棉花的形势，了解市场的供需情况和价格情况，在同时存在国内、国外两种市场的情况下，同时着眼于两个市场。我们致力于为大家提供市场指数作为信息，使市场更为有效。印度与中国差不多，在最近的预测里面，西非也占据一定的地位，澳大利亚减产比较厉害，大概一半，现在只有45万吨左右。还有，世界主要的出口国家和地区是美国、印度、澳大利亚、西非和巴西。

（张思齐　英国 Cotlook 棉花展望公司中国区　商务主管）

当前兵团第八师棉花购销形势分析①

2015 年石河子垦区生产皮棉达到 45 万吨以上，产量超过 2014 年。为了实现快收购、快加工、快销售、快回笼资金的任务，确保年底的兑现，我们广泛接触了客户，力争顺势销售。

1　棉花的购销

截至 2014 年 10 月 17 日，石河子整个垦区进厂的籽棉累计达 42.39 万吨，现在加工皮棉是 87240 吨，其中机采棉 6000 吨，手摘棉 30000 吨，完成入库的是 14659 吨，完成质检的是 10000 吨。2015 年是我们面对市场的第一年，收储使我们远离了客户与市场，所以棉花销售难度比较大。针对现状，我们采取了三管齐下的销售方式：

第一，广泛地联系老客户。

第二，棉花销售的关口前移，准备拿出 1/3 的棉花到内地销售，充分利用我们国家现有的电子商品交易平台进行竞拍活动，近期举行专场活动。

第三，为了贯彻新疆棉花目标价格改革的政策，我们举办了一次棉花购销的学习班，认真解读和学习了新疆棉花目标价格的文件，使我们广大棉农、轧花厂及团场的干部深入了解了新疆棉花目标价格改革试点的重要性。

---

① 本文为张思齐主管在"石沙子大学研究中心论坛"上的讲话，根据录音整理。

2 存在的问题

我们公司也存在一些问题，所以想借此会议向相关部门呼吁一下。

第一个问题，入库检验。目前石河子加工了8.7万多吨棉花，现在只入库了1.46万多吨，完成质检的一万吨，差距非常大。从现在来看，全疆搞棉花试点改革，目前八师石河子是最大加工点，将达到9万吨，而入库量却不到1.5万吨，严重影响了销售，特别是南疆棉区还没大量入库。棉花大量上市以后，这些问题会大量涌现出来。所以恳请领导，特别是国家相关领导帮助我们呼吁，加快入库检验速度。

第二个问题，2015年国家实行的是自然组批，自然组批就会存在一个分批计价的问题，2015年国家实行的是包包检验，按质论价，在结算方面是分批按级进行结算，这对我们也是个考验，所以我们的软件系统在所有的涉棉企业都可能存在问题，去年中储棉已经开始做这项工作。

第三个问题，完善网上预约系统，八师石河子作为全疆最大的自产自销企业，就要承担第八师棉花购销调存的主要业务，我们公司的地址就在石河子大学的隔壁，完善网上预约，现在我们一天的棉花加工量比地方民营企业一年的轧花量还要多。

3 兵团的政策

兵团为今后搭建、组建棉业集团，下发了四个文件，第一个是《兵团棉花购销管理办法》，第二个是《兵团棉花销售结算办法》，第三个是《兵团棉花价格形成机制》，第四个是《兵团棉花网上竞拍管理办法》。政策出台以后，对新疆棉花有了积极的促进作用。

（张界平　新疆西部银力棉业有限责任公司董事长）

新疆棉花品种种植发展状况

1 新疆棉花品种种植发展历程

20世纪90年代以前，新疆陆地棉品种基本是新疆自育品种和从苏联引进的C4880、A3088、C6524等少量品种。1994年以后，品种种源逐渐丰富，据统计，在新疆的26组区试中，参考品种210个，其中新疆区内自育品系147个，占参试品种的70%；内地引进品种63个，占参试品种的30%。1995年以来，新疆棉花品种迈上了很大的台阶，再加上栽培技术、化学调控等，新疆棉花单产不断提高，棉农收益也不断增加，新疆棉花品种的培育也得到了快速发展。

2000年以来，北疆棉区主要推广新陆早7号、8号、9号、12号和13号，这些都是20世纪90年代末审定推广的品种，品质优良、产量高，新陆早系列品种在北疆棉区推广面积已达80%以上。从区试角度来看，1994~2003年，北疆棉花区试参试品种87个，其中自育品系72个，占参试总量的82.7%；区外引进15个，占参试总量的17.3%。在72个自育品系中，兵团系统有60个。在南疆棉区区试中，区外引进品种48个，占参试品种的39.1%，其中中棉所系列品种17个。据统计，2003年中棉所35号、中棉所36号在南疆棉区（包括兵团）推广面积达70%以上，是早中熟棉区和部分早熟棉区的主栽品种。虽然区外引进品种的抗病性好，但由于来源的差异大，品种的早熟性、纤维品种特别是强力以及适应新疆特殊的生态条件还存在差异性，难以成为长期使用的主栽品种。

据新疆种子管理总站统计，2003年新疆地方主要棉花品种布局是：北疆棉区的新陆早7号推广面积为3.96万亩、新陆早8号为34.5万亩、新陆早13号为46.5万亩、新陆早6号为15.45万亩、新陆早4号为11.55万亩。南疆棉区的中棉所35号为268.5万亩、豫棉15优系为77.85万亩、新陆早8号为51.6万亩、中棉所 36 号为 47.25 万亩①。从区域布局来看：在昌吉州，新陆早 13 号、24 号、26 号和新陆早 33 号等品种面积较大；在沙玛两县，新陆早 26 号、28 号、33 号、36 号等品种的面积较大；在奎屯、乌苏地区，新陆早 31 号、26 号、24 号和新陆早 12 号等品种的面积较大。南疆地区由以前主栽中棉所 35 号转向中棉所 49 号、43 号和新陆中 22 号、26 号、32 号、35 号等中早熟品种共存的局面②。

从兵团棉花品种种植来看，北疆棉花主要种植品种稳定在 5 个左右，如 2008 年棉花主栽品种是新陆早 13 号、新陆早 26 号、新陆早 28 号、新陆早 31 号、新陆早 36 号；2009 年除 2008 年主推的前三个品种外，新增加了新陆早 33 号和新陆早 48 号，新陆早 31 号淡出。2010 年和 2011 年主推品种中新陆早 13 号淡出，新陆早 42 号大面积推广；2012 年，新陆早 26 号、新陆早 28 号淡出，新陆早 45 号得到大面积推广。2011 年北疆推广自育品种 7 个，面积为 270 万亩，占兵团北疆棉花面积的 64%，而南疆推广自育品种 2 个，面积为 90 万亩，仅占兵团南疆棉花面积的 25.7%。2012 年更加明显，北疆推广自育品种 6 个，品种较集中，面积达到 325.5 万亩，占兵团北疆棉花面积的 77%，而南疆推广自育品种 60 万亩，仅占兵团南疆棉花面积的 17%，中棉品种在南疆占据主导地位③。南疆推广的棉花品种除中棉所 41 号、中棉所 49 号外，其他品种很不稳定，多乱杂现象特别明显，且自育棉花品种的推广面积明显较小。棉花良种繁育在棉花生产中的地位较高。好的棉种对获得丰收的贡献很大，约占 30%。而好的棉种还必须有好的配套的栽培技术，也就是我们经常说的良种良法。

2 新疆地方棉花品种种植现状分析

目前，新疆棉花审定品种很多，但是优良性状突出的比较少，主导品种也不突出，单个品种推广面积比较小，品种的多乱杂局面难以改善。据自治区种子管理总站统计，2012～2014 年新疆地方分别种植了 34 个品种、38 个品种和 37 个品种，另外，还分别有 282.14 万亩、185.6 万亩和 342.7 万亩种植其他品种。2012 年、2013 年和 2014 年新疆地方种植面积最大的品种分别是中棉 41 号、新陆中 47 号和新陆中 47 号，种植面积分别达到 196.5 万亩、189.4 万亩和 208.84 万亩，虽然最大种植品种的种植面积呈上升趋势，但所占总植棉面积的比重却呈

---

① 赵建新，陈辉，赵淑琴. 新疆棉花品种区试十年回顾 [J]. 中国种业，2003 (10).
② 赵淑琴. 新疆棉花新品种利用现状与建议 [J]. 中国棉花，2008 (9).
③ 邓福军. 新疆棉花主栽品种及其良繁体系建设现状与建议 [J]. 新疆农垦科技，2013 (1).

现递减的趋势，2012 年、2013 年和 2014 年占比分别为 12.94%、12.14% 和 10.44%。三年来，种植面积最大的前三个品种所占比重分别为 30.45%、31.49% 和 25.75%，比重也呈减小的趋势（见表 1）。说明品种在数量上继续表现为多，在区域布局上继续表现为乱，在种植上继续表现为杂，这种多、乱、杂的状况没有得到明显改善。

从种植面积较大的前十个品种的种植面积来看，三年来，种植总面积分别为 910.63 万亩、926.31 万亩和 1072.18 万亩，所占总植棉面积的比重分别为 59.97%、59.37% 和 53.59%，呈下降趋势；从三年来所种十大品种的变化来看，2013 年所种面积最大的十个品种分别为新陆中 47 号、中棉 49 号、新陆早 41 号、新陆中 27 号、新陆早 45 号、新陆早 48 号、新陆中 36 号、新陆早 35 号、新陆早 50 号、新陆中 37 号，只有 6 个品种 2012 年的种植面积在前 10 位，2014 年所种面积最大的 10 个品种分别为新陆中 47 号、新陆早 41 号、中棉 49 号、新陆早 50 号、新陆中 37 号、新陆中 36 号、新陆早 48 号、新陆中 46 号、新陆中 51 号、新陆中 26 号，只有 7 个品种 2013 年的种植面积在前 10 位（见表 1）。可见，棉花品种种类繁多，尤其是对地方棉农而言，选种自主性较大，再加上棉花常年连种引发的棉花杂交、自交情况严重，新疆棉花品种更新换代速度较快，导致了"主导品种不突出"、"棉花同质性较高" 等问题。

表1 2012~2014 年新疆地方棉花品种种植面积及比重

2012 年			2013 年			2014 年		
品种	面积（万亩）	占比（%）	品种	面积（万亩）	占比（%）	品种	面积（万亩）	占比（%）
中棉 41 号	196.50	12.94	新陆中 47 号	189.40	12.14	新陆中 47 号	208.84	10.44
中棉 49 号	139.89	9.21	中棉 49 号	158.70	10.17	新陆早 41 号	162.70	8.13
新陆早 41 号	125.90	8.29	新陆早 41 号	143.20	9.18	中棉 49 号	143.59	7.18
中棉 43 号	99.70	6.57	新陆中 27 号	94.20	6.04	新陆早 50 号	126.80	6.34
新陆早 48 号	80.12	5.28	新陆早 45 号	72.00	4.61	新陆中 37 号	93.74	4.68
新陆中 36 号	67.18	4.42	新陆早 48 号	68.06	4.36	新陆中 36 号	92.13	4.60
新陆中 47 号	58.71	3.87	新陆中 36 号	59.70	3.83	新陆早 48 号	65.18	3.26
新陆早 26 号	53.60	3.53	新陆早 35 号	50.00	3.20	新陆中 46 号	64.00	3.20
新陆中 36 号	48.22	3.18	新陆早 50 号	46.10	2.95	新陆中 51 号	63.00	3.15
新陆中 28 号	40.81	2.69	新陆中 37 号	45.00	2.88	新陆中 26 号	52.20	2.61
新陆中 26 号	37.50	2.47	新陆中 46 号	37.80	2.42	新陆中 40 号	49.16	2.46
新陆早 42 号	36.92	2.43	新陆中 32 号	35.80	2.29	新陆中 59 号	47.00	2.35

续表

2012 年			2013 年			2014 年		
品种	面积 （万亩）	占比 （%）	品种	面积 （万亩）	占比 （%）	品种	面积 （万亩）	占比 （%）
新海 21 号	36.45	2.40	新陆早 54 号	30	1.92	新陆中 56 号	42.20	2.11
冀棉 958	35.64	2.35	新陆中 44 号	28.80	1.85	新陆早 45 号	38.62	1.93
07 – 12	30.00	1.98	新陆早 34 号	27.60	1.77	新海 21 号	35.50	1.77
精丰 169	30.00	1.98	中棉 43 号	24.50	1.57	新陆中 68 号	34.41	1.72
新陆中 46 号	17.80	1.17	新陆早 42 号	20.10	1.29	新陆中 64 号	29.90	1.49
岱字 – 80	15.46	1.02	新陆早 11 号	20.00	1.28	新陆中 27 号	29.78	1.49
新陆早 33 号	13.50	0.89	新陆早 29 号	20.00	1.28	新陆早 26 号	26.00	1.30
新陆早 39 号	13.00	0.86	新陆早 18 号	19.80	1.27	新陆早 33 号	25.98	1.30
新陆中 32 号	10.00	0.66	新陆中 42 号	19.50	1.25	新陆中 28 号	21.86	1.09
中棉 35 号	8.00	0.53	新海 21 号	18.50	1.19	新陆中 54 号	20.00	1.00
新陆早 18 号	7.00	0.46	新陆早 30 号	18.00	1.15	新陆中 63 号	20.00	1.00
新陆中 37 号	6.70	0.44	新陆中 28 号	17.30	1.11	新陆中 42 号	16.50	0.82
新陆中 23 号	5.00	0.33	新陆早 26 号	16.00	1.03	岱字 – 80	15.12	0.76
新陆早 21 号	4.31	0.28	新陆早 33 号	15.66	1.00	新陆早 49 号	15.00	0.75
新海 34 号	3.50	0.23	岱字 – 80	15.12	0.97	新陆早 54 号	15.00	0.75
新陆中 27 号	3.20	0.21	新陆早 39 号	11.94	0.77	新海 24 号	15.00	0.75
中棉 42 号	3.00	0.20	新陆中 26 号	11.00	0.71	新陆早 11 号	14.00	0.70
新陆中 30 号	3.00	0.20	新陆早 49 号	8.00	0.51	新陆中 32 号	11.60	0.58
新陆中 21 号	2.50	0.16	中棉 41 号	7.00	0.45	新陆早 57 号	10.80	0.54
冀丰 107	1.30	0.09	新陆早 47 号	5.00	0.32	新海 31 号	10.15	0.51
新陆中 35 号	1.20	0.08	新陆早 52 号	5.00	0.32	新陆早 17 号	9.05	0.45
新陆中 49 号	0.60	0.04	新陆早 36 号	4.40	0.28	新陆早 56 号	8.54	0.43
其他	282.14	18.58	新陆早 51 号	4.00	0.26	新陆早 27 号	8.51	0.43
			新陆中 22 号	3.00	0.19	新陆早 31 号	8.30	0.41
			新陆早 21 号	2.80	0.18	新陆早 30 号	8.00	0.40
			新陆早 17 号	1.68	0.11	其他	342.70	17.13
			其他	185.60	11.90			
合计	1518.40	100.00	合计	1560.00	100.00	合计	2000.90	100.00

3 新疆兵团棉花品种种植现状分析

　　近年来，兵团棉花品种种植情况好于新疆其他地方，但由于以前认识不到位，管理混乱，没有经过试验、示范和推广的良种培育程序，就盲目追求新品种、新品系，造成种子市场不规范，良种良法不配套，直接导致了兵团棉花品种的多、乱、杂。针对这种情况，2009 年兵团明确要求：切实加强对棉花品种的管理，科学、合理确定主栽品种；必须严格以师为单位确定主栽品种，统一供种，各师要按照生态区域确定主栽品种，保证较高的种子质量；各种子管理部门要严把种子质量关，加强种子管理；棉花面积较大的师主栽品种为 3~5 个，面积较小的师主栽品种为 2~3 个，各师主栽品种面积比例要在 60% 以上；团场主栽品种一主一副，主栽品种面积比例要在 80% 以上。

　　兵团以师为单位实施统一供种，各师在充分考虑团场的土壤条件、气候特征、光热资源、地理位置等综合因素的基础上，由师里为植棉户统一提供种子。品种的推广必须坚持先由师农科所进行品种比较试验、各团场大田生产示范和农业局组织考察论证后，再由师种业公司统一供种，方可大面积推广；鼓励各团场小面积引进、筛选、示范种植新品种，凡经师农科所试验、农业局论证后认为有大面积推广价值的，可纳入师品种布局，由种业公司统一供种。兵团要求各团场不得自行引种，未经上级同意自行引种的，一经发现，要严肃处理；为了规范主栽品种，兵团要求国家良种补贴项目要重点补贴确定的主栽品种，对没有列入兵团棉花良种目录的品种不得进行补贴。

　　经过几年的治理，兵团品种多、乱、杂问题得到了有效遏制，据兵团种子管理站统计，2013 年和 2014 年新疆兵团分别种植了 32 个和 33 个品种，另外，还分别有 12.4 万亩和 12.78 万亩种植其他品种。2013 年和 2014 年兵团种植面积最大的品种均为新陆早 45 号，种植面积分别达到 131.26 万亩和 162.72 万亩，分别占兵团总植棉面积的 15.80% 和 20.48%，品种的种植面积和占比均呈上升趋势。种植面积最大的前两个品种所占比重也呈增长趋势（见表 2）。从种植面积较大的前十个品种来看，2013 年和 2014 年种植总面积分别为 672.47 万亩和 594.97 万亩，所占总植棉面积的比重分别为 80.93% 和 74.87%，虽呈下降趋势，但远远高于自治区；从所种十大品种的变化来看，2014 年所种面积最大的 10 个品种分别为新陆早 45 号、新陆中 37 号、新陆早 50 号、中棉 41 号、鲁棉研 24 号、81—4、新陆中 28 号、中棉 49 号、新陆早 48 号、新陆早 35 号，只有 7 个品种 2013 年的种植面积在前 10 位。说明兵团在种植品种管理方面虽取得了一定的成绩，但棉花品种导致的品质下滑问题依然存在。

表 2　2013～2014 年新疆兵团棉花品种种植面积及比重

2013 年				2014 年			
品种	面积（万亩）	占比（%）	主要分布	品种	面积（万亩）	占比（%）	主要分布
新陆早 45 号	131.26	15.80	第八师	新陆早 45 号	162.72	20.48	第八师
新陆早 48 号	125.63	15.12	第六师	新陆中 37 号	120.00	15.10	第一师
中棉 49 号	94.27	11.34	第一师	新陆早 50 号	63.56	8.00	第八师
中棉 41 号	75.00	9.03	第三师	中棉 41 号	60.00	7.55	第三师
新陆早 50 号	61.43	7.39	第八师	鲁棉研 24 号	50.00	6.29	第七师
鲁棉研 24 号	50.00	6.02	第七师	81—4	36.85	4.64	第五师
新陆早 37 号	49.84	6.00	第一师	新陆中 28 号	29.40	3.70	第一 师
81—4	36.35	4.37	第五师	中棉 49 号	29.05	3.66	第一师
新陆早 46 号	26.39	3.18	第八师	新陆早 48 号	23.38	2.94	第六师
新陆早 36 号	22.31	2.68	第四师	新陆早 35 号	20.00	2.52	第七师
新陆中 35 号	15.24	1.83	第二师	新陆中 35 号	18.70	2.35	第二师
新陆中 36 号	13.72	1.65	第一师	新陆早 59 号	18.42	2.32	第八师
新陆中 32 号	12.11	1.46	第二师	新陆中 46 号	18.03	2.27	第二师
新陆中 28 号	11.52	1.39	第一师	新陆早 36 号	16.55	2.08	第十师
新陆中 46 号	9.40	1.13	第二师	新陆早 56 号	15.75	1.98	第八师
新陆中 36 号	9.18	1.10	第二师	83—14	15.60	1.96	第五师
瑞杂 819 号	8.80	1.06	第一师	瑞杂 816 号	10.00	1.26	第一师
新陆中 56 号	7.80	0.94	第八师	大玲 148 号	8.65	1.09	第十三师
13 自育品系	7.80	0.94	第十三师	新陆早 62 号	8.63	1.09	第八师
H903	7.00	0.84	第五师	新陆中 32 号	8.35	1.05	第二师
新陆早 52 号	6.02	0.73	第四师	新陆早 61 号	6.18	0.78	第八师
大玲 148 号	5.58	0.67	第十三师	H903	5.35	0.67	第五师
83—5	5.10	0.61	第五师	新陆早 60 号	5.22	0.66	第八师
赣杂	5.00	0.60	第三师	新陆早 46 号	5.14	0.65	第八师
新陆早 42 号	4.08	0.49	第六师	新陆中 26 号	5.09	0.64	第二师
新陆早 53 号	4.00	0.48	第八师	新陆早 52 号	4.69	0.59	第四师
新陆早 51 号	3.71	0.45	第六师	新陆早 63 号	4.62	0.58	第七师

续表

2013 年				2014 年			
品种	面积 （万亩）	占比 （%）	主要分布	品种	面积 （万亩）	占比 （%）	主要分布
新陆早 54 号	3.67	0.44	第八师	T6	4.32	0.54	第十三师
新陆早 43 号	2.70	0.32	第八师	H258	2.60	0.33	第五师
天佑 9 号	2.70	0.32	第五师	13 自育品系	2.25	0.28	第十三师
新海 21 号	1.85	0.22	第一师	新陆早 53 号	2.00	0.25	第四师
邯杂 154 号	1.71	0.21	第十三师	新海 21 号	0.60	0.08	第一师
其他	12.40	1.49	第六师	新陆早 42 号	0.11	0.01	第六师
合计	830.97	100.00		其他	12.78	1.61	第八师
				合计	794.62	100.00	

2014 年 10 月，兵团印发《关于加强兵团棉花质量管理的指导意见》，再次提出要"加强种子管理，改善品种结构"。制定实施兵团棉花品种准入制度和品种推介管理办法，严格执行种子生产、经营许可制度，从源头抓起，狠抓品种质量，杜绝乱引、乱调、乱推品种的行为。植棉规模大的师主栽品种 3~4 个，规模小的师主栽品种 2~3 个，各师主栽品种面积占比不得少于 80%；团场实行"一主一副"，主栽品种面积不得少于 90%。主栽细绒棉品种纤维长度不得低于 30 毫米，断裂比强度不得低于 30 厘牛/特克斯，马克隆值为 3.5~4.9，长度整齐度指数不得低于 80。根据市场需求和订单，适度发展长绒棉、中长绒棉等专用棉，保持长绒棉的生产优势，丰富棉纤维品质结构，适应市场多样化需求。各师要结合实际，建立稳定的良种繁育基地，严格良种繁育程序，确保种子质量。各师确定的年度棉花主栽品种方案要报兵团农业局备案。

（张杰）

基于 SCP 框架的新疆棉花种业市场分析

随着 2000 年《中华人民共和国种子法》的颁布实施，种子产业打破了原有的发展格局，进入了市场竞争的发展阶段；以区域化布局、市场化销售、产业化运作、法制化管理为特点的新型种业体系正在逐步形成。经过十年的发展，2010年，中国成为继美国之后的全球第二大种子市场，种子经营企业 8000 多家，市场规模达到 500 多亿元，得益于市场竞争和高效的资源配置方式，我国良种覆盖率已达 96% 以上，对农业增产贡献率达 40%。目前，种业已成为保障我国农业健康稳定发展和国家粮食安全的基础性产业，是保障主要农产品有效供给的基础性和战略性产业。新疆作为我国优质棉基地，2013 年棉花种植面积为 2577.93 万亩，产量为 351.8 万吨，分别占全国的 39.5% 和 55.8%，其中新疆兵团种植面积为 886.22 万亩，产量为 146.52 万吨，分别占新疆的 34.38% 和 41.65%。伴随着新疆棉花产业的快速发展，新疆棉花种子经营企业的数量也不断增加，本章将利用产业经济学的 SCP 理论分析新疆棉花种业的发展状况与市场绩效。

1　新疆棉花种业的市场结构

市场结构包括市场集中度、产品差异化程度以及进入壁垒三个方面。棉花种子进入市场需要经历品种培育、良种繁育、市场销售三个主要环节，不同经营性质的企业处在种子市场的不同生产阶段，本节将从育种、生产、销售三个环节分析新疆棉种行业的市场结构。根据种子企业的经营性质，可将新疆的棉种企业分为四种类型：一是由原来的地市、县种子公司、原种场等经营实体经过改制形成了集科研、生产、推广、服务为一体的综合性种子公司。这类公司具有科研的传统优势和倾向，具有一定的自主研发能力和自主品种，面临的问题是经营能力不足，营销渠道、方式单一。二是具备一定的科研能力和自主品种权的股份制民营企业。这类企业经过多年的艰苦创业和结构调整，现发展成为集棉种选育、良繁、加工、销售、推广一体化的企业，具有自身研发的优势品种且创建了自己的品牌；面临的主要问题是管理方式落后、人才缺乏。三是通过其他收购方式拥有品种权的企业，这类公司具有一定的资金实力，采用国际化运作模式，具有跨区域并购和经营的经验；但是缺乏与制种科研单位的深度合作。四是代理销售具有品种经营权的企业，这类公司通常具备较强大的区域销售网络，能适应市场；这类公司没有自主研发能力，难以做大做强①。

1.1 市场集中度较低

行业集中度（Concentration Ratio）又称行业集中率或市场集中度（Market Concentration Rate），是指某行业的相关市场内前 N 家最大的企业所占市场份额（产值、产量、销售额、销售量、职工人数、资产总额等）的总和，是整个行业的市场结构集中程度的测量指标，用来衡量企业的数目和相对规模的差异，是市场势力的重要量化指标。市场集中度反映产业结构和企业的控制力，通过从一般集中度和绝对集中度来分析研究该产业的竞争程度。行业集中度是决定市场结构最基本、最重要的因素，集中体现了市场的竞争和垄断程度，经常使用的集中度计量指标有：行业集中率（CRn）指数、赫尔芬达尔—赫希曼指数（Herfindahl - Hirschman Index，HHI）、洛仑兹曲线、基尼系数、逆指数和熵指数等，其中行业集中率（CRn）指数与赫尔芬达尔—赫希曼指数（HHI）两个指标经常被运用在市场结构的分析之中。CRn 指数是以产业中最大的 N 家企业所占市场份额的累计数占整个产业市场的比例来表示。设某产业的销售总额为 X，第 i 企业的销售额为 X_i，则第 i 企业的市场份额为：$S_i = X_i / X$，又设 CRn 为该产业中最大的 N 家企业所占市场份额之和，贝恩按照 CRn 值的大小将市场结构分类，如表 1 所示。

表 1 贝恩市场结构分类

市场结构 ＼ 集中度	C4 值（％）	C8 值（％）
寡占 I 型	85% ≤ CR_4	—
寡占 II 型	75% ≤ CR_4 < 85%	或 85% ≤ CR_8
寡占 III 型	50% ≤ CR_4 < 75%	75% ≤ CR_4 < 85%
寡占 IV 型	35% ≤ CR_4 < 50%	45% ≤ CR_4 < 75%
寡占 V 型	30% ≤ CR_4 < 35%	40% ≤ CR_4 < 45%
竞争型	CR_4 < 30%	40% > CR_8

① 洋滢，余国新. 新形势下新疆棉花种子市场、棉种企业概况及分析 [J]. 种子世界，2013（4）.

HHI 指基于该行业中企业总数和规模分布，即将相关市场上所有企业的市场份额平方后再相加的总和。它给每个企业的市场份额 S_i 一个权数，这个权数就是市场份额本身。可见，对大企业所给的权数较大，对其市场份额的反映也比较充分。HHI 的值为 0 ~ 1，指数值越大，集中度越高，反之越低。将 HHI 指数乘以 10000，表 2 给出了以 HHI 为标准划分的市场类型。下面我们将用 CRn 指数和 HHI 指数分析新疆棉花品种市场的市场结构。

表 2　以 HHI 为基准的市场结构分类

市场结构	寡占型				竞争型	
	高寡占Ⅰ型	高寡占Ⅱ型	低寡占Ⅰ型	低寡占Ⅱ型	竞争Ⅰ型	竞争Ⅱ型
HHI 值 （0/10000）	HHI≥ 3000	3000 > HHI≥ 1800	1800 > HHI≥ 1400	1400 > HHI≥ 1000	1000 > HHI≥ 500	500 > HHI

新疆种子产业已初具规模，已形成以国有种子公司为主体、以科研教学单位为依托、以国有原（良）种场和特约繁种基地为基础的良种繁育推广体系[1]。2014 年，在新疆维吾尔自治区办理主要农作物生产许可证的种子企业有 239 家，其中，生产棉花种子的企业有 89 家；在新疆兵团办理生产许可证的企业有 42 家，其中，生产棉花种子的企业有 6 家。在新疆办理经营许可证的种子企业有 152 家，其中，经营棉花品种的企业有 90 家；在兵团办理种子经营许可证的企业有 15 家，其中，经营棉花品种的企业有 6 家[2]，在各地州办理种子经营许可证的企业有 300 多家，同时各大种业公司还在各地设有经销部，新疆进行种子经营的企业合计有 600 多家，竞争十分激烈。

（1）育种环节。育种单位已由前几年的各科研单位为主发展到目前的各种业公司都在积极组织科研力量进行新品种开发。特别是近几年，各科研单位、大专院校也都积极与各种业公司联合，对新品种的选育、繁育、加工、销售已经形成了一条龙。具体来说，新疆北疆早熟棉区，主要育种力量集中在新疆农垦科学院棉花所、农七师农科所、石河子棉花所、农五师农科所等几家单位，现阶段，一些棉种公司如惠远、锦棉、金博等也积极开展新品种选育和引进等工作。南疆棉区的主要育种单位有新疆农科院经济作物所、农一师农科所、农二师农科、农一师良繁场等，另外，各种业公司如塔里木河种业公司、中棉所等也都有品种参加新疆维吾尔自治区棉花品种区域试验。可见新疆目前的育种力量和技术水平与

① 洋滢，余国新. 新形势下新疆棉花种子市场、棉种企业概况及分析［J］. 种子世界，2013（4）.
② 数据来源：课题组根据从中国种业信息网（http：//www. seedchina. com. cn/）查询资料整理。

全国平均水平相比还存在一定的差距。

（2）良种繁育环节。2014 年新疆棉花种子生产企业有 89 家，其中注册资金在 1 亿元以上的企业有 15 家，注册资金在 3000 万 ~ 8000 万元的企业有 31 家，注册资金在 1000 万 ~ 2000 万元的企业有 43 家，前四家最大的制种企业分别为中国彩棉（集团）股份有限公司、合肥丰乐种业股份有限公司、新疆塔里木河种业股份有限责任公司、新疆鲁泰丰收棉业有限责任公司，按照注册资金来计算，CR_4 为 26%，市场集中度较低，属于竞争型的市场结构，且竞争较为激烈。另外，按照相对集中度 HHI 来计算，棉花制种企业的集中度仅为 358，企业数量多、规模小，十分分散，属于竞争较为激烈的市场结构。

（3）种子销售环节。2014 年新疆棉花种子经营企业有 90 家，其中注册资金在 5000 万元以上的企业有 7 家，注册资金在 3000 万 ~ 5000 万元的企业有 31 家，注册资金在 1000 万 ~ 1300 万元的企业有 52 家，前四家最大的制种企业分别为新疆惠远种业股份有限公司、新疆金宏祥高科农业股份有限公司、墨玉县玉农种苗科技开发有限公司、新疆农润种业有限责任公司，按照注册资金来计算，CR4 为 8.9%，市场集中度较低，属于竞争型的市场结构，且竞争较为激烈。另外，按照相对集中度 HHI 来计算，棉花制种企业的集中度仅为 156，企业数量多、规模小，十分分散，属于竞争较为激烈的市场结构。

1.2　产品差异化程度小

从新疆棉花种子生产经营企业的种子情况来看，北疆大部分种子企业经营的棉花品种为新陆早 22 号、新陆早 28 号、新陆早 32 号、新陆早 33 号、新陆早 40 号、新陆早 42 号、新陆早 43 号、新陆早 45 号、新陆早 48 号、新陆早 51 号、新陆早 56 号、新陆早 59 号，南疆大部分种子企业经营的棉花品种为新海 21 号、新海 25 号、新海 28 号、新海 36 号、新陆中 28 号、新陆中 37 号、新陆中 42 号、新陆中 60 号，种子产品同质化严重。很多种子企业把大品种拿过来，对其父本或者母本的某一无关本质的特征特性进行修修补补，然后改头换面，重新命名，报审报批。品种有了新名字，但种质资源里并没有增加新品系，由于同质化严重，难有上佳表现，这样，有名无实、昙花一现的新品种仍将大量充斥市场。

1.3　进入门槛过高

进入壁垒较高。种子行业在农业产业链中属于科技含量最高的环节，进入该行业的企业需要拥有较高的技术水平，因此，种子企业需要较多具有专业技能和较强研发能力的人员。另外，由于种子企业投入较高并且种子新品种研发推广周期较长，这对企业资金的充裕情况是个考验，因此，没有较强经济实力的企业很难进入。目前，种子行业是国家高度保护的战略性行业，这大幅提高了种子的进入门槛。因此，在未来一定的时间内，对该行业新进入者仍然存在较高的行业壁垒。

新品种育繁推周期长，种子企业投入较高。一个新品种从开始研发、获取专利，到专利经过审批，大规模实验，最后新品种推广，需要的时间一般为五年以上。一般情况下，新品种研发育种需要 2~5 年，获取专利后，新品种推广需要 3~5 年，因此，新品种育繁推广大致需要 5~10 年。并且在种子研发过程中，存在较大的研发风险和市场风险。这无疑延长了公司的投资回收期，增大了投资风险，因此，规模较大的公司因其抵御风险能力较强而取得较大的优势①。对于种子企业而言，一方面需要较多资金支持，形成较大的繁育规模，才能拥有一定的种苗繁育能力；另一方面需要持续的技术投入、较高的育种开发条件、精湛的专业技术以及较高的技能要求，才能培育出合适的种子，并且种子培育过程中存在较高的风险性。这就要求种子企业较高的投入，以保证种子繁育等工作的正常运行。

2 新疆棉花种业的市场行为

市场行为是指企业在充分考虑市场的供求条件和其他企业关系的基础上，所采取的各种决策行为，或者说是企业为实现其既定目标而采取的适应市场要求的调整行为。市场行为由市场结构决定，又反作用于市场结构。从新疆棉花种业市场来看，受高度竞争性市场结构的影响，各棉种企业在竞争中通常采用以下行为："重审批、轻育种"，"重品种、轻良繁"，"非法制售行为猖狂"。

2.1 市场竞争行为

2001 年 11 月 1 日《中华人民共和国种子法》实施之前，种子生产、经营实行国家专营，棉花种子企业之间不存在市场竞争，企业创新动力不足，影响了棉种产业的发展速度。为保证农业生产用种子的质量和发展种子的生产、贸易，使育种工作者及种子生产者、经营者和使用者的权益得到法律保护，2001 年我国颁布了《中华人民共和国种子法》，2004 年对其进行了修订。《种子法》实施后，提高了种子生产、批发的门槛，加大了市场监管力度，放活了种子市场，尤其是

---

① 段晓朦. 新疆锦棉种业发展战略研究［D］. 新疆农业大学硕士学位论文, 2013.

零售市场全面放开，种子市场十分活跃。棉花种子研发、生产、经营企业的数量不断增多，市场竞争日益激烈，各公司为了在竞争中占有一席之地，纷纷从全国各地引进棉花品种进行试种、示范，从中选出自己公司的拳头品种参与竞争。

第一，表现为制种企业"重审批、轻育种"的市场竞争行为，在目前的竞争环境下，只有通过审批的棉花品种才能在市场上销售，拥有审批的品种是企业参与市场竞争的基本条件。受利益驱动，很多企业通过各种手段使品种获得审批，从而进入市场销售，却不关心新品种的内在品质：审定时，品质好、强力高，纤维又细又强；进入市场后，品种很快退化，从优质变成等外。甚至有一些企业在区试过程中贿赂试验承担单位，弄虚作假，虚报产量和棉花品质等数据，使自己的棉花品种获得审批，这种不正当的竞争行为对棉种市场的有效性和我国种子审批制度的权威性造成严重不利影响。企业在品种审批上的竞争直接导致棉花品种审批数量的激增，由图1可以看出，在实施《中华人民共和国种子法》之前，新疆棉花品种的年均审批数量在5个以下，而随着制种企业间竞争的加剧，棉花种子年均审批数量上升至20个左右，2012年新疆审批通过的棉花品种数量高达38个，截至2013年，新疆已审定的棉花品种数量达254个。

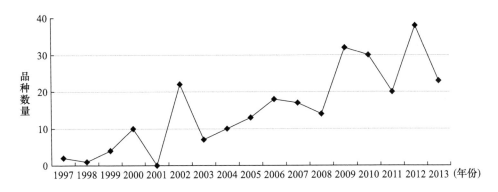

图1 1997~2014年新疆维吾尔自治区审定棉花品种数量

资料来源：根据中国种业信息网与新疆维吾尔自治区种子管理总站数据整理而成。

第二，"重品种、轻良繁"。棉花种子行业利润较为丰厚，一方面，是因为我国对种子企业实行增值税免税政策，其他税种对涉农企业也有相应的减免税政策；这无疑体现了国家对农业发展和种业发展的重视，减轻了种子企业的负担，为种子企业提供了较大的发展空间。另一方面，新疆作为我国的优质棉基地，2014年，棉花种植面积高达3800万亩，对棉花种子需求量巨大，棉花种子的毛利率在50%以上。同时，棉花的产量和品质是由多种因素决定的，除了品种之外，种植管理、气候问题、采收方式等均会影响棉花的产量，这就为棉种制售企业向用种棉农解释低产、低衣分等疑问提供了"合理"托词。因此，有的企业唯利是图，没有良繁机构、没有良繁程序，只管生产销售种子，导致品种纯度不高。加之户均种植规模小、品种多，造成皮棉整齐度、一致性较差，影响了棉花纤维的同质性，而棉纤维的同质性恰恰是影响纺织企业的关键因素之一。

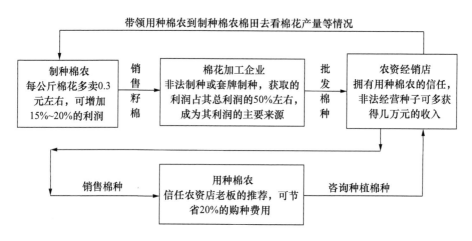

图2　非法制售棉花品种利益链条示意

第三，"非法制售棉种行为猖狂"，由于棉花种子生产销售利润丰厚，致使一些棉花加工企业与农资经销商非法生产经营棉花品种。在南疆，很多植棉县非法地下制售棉花种子的行为十分猖狂，由于这种棉种生产销售行为十分隐蔽，造成种子管理部门难以监管和执法，形成了新疆棉花产业发展的"囚徒困境"。具体表现为：在南疆，很多棉农在农药、化肥使用，种植管理等方面的指导服务来自农资店，与农资经销店老板建立了长期稳定的信任合作关系。虽然很多农资经销店并不销售棉花种子，但棉农在植棉过程中依然愿意向他们咨询种什么品种，农资经销店老板就和棉花加工企业（或有资质的棉种制售企业）带棉农到制种棉农的地里去看棉花的长势和产量情况，待用种棉农看上后，棉花加工企业就与制种棉农约定好，以高于市场价0.3元/公斤左右的价格收购其籽棉，然后制种批发给农资经销店，农资经销店以低于市场价25%左右的价格销售给用种棉农（见图2）。以上所有交易均为地下交易，参与交易的各方均获得好处，因此，种子管理机构难以监管，也是造成新疆地方棉种市场混乱和棉纤维品质差的主要原因。

2.2　市场合作行为

在市场竞争的过程中，企业不断完善包括育种、生产、销售、服务等每一个环节。我国传统的科研管理体制，使我国绝大部分的育种力量在科研院所和高校，同时在我国种子市场上，由于存在国有、民营、外资等多种类型的种子企业，各种类型的种子企业的资金实力、科研能力、技术水平、生产成本等参差不齐。为应对激烈的市场竞争，企业和科研院所、高校、其他企业之间进行了广泛的市场合作。由于棉花种子到用种棉农手中需要经历研发育种、繁育、加工与销售等环节，目前新疆从事"育繁推一体化"的企业还不多，即便部分企业拥有种子生产的全产业链，但各环节难以形成显著的整体效应和协同效应。因此，很多种业企业存在市场合作行为，主要包括购买国内外研究所和其他公司的品种并开发、委托科研单位育种和代理销售棉种等几种形式。

目前，有些企业通过合资、合作等结盟方式，引进先进的观念、科学的管理方式，通过优势互补，转换经营机制，使公司内外资本有机地融合扩大，从而公司可以有效利用外部的资金、技术、信息和营销渠道，实施资本运营战略。育种单位已由前几年的各科研单位为主发展到目前的各种业公司都在积极组织科研力量进行新品种开发。特别是近几年，各科研单位、大专院校也都积极与各种业公司联合，已经形成了对新品种的选育、繁育、加工、销售一条龙合作体系。企业和科研单位合作的形式很多，有些企业同时和不同科研单位开展不同形式的合作。主要包括以下五种形式：

（1）科研单位办的企业内部股份合作。这种形式没有脱离科研单位办公司的构架，只是在内部进行了股份改造或明确了利益关系。新疆农垦科学院棉花研究所选育品种除少部分独家或多家转让给其他种子企业，大部分由下属种业公司开发，并从经营利润中按比例提取科研发展基金，支持棉花科研事业的发展，建立奖励制度，对有突出贡献的农科所技术人员实行重奖。这种合作形式的优点是激活了科研单位的积极性；缺点是科研单位和企业的产权不易搞清；企业自己的研发队伍比较弱，应明晰产权，实行真正的股份制；企业应组建自己的研发团队，如果现有科技人员愿意真正进入企业，当地政府应给予优惠条件。由进入企业的科研人员尽快带出企业的研发队伍。

（2）科研单位对自办企业的融资改造。由新疆农垦科学院投资控股、整合农科院作物所、棉花所、畜牧兽医所、林园所四个重点研究所下属经营实体而组建的新疆西域绿洲种业科技有限公司成立，新疆农垦科学院投资注册资金3000万元。该公司是集育繁推为一体的现代种业公司。本着优先满足新疆西域绿洲种业科技有限公司用人需求的原则，先后有多名农业科研、管理与技术推广、市场开发等方面的人员在企业任职。并制定了相应的企业员工激励机制，通过提高科研人员待遇、配发股权奖励有突出贡献人员等方式，为企业发展提供了人力资源保障，增强了员工积极性，保证了科研成果不断产生。这种形式的优点是明晰了企业的产权关系，增强了企业实力；科研单位部分人员在企业兼职搞科研，实现了企业研发的平稳过渡。缺点是企业自己的研发队伍还有待发展。改革的方向是企业抓紧组建自己的研发团队，利用现有科研团队，尽快把自己的研发队伍壮大起来。

（3）科研单位部分科研人员进入企业，身份不变。新疆塔里木河种业股份有限公司（以下简称"塔河种业"）与新疆生产建设兵团农一师农科所（以下简称"农科所"），是法人单位间的全面合作。农科所的 23 名科研人员以科技服务的模式进入塔河种业，身份不变，依公司的发展对科技服务人员进行科研项目管理，科研成果共享。塔河种业每年支付给农科所一定的科研费。科研服务人员的工资和所有研发开支由塔河种业支付。这种合作形式的优点是利用了现有科研资源，但值得注意的是：企业在发展中一定要加快发展自己的研发队伍。这样，等到现有科研人员退休时，自己的研发团队也壮大起来了。

（4）企业与科研单位合作，成果分享。如新疆锦棉种业股份有限公司（以下简称"锦棉种业"）与七师农科所的科研合作。按照锦棉种业与七师农科所签订的《农作物品种权转让协议》，七师农科所将 9 项农作物品种权转让给锦棉种业，锦棉种业使用上述品种权取得净收益的 5% 归属于七师农科所，后续研发品种权照上述协议执行。这种合作形式的优点是双方风险都不大；缺点是双方合作关系不一定是唯一的，所以难持久。如果企业在合作中不注意培养自己的人才，就永远没有自己的研发团队。

（5）企业委托定向研发。这种模式的优点是企业根据自己的发展需要，委托某一有特别优势的科研单位搞定向研发，特别是育种材料的研制，是一种借助外力的好形式。其缺点是委托合同的标的不好确定，所以很难达到"双赢"。

3 新疆棉花种业的市场绩效

2012 年 2 月，国务院在《全国现代农业发展规划（2011～2015 年）》的战略布局中又一次提出了"大力发展现代农作物种业"的发展方针，国务院在规划中明确指出：要通过整合种业资源，培育一批具有重大应用前景的优良品种使其具有自主知识产权的突破性，在各地区建立一批集标准化、集约化、规模化、工业化的良种培育基地，积极打造一批育种能力强、生产技术先进、营销网络健全、技术服务到位的现代种业集团[①]。

---

① 段晓朦，余国新，付国婧，苏丽丽．新疆锦棉种业竞争战略研究 SWOT 分析［J］．农业科技通讯，2013（2）．

3.1 市场绩效指标

种业市场化改革和竞争性市场结构的形成，提高了育种单位的积极性，新品种不断增加，市场流通加快，新的高产优质品种层出不穷，促进了品种的更新换代。各种子企业从全国各地相继引进了几十个优良棉花新品种，极大丰富了棉花品种资源，为新疆棉花生产连续创高产做出了一定的贡献，也为全国各地生产了大量品质优良的棉花大田生产用种。新疆维吾尔自治区农作物品种审定速度加快，生产上可选择的新品种数量增加较多；品种的增加使农民购种选择性更大了，产量低、品质不好、商品性差的种子无人问津了，不同产量、质量的品种，价格也逐渐拉开差距。种子生产更趋规范，种子包装、审定名称及编号、生产经营许可证号、生产单位和时间标注、使用说明逐渐规范。可以说，种业改革提高了企业的生产效率，优化了资源配置效率。

产业利润率较高。种子行业盈利能力较强，一方面，我国是农业大国，对农作物种子的需求量较大；另一方面，种子销售毛利率较高，农作物种子毛利率一般为15%~30%，而蔬菜种子、经济作物种子等的毛利率则在50%以上。种子企业税务较少。我国对种子企业实行增值税免税政策，其他税种针对涉农企业也有相应的减免税政策。这无疑体现了国家对农业发展和种业发展的重视，减轻了种子企业的负担，为种子企业提供了较大的发展空间。

种子企业规模小，科研投入少，竞争力不强。套牌侵权经营现象普遍。大多数企业几乎没有科研投入，即使进行科研工作，投入也很有限。60%的企业没有品种研发能力，有些企业虽然从事新品种的研发，但绝大多数没有独立的育种机构或研发能力不强，没有竞争力。由于多数企业没有独立的品种产权，经营上追逐短期利益，前几年炒作推广品系现象非常严重，多数企业存在严重的套牌经营现象，其中不含龙头企业。自2010年全国启动种子执法年以来，加大了对品种真实性的检测力度，对套牌现象有所扼制，但要彻底根除仍需艰苦努力。

在种子收购环节，套购现象非常严重；在种子经营上，虚假标注、冒牌经营、未审先推现象比较普遍，新品种试验、展示、信息等公共服务能力差，无法在良种与农户之间形成有效对接，导致主导品种覆盖率不高，品种多而面积小的问题突出，非种子质量导致的事故大量发生。良繁基础工作弱化。除少数县（市）和少数企业坚持规范的"三圃"良繁制度，大多数企业不够提纯复壮。特别是棉花，由于种子生产程序复杂，混杂途径多，问题更为严重。

3.2　市场绩效的综合评价

产业资源配置效率不断提高。过去由于在计划经济体制下，育种工作与制种和销售环节严重脱节，种子经营企业数量多、规模小，并且多数都不具有育种能力，加之地方保护主义严重，没有形成有效竞争，出现了优不胜，劣不汰的现象。新品种推广难，品种更新慢，使我国种业发展受到严重制约。与过去相比，目前种子行业内竞争者的数量减少，规模有所增大，而且大多采用育种、制种、营销相结合的经营方式。同时由于现有杂交育种的技术手段，无法在短时间内改变由历史原因造成的同类品种品质雷同和用途单一的现状，再加上刚刚打破了地区壁垒和行政垄断，为了争夺市场份额，行业内价格竞争激烈。

受棉花种业市场效益较好的影响，种业公司大幅增加，竞争日益激烈，公司为了将手中的产品推销出去，对新品种、新品系夸大宣传，大肆炒作，致使农户感到新品种（系）太多，眼花缭乱，无所适从，很难做出选择。同时，品种多、更新快，也不利于农户对新品种特性的了解，难以发挥新品种的增产潜力①。随着农业科技的快速发展，棉花新品种的育成速度进一步加快，品种更新换代的速度也就不断加快，一个新品种在生产上使用 2 ~ 5 年即被更新。随着棉农植棉水平的不断提高，他们对新品种的渴望更加强烈，"追新求异"成为许多植棉水平较高的种植大户的一种时尚，他们知道好的新品种在农业生产方面的贡献率较高，就不惜重金追"新"。这也刺激了各种子企业加快引进新品种的步伐。

产业的规模结构效率差强人意。竞争性市场结构有利于技术的扩散，不利于技术的创新，新疆种业企业规模小、数量多，育种技术的创新缓慢，反而使一些小企业依靠套牌等非法竞争手段获得高额利润，损害整个行业的发展。以企业为主体的创新体系还未形成。企业是推进种业技术进步的核心主体，但受我国科研体制的制约，绝大部分育种环节的科研人员在科研院所与高校，企业内专门从事资源研究的人员较少，研究不够深入，优异资源较少，育种技术以常规育种为主，现代生物技术育种和分子设计育种较少，育种技术方法相对落后，选育出的品种单一性状较好，但缺少综合性状优异的品种。

4 基本结论

新疆棉花种子企业数量多、规模小、创新能力差，远远达不到优质棉基地建设对种子企业发展的要求。目前新疆种植的棉花品种多达上百个，再加上未经审定的非法棉花品系，新疆地方棉花种植的主栽品种不明显。而且新疆没有按生态

---

① 赵富强，曾庆涛. 论新疆奎屯垦区的棉花品种布局［J］. 农业科技通讯，2009（12）.

类型和品质区划要求推广品种，加之户均种植规模小、品种多，造成皮棉整齐度、一致性较差，影响了棉花纤维的同质性。在籽棉收购加工过程中，轧花企业无法做到单收单轧，导致棉花纤维一致性差、棉花品质下降，而棉纤维的同质性恰恰是影响纺织企业的关键因素之一，严重影响新疆棉花的市场竞争力和棉农的棉花销售收入，因此，如何规范棉花品种管理成了种子管理部门亟待解决的问题。

　　种子行业是一个具有较高风险的行业。一方面，现在以杂交种为主，种子研发时间较长，这就增加了企业的育种风险，不利于企业成本回收。另一方面，每年种子的销售季节大约为一季度，一旦种子滞销，就会造成种子的积压，而积压后的种子由于保管等方面的影响，在来年的出芽率将降低很多。因此，提高种子企业对种子需求的预测能力是提高种子企业竞争力的首要因素[1]。提高市场集中度，增大种子企业规模，通过政策引导的资金扶持培育一批"育繁推一体化"的大型企业，提高其创新能力，促进新疆棉花种业健康发展。

（张杰）

---

①　段晓朦. 新疆锦棉种业发展战略研究［D］. 新疆农业大学硕士学位论文，2013.

新疆棉农品种选择的影响因素

1 棉农品种选择行为的调查分析

1.1 调查样本及问卷设计

棉农对棉花品种的选择是棉花种植的重要环节，所选的品种也直接决定棉花品质及产量。为了了解我国棉花品种多、乱、杂的主要原因，课题组走访影响棉花种植、品种选择的各个部门及棉农。研究选取哈密地区、巴音郭楞蒙古自治州、昌吉州作为调研对象，主要基于以下四个原因：①这三个地区的棉花种植规模较大，更具有研究代表性；②数据的可获得性，三个地区不仅是植棉大区，也是距离乌鲁木齐和石河子较近的地区；③中国棉花网的数据采集站点分布在以上三地、州，数据采集较为方便；④由于兵团特殊的管理体制，团场对农业生产具有很强的计划性，所以团场的品种选择影响因素主要来自团场政府，故课题组问卷调研没有以团场职工作对象。表 1 即为样本分布，样本总数为 60 户，其中哈密地区为 15 户、巴音郭楞蒙古自治州为 18 户、昌吉州为 27 户（见表 1）。

表 1　样本分布

地区	种植单位	户数（户）
哈密地区	二堡五大队、西戈壁白石头牧场、火箭农场、西戈壁良种厂、西戈壁园林场等	15
巴音郭楞蒙古自治州	尉犁县（一师二团、喀拉曲客乡、卫东农场、塔里木胜利大队、古勒巴格二农场、塔里木团结队等）	18
昌吉州	呼图壁县（客运司农场、五工台镇幸福村、宏源农场、五工台镇乱山子村等）	27
合计		60

课题组通过走访、调研，得出一系列影响棉农棉种选择行为的因素，并进一步将其划分为六个维度来进行实证分析。

　　一是棉农基本情况，这一维度涵盖了棉农的年龄、受教育程度、家庭务农人数及在政府部门任职情况等，根据这些数据分析，大致可以了解不同棉农学习及接受新鲜事物的能力。

　　二是棉农生产信息，依据一系列棉花生产数据，可以估算出植棉收入在家庭收入中所占比重以及相对应的品种产量、品质如何。

　　三是棉农对品种的认知情况，通过这一维度的分析，可以总结出棉农作为棉种的最终消费者，对于不同品种的了解情况及影响其选择的因素。

　　四是农机推广力度，棉农在选择棉花品种过程中离不开各种宣传的影响，通过分析政府、农机推广站和种子公司等社会公信度较高、社会责任感较强的主体对棉农棉花品种选择的宣传及培训，受到此类部门的影响。

　　五是良种补贴政策，为了提高棉花品质、增强其统一性和可纺性，国家出台了棉花良种补贴政策，但该政策对棉农品种选择的影响需要客观分析。

　　六是棉农选择棉种行为影响因素，该维度主要基于棉农品种选择的成本收益及其预期风险进行分析（见表2）。

表2　问卷设计维度分析

问卷设计维度	主要内容
棉农基本情况	年龄、受教育程度、任职情况及距离市场远近
棉农生产信息	棉花种植面积、单产、总产、价格及品种
棉农对品种的认知情况	对品种的认知、选择品种时的影响因素及所选品种的效果等
农技推广力度	政府、农机推广站、种子公司对品种的宣传及关于品种知识的培训，获取渠道等
良种补贴政策	是否了解并享有良种补贴政策，该政策对品种选择的影响
棉农选择棉种行为影响因素	选择棉花品种的原因与预期风险

1.2　样本基本情况描述统计分析

　　表3是对棉农个体基本信息的统计描述，选取的指标是户主年龄、受教育程度及是否担任干部。可以看出，60个样本个体的年龄主要集中分布在31~44岁，30岁以下的棉农仅占12%，这说明大部分年轻劳动力已脱离土地，不再从事农业生产劳动。样本的受教育程度也主要分布在初中和高中，能够掌握基础的读写能力。担任干部的情况与受教育程度有一定的关系，担任干部的棉农其受教育程度也较高，但是该样本数仅占总体的10%。

表3　样本个体基本特征

户主年龄（岁）	户数（户）	比重（%）	受教育程度	户数（户）	比重（%）	担任干部	户数（户）	比重（%）
30 岁及以下	7	12	未受教育	2	3.3	是	6	10
31～44 岁	37	62	小学	3	5.0	否	54	90
45～59 岁	16	26	初中	30	50.0			
60 岁及以上	0	0	高中或中专	23	38.4			
			高中或中专以上	2	3.3			
合计	60	100	合计	60	100	合计	60	100

研究选择棉花种植面积与棉农的耕地总面积进行棉农生产信息描述。从图1可以得出以下两个信息：

一是所选取的样本中，大部分个体的棉花种植面积与其耕地总面积保持一致，这说明棉花依旧是农民的主要种植作物，一方面是因为植棉时间太长，已经产生了一定的路径依赖；另一方面是因为在新疆棉花的比较效益相对于其他作物已然较高。

二是所选取样本中大户数较多，通过具体分析得出棉花种植面积超过100亩的棉农有37户，占总体的62%；超过200亩的有24户，占总体的40%；超过500亩的有12户，占总体的20%，突出了新疆棉花种植的规模化。

经过统计分析得出：新路中43号、福田1069、鲁棉28号、天联4号、新路早42号占有较大比重，而杂棉、洪章5、洪章k5、洪章k7、嘉兴6及鲁杂3所占比重则较小。但是60个样本中却有11个棉花品种，这说明棉花品种多、乱、杂的问题十分严峻，这对棉花的品质有极大的影响。

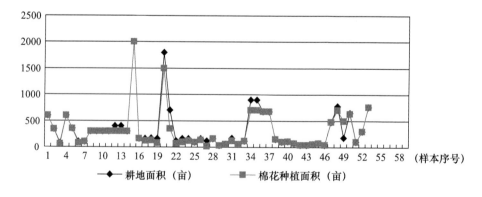

图1　棉农棉花种植占耕地面积比重

1.3　影响棉农品种选择行为因素的描述性分析

研究主要通过棉农对品种的认知情况、农机推广力度、良种补贴政策和棉农选择棉种行为影响因素四个方面进行描述性分析。

在种植前棉农对棉种品质的认知非常重要，只有了解所选品种的品质、产量、抗病虫害性，才能获得满足棉农需求的棉种。在 60 个样本中有 54 户棉农了解其所购买的棉种品质。由于不同棉种有不同的特性，所以棉农在进行选择时也会根据具体需要有选择地购买，图 2 即为在选择棉花品种时不同影响因素占首要考虑因素的比重。对首要重要影响因素进行排序可以得出，样本中有 52% 的棉农在进行棉种选择时第一考虑因素是种子质量，将便于管理、种子价格作为首要影响因素的棉农比重分别是 22% 和 23%，仅有 3% 的棉农将政府补贴作为选择棉种时首要考虑的因素。从这也可以看出政府补贴对棉农品种选择行为的影响较小。

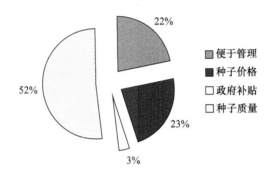

图 2　影响棉农品种选择行为首要因素比重

农技推广力度的大小对棉农品种选择行为有一定影响作用，因为棉农无法直接辨别棉种的好坏，需要通过其他途径来了解棉种的品质。政府、农机推广站和种子公司是具有一定公信力的单位组织，是棉农获取关键种植信息的重要来源，但是在表 4 中有 40% 的棉农认为政府和农机推广站几乎没有关于品种的宣传，而种子公司的宣传力度却较为乐观。

表 4　各宣传主体对棉花品种宣传力度

宣传主体	宣传力度				
	没有宣传（%）	很少（%）	一般（%）	宣传比较多（%）	宣传力度比较大（%）
政府、农机推广站	40	25	25	7	3
种子公司	10	10	30	28	22

通过对棉农是否获得农技指导、品种相关培训及棉花品种信息获取渠道的进一步分析，可以得出大部分棉农没有获得农技指导和关于棉花品种的相关培训，棉农获取信息的渠道也多来自于看他人的种植效果、销售人员介绍和熟人介绍（见表5）。

表5 棉农获得农技指导、品种培训的次数及品种信息主要获取渠道

农技指导次数	比重（%）	品种培训次数	比重（%）	信息获取渠道	比重（%）
没有	42	没有	53	广告（电视、报纸、杂志）	17
一次	18	一次	17	农技人员推广	18
两次	32	两次	22	看别人种植效果	23
三次	5	三次	8	销售人员介绍	20
四次及以上	3	四次及以上	0	熟人介绍	22
合计	100	合计	100	合计	100

良种补贴政策是真正补贴给农民以保障棉农植棉积极性和改善品种多、乱、杂的直补政策。但是15元/亩的补贴力度对于持续高涨的种植成本来说实属杯水车薪，而且政策的执行效果并不乐观。如表6所示，在调研对象中有17%甚至"没听过"，62%的良种补贴政策也只是"听过但不了解"，并且棉农选择补贴行为中认为良种补贴政策"没有"和"影响不大"的占65%，这也从侧面反映出补贴力度太小。棉农所购买的品种能够享有补贴的仅占27%，这直接说明了良种补贴政策的实施效果不佳，棉农选择棉种的行为受良种补贴政策的影响不大。

表6 良种补贴政策对棉农选择品种的影响分析

良种补贴了解程度	比重（%）	良种补贴对品种选择的影响	比重（%）	购买品种是否享有补贴	比重（%）
没听过	17	没有	35	是	27
听过但不了解	62	影响不大	30	否	73
了解	21	影响很大	35		
合计	100	合计	100	合计	100

无论棉农是何种获取信息的渠道都对所选择的品种较为认可，因为在所选取的调查户中，有92%的棉农认为所选择的品种将增加其收益。棉农在品种选择中注重的因素有价格、品牌、棉种本身质量、棉农的技术含量、配套服务、产品品质和该棉种的销售量等，通过对该问题的数据统计分析，发现有68%的棉农

在购买棉种时最注重"价格"；63%的棉农注重"棉种本身质量"。在对棉种选择不同的风险认知方面，有不同的观点，但是有82%的棉农认为"种子本身质量"是风险的主要来源，62%的棉农认为"病虫害问题"也是棉种选择的风险。

2　棉农品种选择行为的实证分析

2.1　数据来源

棉花是新疆重要的农产品，根据新疆棉花种植特点，主要在南疆库尔勒、北疆石河子等地进行实地调研及访谈，随机抽取20名农户进行调查。另外，在中国棉花网上进行问卷发放，调查问卷共发放70份，剔除未收回及不合格问卷，可用问卷为61份，有效率为87%。

2.2　变量的选取及假设

本文借鉴前人的研究经验，把影响棉农对棉花主导品种选择行为的影响因素分为五大部分，分别为农户基本信息、农户生产特征、品种认知情况、农技推广力度、政府补贴政策。各变量具体内容及假设如下：

（1）农户基本信息。农户的基本信息主要包括生产决策者的性别、年龄、受教育程度以及家庭劳动力结构。

性别因素：目前，农村大多数家庭仍然是男性当家作主。男性有更多接触社会的机会，更多获取信息的渠道，对事物的认知也更加理性，理论上，应假设男性采用新技术、新品种的概率在一定程度上优于女性。问卷结果显示，由于男性在家庭中拥有绝对的话语权，有高达97.7%的男性是生产决策者，所以我们假设性别很难对农户是否选择主导品种产生影响。

年龄因素：一般认为棉农年龄越大，了解信息的渠道越少，而年龄越小的棉农，在社会上有更多的渠道获得信息，所以年龄与棉花主导品种的采用行为存在负相关的影响。但从另一方面考虑，年龄越大的棉农更加依赖农业生产，因此也会更加重视棉农品种的质量。故本文假设年龄因素对棉花主导品种选择的影响不明确。

教育因素：文化水平较高的棉农接受的教育更多，掌握的知识更多，思想也更先进。而政府推广的主导品种代表着先进的生产水平，因此，我们认为受教育程度越高的生产决策者，选择主导品种的可能性也越大。

（2）农户生产特征。农户生产特征主要是指家庭收入情况、种植规模等。

收入情况：收入水平越高的农户，对生产的规范性要求越高，选择棉花品种时越看重棉花品种的品质。由此提出假设：该变量对主导品种选择有正向影响。

种植规模：种植规模越大，代表该作物在农户生产经营中越重要，品种对作物产量和农户收入产生的影响也越大，棉农在进行品种选择时会更倾向选择有质量保障的政府推介品种，故假设种植规模对棉农选择主导品种产生正向影响。

（3）品种认知情况。认知是行为的基础，棉农对品种越了解，就会对相关品种的质量、性状、特点等信息有更多的掌握。而主导品种是经过政府部门和农业专家认定的优质品种，棉农对主导品种有所认知，就会对主导品种有更多的信赖，因而假设对品种有所了解会对棉农采纳主导具有较为积极的影响。

（4）农技推广力度。政府宣传：农技推广是农业技术扩散的有效途径，其主要目的在于引导棉农采用先进的农业生产技术，提高棉农对技术的掌握程度。主导品种能否被广大棉农了解并采用一定程度上取决于推广力度。政府和农技推广部门的宣传力度既反映了主导品种信息的扩散程度和范围，也反映了棉农对信息的掌握情况，因此，假设政府宣传力度对主导品种的采用有正向影响。

农技指导：棉农获得农技人员指导的次数越多，农户越能接触到更多来自政府有关品种推介的信息，也有可能获得更多配套技术的指导，这对棉农选择主导品种都是正向的激励。假设获得农技人员指导的次数越多，农户越倾向选用主导品种。

品种培训：品种培训可以使棉农更多地了解品种信息，假设其和棉农选择主导品种之间存在正相关。

（5）政府补贴政策。了解程度：如果棉农对良种补贴有所了解，棉农就可能主动对享有良种补贴的品种进行了解。故假设棉农对良种补贴的了解程度会对主导品种的选用有正向引导作用。

影响认知：认为良种补贴对品种选择影响越大的棉农，越有可能选择主导品种。

享有情况：良种补贴的主要目的是通过经济手段，引导棉农选用政府推介品种，以达到保证品种优质、提高粮食产量的目的。因此，认为享有良种补贴对棉农选择主导品种有积极的影响。

2.3 模型的选择

在许多实际经济决策中，由于因变量并不是连续的有序变量，此时线性回归模型在运用上会受到限制。当因变量是分类变量，取有限个离散值时，多采用离散选择模型。在离散选择模型中，当因变量的选择多于两种时，使用多元选择模型，而因变量面临二者取其一的情况时，则使用二元选择模型。由于农户对主导品种的选择只有选或不选两种可能，因此我们选用二元选择模型。常用的二元选择模型有 Logit 模型、Probit 模型等，考虑到 Logit 模型应用频率较高、变量选择范围更广等特点，本文采用二元回归模型对农户选择主导品种行为的影响因素进行分析。

Logistic 回归为概率型非线性回归模型，是研究分类观察结果（y）与一些影响因素（x）之间关系的一种多变量分析方法。Logistic 概率函数模型为：

$$p(y=1 \mid x) = \frac{e^{a+bx}}{1+e^{a+bx}}$$

在本模型中，p 为棉农采用选择主导品种的概率，x 为影响棉农品种选择的因素，a、b 分别为各个因素对应的参数。模型中的变量选取及统计数据如表 7 所示。

表 7　模型变量的含义、取值范围

变量名称	取值范围	变量含义
因变量（Y）		
棉农是否选择主导品种	0 ~ 1	否 = 0；是 = 1
自变量（X）		
户主年龄（X_1）	1 ~ 5	30 岁以下 = 1；31 ~ 40 岁 = 2；41 ~ 50 岁 = 3；51 ~ 60 岁 = 4；60 岁以上 = 5
文化程度（X_2）	1 ~ 4	小学及以下 = 1；初中 = 2；高中 = 3；大专及以上 = 4
务农比例（X_3）	0 ~ 1	实际值
家中是否有干部（X_4）	0 ~ 1	否 = 0；是 = 1
种植收入（X_5）		实际值
耕地面积（X_6）	1 ~ 5	50 亩以下 = 1；50 ~ 100 亩 = 2；100 ~ 150 亩 = 3；150 ~ 200 亩 = 4；200 亩以上 = 5
对品种的认知情况（X_7）	1 ~ 2	不了解 = 1；不太了解 = 2；了解 = 3
参加品种培训次数（X_8）	1 ~ 5	没有 = 1；1 次 = 2，2 次 = 3，3 次 = 4；4 次及以上 = 5
农技指导的次数（X_9）	1 ~ 5	没有 = 1；1 次 = 2，2 次 = 3，3 次 = 4；4 次及以上 = 5
政府宣传力度（X_{10}）	1 ~ 5	无宣传 = 1；很少 = 2；一般 = 3，较多 = 4；宣传度大 = 5
是否享有品种补贴政策（X_{11}）	1 ~ 2	没有 = 1；有 = 2

2.4　计量结果

用 SPSS19.0 统计软件对 61 个样本数据进行二元 Logistic 回归分析，在处理中，先对选定的 11 个变量进行多重共线性检验，发现所选择的 11 个变量方差膨胀因子均小于 10，即各个变量之间不存在显著多重共线性，然后采取逐步剔除，得出以下结果（见表 8）。其中数据选择变量的标准水平是 α = 0.05，剔除变量的标准水平是 α = 0.1，模型预测采用农业标准化生产的正确率为 72.1%，– 2 对数似然值为 68.183，说明回归方差的拟合度高，卡方检验值为 15.749，p = 0.00，小于 0.05，说明模型至少有一个变量系数不是 0，有统计意义。Hosmer Lemeshow 为 0.645，大于 0.05，说明模型数据的拟合度较好，实际值与预测值之间没有显著差异。通过检验得出种植收入、种植面积、农技指导次数三项指标对棉农实施标准化生产均有显著影响。

表 8　棉农品种选择的 Logistic 模型估计结果

解释变量	B	S. E.	Wals	df	Sig.	Exp（B）
常量	– 2.268	3.835	0.350	1	0.000	9.658
X_5	1.014	0.007	3.918	1	0.048	1.014
X_6	– 1.117	0.448	6.220	1	0.013	0.327
X_{10}	0.730	0.360	4.111	1	0.043	0.482

3　新疆棉农品种选择行为的影响因素

由于 Logistic 模型的因变量是非连续的，因此，其回归系数不能被解释为边际影响，只能从符号判断影响的方向。从模型的回归结果我们可以得到以下结论。

（1）农户基本信息。农业生产决策者的年龄、受教育程度、家中务农比例和家中是否有人担任干部没有通过显著性检验。新疆农业生产决策者年龄平均分布在 30 ~ 45 岁，年龄对农户是否选择主导品种影响不大。新疆棉农受教育程度大多分布在初中和高中，教育程度差别不大，因此影响不显著。受教育程度、家中务农比例、家中是否有团场干部这三个因素影响不显著是由于问卷的有限性及调查地的局限，问卷数量不够大，使得这部分因素在实证中影响不显著，不是影响棉农选择棉花主导品种的重要因素。

（2）农户生产特征。种植规模 X_5 对农户选用主导品种产生极其显著的正向影响，这与假设是相符的。农户作为具备一定理性的个体，希望其农业生产活动能在规避风险的前提下获得更多收益。种植规模越大，农户承担风险相对就越高，农户也会更注重种子质量，政府推介的主导品种因其有一定的质量保证，就会更多地被采纳。种植棉花收入 X_6 对农户进行主导品种的选择有明显的影响，也与预期相符。棉农收入越高，抵御风险的能力越大，对种植棉花的规范性要求越高，因此越倾向于使用主导品种。

（3）品种认知情况。对主导品种的了解程度并没有对主导品种的选择产生明显的正向引导作用，这和我们做出的假设和预期不符。我们认为这和农户的认知有关，从实际调研情况我们发现，有些农户虽然表示对主导品种有所了解，但是从他们给出的品种类别以及他们认为自己购买的品种是否为主导品种的答案来判断，部分农户并没有真正了解主导品种的概念和涵盖范围，因此在认识上也就存在偏差。有些农户甚至不清楚自己种植的品种是什么，对品种完全不了解。

（4）农技推广力度。模型回归的结果显示：农户获得农技人员指导次数 X_{10} 对主导品种选择有显著的正向影响。棉农与农技人员接触越多，就有可能获得更多关于品种和配套技术的信息，对主导品种就会有更深入的认识和更大的信任，就会更多地选择主导品种。该结果也表明：农技推广人员是传播政府信息、推广农业科技的有效主体。农户对农机信息了解越全面，对农户选择主导品种的影响越大。

（5）政府补贴政策。在模型中变量 X_{11} 没有通过显著性检验，在调研过程中我们发现，部分农户对良种补贴的实际发放形式与当地实情存在偏差，可以说，一些农户对良种补贴政策并没有彻底而深入的了解。有些农户甚至认为办理良种补贴手续较麻烦，补贴的金额又特别少，在巨大的成本中显得微不足道，干脆就不去享受补贴政策。政府应该在补贴方面加大资金投入力度，让农民获得真正的实惠，从而提高农民的劳动积极性和收益。

本文运用 Logistic 模型对影响棉农选择棉花主导品种的因素进行实证分析。研究之初对模型中设定的各个因变量进行具体的解释和研究假设，并运用 SPSS19.0 软件进行计量经济分析。我们将选入模型的因变量分为五大类：农户基本信息、农户生产特征、品种认知情况、农技推广力度和政府补贴政策。模型回归结果比较理想，共有三个变量通过了显著性检验，分别是种植收入、种植规模、农户获得农技人员指导次数，这个结果也验证了本文的部分假说。

（毛慧　王洁菲　张杰）

新疆棉花品种种植存在的问题与原因

1 新疆棉花品种种植存在的问题

20世纪90年代，新疆维吾尔自治区党委、人民政府提出以"一黑一白"为重点的优势资源转换战略，在国家的大力支持下，通过农业结构战略性调整，依托棉花科技进步，棉花生产快速发展，种植规模、单产、总产、调出量连续20年居全国首位，已建成国内最大的优质商品棉和国内唯一的长绒棉生产基地①。这对于保障我国棉花产业安全和棉花产业的健康发展起到了非常重要的积极促进作用，但也存在一些问题，这些问题在一定程度上制约着新疆棉花产业的进一步发展。本文在对新疆棉花品种种植绩效进行分析和梳理的同时，力图归纳出新疆棉花品种种植存在的一些问题。

1.1 棉花种植生态布局不合理

新疆棉区地域广阔，生态条件特殊且多样，无霜期短，春季升温慢，波动大，秋季降温快，枯霜期不稳定，这就要求品种要有较好的生态适应性和稳产性。北疆棉区2000年以来主要推广新陆早7号、新陆早8号、新陆早9号、新陆早12号和新陆早13号，目前种植的主要是新陆早45号、新陆早50号，比较适合机采，北疆早熟棉区在1200万~1300万亩左右。而南疆目前主要种植的品种是种棉49号、种棉63号以及新陆中32号、新陆中35号、新陆中37号等系列品种，这些品种都是经过长期种植和科研单位试验过的适应当地气候和环境的。

---

① 张学东. 新疆棉花生产技术存在的主要问题及对策［J］. 现代农业科技，2013（17）.

但是，新疆棉花种植区并没有进行相应的长期的生产布局规划，南北疆棉区缺少过硬的主栽品种，新疆地方上还是完全由棉农自主选择棉花品种，各地主栽的品种多、乱的问题较突出，生产中推广的棉花品种有常规棉、杂交棉、转基因抗虫棉，既有新疆自主研育的本地棉，也有从疆外引进的冀棉、鲁棉和豫棉等，种类繁多，还有未经审（认）定的抗虫棉等品种（系），个别县（市）的栽培品种就达到 10 个左右，品种混杂、退化也比较严重。由于棉种信息不对称，棉农难以选择合适的品种。统计数据表明，新疆棉农平均每户种植棉花品种 3 ~ 4 个，而且一户种植多个品种的现象相当普遍，这样就导致了以下问题：①本地棉品种和疆外品种掺杂种植，引入品种的同时带来了新疆本来没有的虫害，造成病虫害加重，如农七师部分地区由于引入品种使病虫害加剧，现在已经不能种植新陆早系列品种，只能种植抗病性更强的冀棉品种；②一些地区引进种植的中棉、冀棉等系列品种，由于适应性的问题，特殊年份风险大，被迫频繁更换品种，对植棉技术体系和良繁体系的建立以及优质高产目标的实现均造成不利影响。

1.2　棉花品质下降

　　2010 年以前，兵团生产的棉花是世界上综合评定和分等分级质量最好的棉花，无论是异性纤维控制、轧工质量、颜色的一致性、分等分级、成熟的一致性、含杂率等都是控制得最到位的，新疆南疆棉用 88 片机、96 片机轧出的棉花质量及可纺性是世界一流的（除三丝外），得到行业内普遍好评[①]。而近几年，新疆棉花品质下滑严重，本文选取 2009 ~ 2013 年一直沿用的四个棉花质量指标（品级在 2013 ~ 2014 年不作为判断棉花品质的指标，颜色级、压工质量为 2013 ~ 2014 年新引入的指标，没有对比性，因此该三项指标不在本次对比范围内），用新疆地方、新疆兵团和全国均值做比分析（见表 1）。

表 1　新疆（兵团）棉花近五年纤检品质数据

	区域	2009 年	2010 年	2011 年	2012 年	2013 年
平均棉花长度（mm）	新疆地方	28.40	28.82	28.33	28.09	28.09
	新疆兵团	28.07	28.45	28.08	27.88	27.75
	全国	28.41	28.67	28.27	28.04	27.92
平均断裂比强度（cN/tex）	新疆地方	27.75	28.04	28.59	27.80	27.40
	新疆兵团	27.33	27.72	27.97	27.28	26.90
	全国	28.02	28.24	28.55	28.12	27.99

① 全球纺织网. 新疆棉花优势丧失引发背后的思考 [EB/OL]. http：//www. textile. hc360. com.

	区域	2009 年	2010 年	2011 年	2012 年	2013 年
马克隆值 A 档占比（%）	新疆地方	37.40	41.20	22.33	28.13	31.46
	新疆兵团	44.25	47.25	27.82	29.88	39.37
	全国	33.79	37.02	33.30	31.35	29.97
长度整齐度指数（%）	新疆地方	82.60	83.01	82.87	82.56	82.59
	新疆兵团	82.13	82.67	82.57	82.25	82.08
	全国	82.54	82.74	82.50	82.48	82.41

资料来源：课题组根据中国纤维检验局网站数据整理而得。

　　棉花是关系国计民生的重要物资，是我国主要经济作物及纺织工业的主要原料，在国民经济中占有非常重要的地位。但是，由于棉农为了保障收益等多元因素造成新疆棉花种植品种多乱杂现象十分明显，近年来，新疆棉花品质明显下降，从表 1 可以看出，2011～2013 年，新疆地方、新疆兵团和全国棉花平均长度、断裂比强度、马克隆值 A 档值、长度整齐度明显下降。长度变短意味着可以纺高支纱的棉花越来越少，而新疆棉花断裂比强度指标长期低于全国平均水平，马克隆值 A 档代表使用价值较好，新疆虽然高于全国平均水平，但依然呈不断下降的趋势；长度整齐度指数是非常重要的棉花质量指标，表示棉纤维长度分布整齐均匀的程度，对原棉制成率、纱线的条干、纱线的强度有很大影响，但是 2013 年平均长度整齐度处于五年来最低水平。新疆兵团虽然马克隆值 A 档占比一直高于新疆和全国平均水平，但由于机采面比例较大（2013～2014 年兵团机采棉所占比例约为 70%），平均断裂比强度、棉花长度、长整度明显低于全国平均水平。根据分析可以看出，新疆棉花的高品质优势已经逐渐丧失，形势不容乐观。

　　新疆已连续 20 年棉花总产、单产、调出量居全国第一，2012～2013 年，新疆皮棉年总产量达到 350 万吨，占全国比重已超过 50%，实现棉花产量占据我国棉花总产"半壁江山"的历史性突破。新疆棉花亩产、销售量、管理水平均处于全国领先地位，并且初步实现了规模化种植。但是，近年来，棉花质量有所下降，棉花一致性不高、异性纤维含量增多，如果继续发展下去，将危及新疆棉花的品牌和声誉，如何实现新疆棉花种植品种优质化、集中化显得尤为重要。

1.3　棉农收入

　　在没有实施国储之前，由市场决定棉花价格，价格与其质量有一定的关联度，这对于保障新疆优质棉发展有一定的积极作用。但由于市场价格波动较大，导致棉农收入也随之波动。2009 年棉农亩均收入只有 387.15 元（以每亩产 150

公斤皮棉计算），而2010年迅速增长为1543.29元/亩（见图1），棉农收入不稳定，棉花种植面积波动也大，不利于棉花产业安全。因此，2011年实施国储之后，棉农连续2年收入较为稳定，但棉农在此期间净利润基本保持不变，说明国储对稳定棉农收入有积极作用，但对于增加棉农收入作用并不明显。

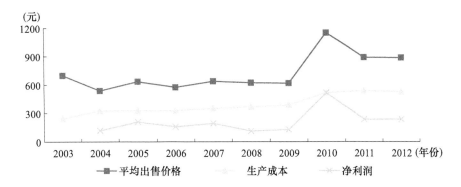

图1　2003～2012年新疆棉花成本收益折线图

资料来源：新疆维吾尔自治区农牧产品成本收益资料汇编，以上数据均以每50公斤主产品作为统计单位。

但是，在稳定棉农收入的同时，棉花的品质却呈现逐渐下滑的趋势，主要原因有以下两个：

第一，由于棉农无法获知政府主推的棉花品种信息，而又希望其农业生产活动能在规避风险的前提下获得更多收益，因此绝大多数农户都会选择3～4个棉花品种种植，这样每户棉农的棉花整体度等内在品质必然会下降。

第二，在国储时期，棉花收购时，衣分成了判断棉花价格高低的唯一标准（衣分每高一个值，每公斤籽棉价格上升0.1元），所以棉农在选择品种的时候只在乎衣分，并不考虑棉花的内在品质，因为高品质的棉花并不能给农户带来高收益。棉农的市场选择又进一步导致了棉花品种的研发也只追求高衣分，长此以往，新疆棉花品质逐步下降。

1.4　棉花品质与用棉企业需求不一致

从1999年棉花进行流通体制改革开始，我国棉花产业逐步建立起在国家宏观调控下，主要依靠市场机制实现棉花资源合理配置的市场化机制①。但经过10年的市场化改革，国内棉花虽然与国际棉花市场逐步接轨，但国内棉花的生产、收购以及加工在一定程度上仍然没有完全实现市场信息有效流通，棉花生产与用

---

① 杜珉. 市场化全球化背景下的中国棉业［M］. 北京：中国农业出版社，2012.

棉需求仍然存在脱轨现象。主要表现如下：

第一，棉花纤维品质类型单一，与用棉企业的多样化需求不一致。在新疆棉花种植过程中，长期的市场交易并没有形成"用棉企业＋农户"的定制式订单合作模式，来满足不同企业的不同需求。而是棉农普遍种植细绒棉，产出的原棉也绝大多数是品质极其相近的产品，细绒棉纤维长度大多集中在 28 毫米左右。而进口棉的品种涵盖了粗绒棉、细绒棉和长绒棉，纤维长度为 23～38 毫米，马克隆值高的可达到 7.0，可选性强①。与进口棉相比，新疆棉花优势不再，就连以前新疆棉花的优质代表——长绒棉的种植面积也在逐步缩减，产量从最高的 2006 年的 20 多万吨减少到 2011 年的 13 万吨、2012 年的 6 万吨再到 2013 年的 4 万吨，甚至新疆长绒棉与陆地棉（细绒棉）已形成价格倒挂，严重挫伤了棉农种植长绒棉的积极性，为了少亏些，不少农民甚至把这种极品棉花掺入普通棉中，忍痛销售。用棉企业急需更多样化的棉花，如彩棉、长绒棉、细绒棉等来增加企业的产品种类、突出差异化产品及开辟新的市场领域，从而带动销售，而目前新疆棉花种植现状明显不能满足用棉企业的需求。

第二，棉花品质指标不协调，分级不明确，与棉纺企业生产需求不一致。用棉企业最需要的是异性纤维少并且品级分明的棉花，主要体现在：①以生产高支纱为主的大中型棉纺企业需要长度在 31 毫米以上，断裂比强度在 34 厘牛/特克斯以上，马克隆值在 3.7～4.2 的特优质棉花，来满足纺 60 支以上高支纱的需要，这样优质优价的棉花可以满足高端纺织品的市场需求；②以生产普通纱或低支纱为主的中小型棉纺企业需要长度在 26 毫米以下的低价高产棉花，这样的棉花性价比高，可满足中低端纺织品的需求。而目前新疆的棉花长度大多在 26～29 毫米，高品质产品不能纺，只能长棉短用纺 40 支左右的纱，加上国储政策导致国内棉花价格虚高，用棉企业利润微薄，难以维持。由此可见，新疆棉花的生产以及棉花品种的研发与实际需求不一致。

2　存在问题的原因分析

2.1　研发主体创新能力不足

在计划经济体制下，我国种子产业中育、繁、推的三个主要环节分别由农业

---

① 金运海，韩珑枝，陈新建．我国棉花与世界棉花品质方面存在的差距［J］．中国纤检，2014（15）．

科研部门、种子企业和农技推广站三个部门独立承担，由国家拨款支持。随着市场经济体制的建立，各部门都在向市场经济转轨，种子产业化进程明显加快，育、繁、推开始衔接。但受传统计划经济体制下国家出资、科研单位育种、种子公司经营的影响，目前的种子企业"等、靠、要"思想依然存在，自主研发的积极性不高；加上品种选育时间长、投资多、风险大，企业承受能力有限，进而导致我国种子产业的科技含量不高，可复制性强；由于知识产权保护力度较弱，导致品种拿来主义仍然盛行；农业科技体制改革步伐缓慢。

由于自身育种资源和技术力量有限，棉种研发企业无法按照现代育种模式组织规模化技术研发创新，更多地依靠购买品种或者共同开发。多数种业的公共科研力量集中在品种选育等应用研究领域，对现代育种理论与技术方法等基础性、公益性的研究和投入相对不足，种子生产、质量控制等关键技术的研发力度不够，难以形成具有自主知识产权的基因资源和专利技术；原始创新成果严重缺乏，成为制约棉种科技创新的技术"瓶颈"。再加上我国现行鼓励和支持企业科技创新的相关政策措施还不配套、不协调，公共科技资源开放度不高、共享率低，市场化机制在创新资源配置上的基础性作用难以充分发挥，企业缺乏自主创新和持续投入的内在动力。

总体而言，科研的育、繁、推脱节等问题仍未得到根本解决，研发主体创新动力不足，主要体现在：①部分研发单位或育种企业由于规模较小，资金不充分，没有等到所培育的棉花品种完全成熟就推入市场，"重审轻育"，急于寻求经济收益，甚至少部分棉种企业还存在"套种"、"套牌"现象，导致棉花种子质量难以保障。②虽然我国近10年来审定的棉花品种超过600个，但投入使用的仅有10%～15%，棉种同质性强现象普遍存在。

2.2 棉种经营主体无序竞争

目前国内现有种子经营企业虽然数量多，但普遍规模较小，股权结构比较单一；经营人员素质不高，服务意识差，缺乏核心经营人才；公司缺乏战略规划、品种创新能力、国际化市场运作经验和企业家成长的环境，缺少真正的骨干企业。因此导致许多小规模的棉种经营主体过于追求利益，在品种审定环节弄虚作假，尤其是区域试点环节，有些区域负责人没有履行公平、公开、公正的监督职责，而是与棉种研发单位沆瀣一气，做虚假报告，从而使得很多本不能通过审核的品种流入市场，进一步导致棉种市场品种多乱杂，这也将成为棉种产业化的一个重要障碍。

2.3 对棉花品种保护重视不足

尽管棉花自品种权放开申请以来，已经被很多棉花培育人所接受，但对棉花品种保护的重视程度依然不足。

一是表现在对品种权认识上的模糊。认为品种只要通过审定，没有品种权照样可以生产经营，申请品种保护意义不大。但在科技创新、知识产权日益得到重视的今天，科研人员应该充分认识到没有产权保护的品种在转让、生产、经营中都无法得到法律对育种智力劳动成果的保护。

二是表现在品种权申请和管理意识上的淡薄。有些育种人即使申请了品种权，由于责任心不强，申请中或授权后出现不能按要求修改申请材料、错过了缴费的时间、没能及时提交繁殖材料等情况以及忘记缴纳年费等现象时有发生，致使申请或品种权的终止。如科棉 5 号等 8 个品种因未按期提交繁殖材料被视为撤回；新陆早 1 号等 6 个品种因申请人未按期缴纳第一年年费，不得不放弃即将到手的品种权①。

由于对棉种保护的不够重视，导致品种侵权事件时有发生，但寻求法律支持的执行结果却往往差强人意，科研单位或个人难以有效维权。根据《植物新品种保护条例》的规定，未经品种权人许可，以商业目的生产或者销售授权品种的繁殖材料的，可以由省级以上人民政府农业行政部门和人民法院受理；假冒授权品种的，由县级以上人民政府农业部门处理。但从棉花品种权的侵权看，难以有效实施维权，与品种权侵权调查取证工作复杂、举证困难、侵权鉴定过程烦琐、侵权成本低而侵权收益高等因素密切相关。侵权行为多发生在个体小公司。省级以上人民政府农业部门的处理以调解为主，强制性差；诉诸法院，不仅耗时耗力，而且即便维权成功，由于公司小，执行起来也很困难，所以大多情况是大事化小、小事化了，维权也主要是通过震慑对方达到停止侵权的目的。这种无奈的维权结果与品种权利人的期望值相差甚远。

2.4　棉农选择行为不理性

由于棉农本身的文化素质等因素的限制，加上政府主推品种的信息难以传达到农户以及我国农业技术服务体系不健全，而种子经销商等在平时的棉花生产过程中充当了技术员的角色，所以大多数棉农对种子经销商的依赖度很高。在选择棉花品种时，种子经销商对棉农的影响力度很大，许多棉农根本不知道自己种的品种是什么，只是盲目听信种子经销商的推荐。而很多棉种加工企业正是利用这种信任关系，与种子经销商达成低价协议，将许多产品性能未知的棉种出售给棉农，这样很容易就形成了棉种的"柠檬市场"，导致低劣的棉种将优良的棉种挤出市场，从而成为市场主导的低效率产品流通市场。

---

①　段冰，徐伟，王志伟. 我国棉花新品种保护现状、问题和建议［A］. 中国棉花学会. 中国棉花学会 2013 年年会论文集［C］. 中国棉花学会，2013.

2.5　棉种引进制度管理不规范

由于种子管理部门没有确立新品种的引进登记制度，各种子企业在引进新品种时不需要到相应的当地种子管理站进行备案登记，报告所引进品种的名称、数量、品种来源、种子世代及试验地点等情况，导致很多根本不适合新疆气候和种植条件的品种（系），甚至是不合格的品种（系）流入新疆，在不知道引入品种的具体情况下，种子管理部门的监督难上加难，让不法分子有机可乘，这对于新疆植棉技术体系和良繁体系的建立造成了不利影响，也对新疆优质棉生产基地的建设产生了消极作用。

2.6　棉花种子生产、加工技术有待提高

如果说新疆与发达植棉国家的棉花生产技术的某些方面存在差距的话，那么在棉花种子生产、加工技术上的差距则是全方位的，差距也更大。

一是种子生产基地规模小、标准差。棉花原（良）种的生产主要集中在棉农的承包田里，生产规模小，管理能力差别较大，制种水平良莠不齐，对质量的控制有很大难度。由于缺乏标准化的管理，大田生产种子的纯度、成熟度和一致性差。

二是大田机械化生产水平低，种子繁殖生产成本高。由于没有实现规模化生产，影响了机械化生产水平的提高，种子田管理主要靠人工，生产效率低[1]。

三是原种质量差。多数育种专家不重视原种和原种繁殖，提供给企业的原种质量差，有时企业获得原种的渠道不可靠，原种质量也不可靠，导致生产的良种质量差。

四是缺乏棉花种子精细加工、种子品质智能分选、种子质量溯源等核心技术，棉花种子加工高端设备依赖国外进口。

（温雅　张杰）

---

[1]　董合忠．中国棉花种业和原棉品质的国际竞争力分析［J］．中国棉花，2013（7）．

中美棉花期货价格传导效率的
比较及市场优化分析

1 引 言

随着 2004 年 6 月棉花期货正式在郑州商品交易所上市交易，中国棉花产业的健康发展得到了保障。棉花期货的成功运行对棉花产业发展、现货价格稳定、中国棉花安全、棉农增收起到了很大的作用，利用期货来规避市场价格波动的风险，已然成为涉棉企业生产经营过程中的重要手段，是否有效利用棉花期货对棉花产业的良好发展有着重要影响。

我国学者已经对棉花期货做了相关研究。刘磊等于 2010 年通过对中国棉花期现货交易日度价格数据研究，发现中国棉花期货市场价格功能初步具备，但是价格形成机制并不成熟。刘晓雪提出，2010 年我国棉花价格出现大幅度涨跌且波动率较大，在短期波动中现货价格波动主要受到期货价格波动的影响，并且随着时间的推移，影响程度日益增加。陈雪飞等于 2013 年提出棉花期货通过套期保值功能转移商品价格风险，发现合理的预期价格，从而稳定棉花的长期供求关系，得出高效率的棉花期货价格是稳定棉花价格的重要保障。王俊等于 2014 年选取 2010～2013 年的中国棉花期现货数据进行分析，得出结论：我国棉花期货市场初步具有价格发现功能，但是他认为短期内棉花期货对现货的价格发现功能并不明显。通过以上分析可以看出：不同学者针对不同时期我国棉花期货市场的不同方面做出了相关研究，可以看出棉花期货在棉花产业中的重要作用，但就其价格发现功能与风险规避功能的发挥程度结论并不一致，并且大多数研究仅限于棉花期货价格与现货价格关系的研究，忽视了不同国家政策对棉花期货市场的影响，根据不同时期的国家政策对棉花期货市场提出相关的对策和建议，从而略有

局限性。

　　2011～2013 年国家开始实行棉花临时收储政策，90％以上的皮棉进入国储，皮棉价格一路飙升，我国棉花期货市场受到了很大的牵连，仓单数量急速下降，近期合约走进软逼仓的行情，如图 1 所示，2010 年棉花期货市场开始大幅度活跃，由于棉花临时收储政策的实施，棉花期货市场交易量从 2012 年、2013 年开始大幅度减少，棉花期货市场进入疲软的状态。

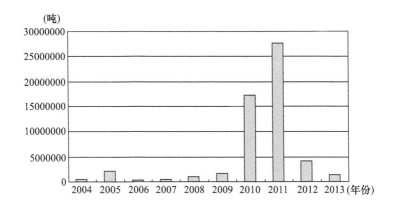

图 1　2004～2013 年郑州商品交易所棉花成交量

资料来源：中国棉花网。

　　2014 年我国在新疆启动棉花目标价格补贴试点，棉花期货市场开始呈回暖趋势，持仓量和成交量均有所提高。但是 2011～2013 年国家收储政策给我国棉花期货、现货市场造成的问题在短时期内仍未能解决。现货市场国内外棉价差过大，棉纺业亏损面不断扩大，部分棉花企业倒闭；期货市场持续三年低迷，成交量和持仓量低至近几年最低值，参与企业数量逐年减少。2014 年棉花市场再度放开，各市场主体对期货市场关注力度开始增强，参与意愿也显著提高，成交量和持仓量也略有改善。面对复杂的国内外棉花产业形势，中国棉花加工、流通企业在积极参与棉花期货市场的同时，应如何面对国际市场和国内市场环境的重大变化？而国家对于棉花期货市场应该给予什么样的保护措施？作为中国最大的棉花期货交易所，郑州商品交易所应该如何完善现有的期货交易制度？本文通过对中美棉花期货价格传导效率做对比，借鉴国外期货市场先进经验，提出适合中国棉花期货市场发展的优化措施。

2 研究方法与思路

第一步，为了判断棉花期货价格与现货价格是否平稳，本文采用 ADF 单位根检验方法进行检验。根据检验结果，如果时间序列不平稳，原本没有任何经济关系的两个变量，则可能会表现出较高的相关性，即"伪回归"。当原序列不平稳时，则开始进行差分序列的平稳性检验。当第 i 次差分时序列均服从同阶单整时，才可做协整性检验。

第二步，进行协整关系检验，检验棉花期货价格与现货价格之间是否存在长期的均衡关系，以及短暂的失衡后会调整到均衡状态的速度。本文采用两步检验法，即 E-G 检验，用于检验两个均呈现 1 阶单整的变量 X_t、Y_t 是否为协整。

第三步，采用格兰杰因果关系检验判断：在棉花价格发现功能中，期货价格和现货价格起主导作用的变量，并且可以从统计上考察这种关系是单向的还是双向的。假设棉花期货价格与现货价格之间不存在主导作用关系，如果 $F > F$（m，$n - k$），则拒绝原假设；如果 $F < F$（m，$n - k$），则接受原假设。

第四步，采用方差分解分析棉花期货与现货对棉花价格变动的影响大小，从而确定两者对棉花价格变动的影响大小。市场处于第 1 个变量时，得到信息份额上限；处于第 2 个变量时，得到信息份额下限。市场信息的相关性越强，则上限与下限之间的空间就越大，不同的变量排序所得到上限和下限的均值为其各个市场的信息份额。

第五步，本文使用误差修正模型（VECM）探索棉花期货与现货之间的长期均衡动态关系。误差修正模型在对变量进行协整分析的基础上，发现变量之间的协整关系（短期和长期均衡关系）。本文采用的是 $\triangle Y_t = \beta_0 \triangle X_t + \beta_1 ECM_{t-1} + U$，其中，ECM 表示误差修正项，$\beta_1$ 为调整系数，一般是负值，其绝对值大小反映了朝均值调整的力度。

3 中美棉花期货市场和现货市场之间价格传导关系的实证分析

3.1 数据的选取

中国棉花期货自 2004 年 6 月 1 日在郑州交易所正式上市以来，迄今已运行十多年。本文选取 2004 年 6 月至 2014 年 6 月的中美两国棉花现货和期货价格十年来的月度数据作为样本，其中，由于 CN Cotton B 指数代表内地棉花标准等级 328 级皮棉成交均价，所以选取中国棉花现货价格取的是 Cotton B 指数，而美国棉花现货价格取的是 Cot look A 指数。由于期货交易与现货交易的差异性，期货合约存在续存期，过了某一时间点之后该合约将不再使用，所以中国期货方面，本文选取郑州期货近期合约每个月成交量最大的收盘价；美国期货价格取的纽约期货近期合约收盘价（数据源于中国棉花网及中国棉花经济系统）。为了消除异方差，对变量分别进行对数化处理。表 1 中 R_1、R_2 分别代表中国棉花期货价格与现货价格的对数值，表 2 中 R_3、R_4 分别代表美国棉花期货价格与现货价格的对数值。

3.2 实证结果分析

3.2.1 ADF 单位根检验结果

表 1 中国棉花期货与现货价格时间序列稳定性检验结果

	ADF 统计检验值	1% 显著水平临界值	5% 显著水平临界值	10% 显著水平临界值	结果
R_1	−2.3018	−3.4875	−2.8863	−2.5798	不平稳
D（R_1）	−4.9457	−3.4875	−2.8863	−2.5798	平稳
R_2	−2.2008	−3.4875	−2.8863	−2.5798	不平稳
D（R_2）	−3.7353	−3.4875	−2.8863	−2.5798	平稳

注：D（R_1）、D（R_2）分别表示中国棉花期货价格和现货价格的一阶差分。

表 2 美国棉花期货与现货价格时间序列稳定性检验结果

	ADF 统计检验值	1% 显著水平临界值	5% 显著水平临界值	10% 显著水平临界值	结果
R_3	−2.1565	−3.4875	−2.8863	−2.5798	不平稳
D（R_3）	−4.1603	−3.4875	−2.8863	−2.5798	平稳
R_4	−2.2008	−3.4875	−2.8863	−2.5798	不平稳
D（R_4）	−4.5869	−3.4875	−2.8863	−2.5798	平稳

注：D（R_3）、D（R_4）分别表示美国棉花期货价格和现货价格的一阶差分。

由表 1、表 2 可以看出：在 1%、5%、10% 三种显著水平下，中国棉花、美国棉花期货和现货价格 ADF 统计检验值均大于临界值，说明中国和美国现货和期货两个时间序列均是不平稳的。但是其一阶差分在 1%、5%、10% 显著水平下，ADF 值都小于临界值，拒绝原假设，说明中国棉花、美国棉花期货和现货价格的一阶差分均为平稳序列。ADF 检验结果表明，虽然中美棉花期货与现货价格的对数序列是不平稳的，但是其一阶差分均平稳，所以仍可以进行协整性检验。

3.2.2 Johansen 协整检验

表3 中国棉花期货价格与现货价格 Johansen 协整性检验结果

	Eigenvalue	Likelihood Ratio	5 Percent Critical Value	P
None	0.1753	25.3014	15.41	0.0008
At almost 1	0.0196	2.3565	3.76	0.8898

表4 美国棉花期货价格与现货价格 Johansen 协整性检验结果

	Eigenvalue	Likelihood Ratio	5 Percent Critical Value	P
None	0.1676	25.1045	15.41	0.0002
At almost 1	0.0272	3.2766	3.76	0.8898

由表3、表4可以看出：在5%显著水平下，当原假设协整关系为0时，不论是对中国还是美国而言，迹统计值均拒绝了期货市场与现货市场序列的原假设，而当原假设协整关系为1时，P值均大于0.05，则表示中美两国期货与现货之间存在至少一个协整关系。得出结论：中国棉花和美国棉花的期货价格与现货价格之间均存在着一个协整关系，即中国棉花和美国棉花的期货价格与现货价格之间存在长期均衡关系。

3.2.3 格兰杰（Granger）因果关系检验

上述 Johansen 检验结果表明：中美棉花期货价格与现货价格之间存在长期均衡关系，但其长期均衡中的引导关系却并不清晰，由此进一步采用格兰杰因果检验来探寻其中的引导关系。由于中美两国的棉花期货价格与现货价格的一阶差分均平稳，所以 Granger 检验的滞后期数均选择为滞后一期。

表5 中美棉花期货价格与现货价格 Granger 检验结果汇总

原假设	F 值	P 值	结论
R_2 不是 R_1 的格兰杰原因	3.2931	0.008	拒绝原假设
R_1 不是 R_2 的格兰杰原因	16.3846	0.00	拒绝原假设
R_4 不是 R_3 的格兰杰原因	2.6552	0.03	拒绝原假设
R_3 不是 R_4 的格兰杰原因	0.4985	0.005	拒绝原假设

由表5可以看出：所有的 P 值均小于0.01，因此，零假设不成立，即在99%的置信度下，中美棉花期货价格与现货价格之间互是对方的格兰杰原因，即

中美两国棉花期货与现货价格之间均存在着双向引导关系。

3.2.4 方差分解

从中美两国棉花期货价格和现货价格进行 VAR 模型平稳性检验结果来看，中美两国不论是棉花现货价格还是期货价格，VAR 模型中均不存在大于1的特征根，因此中美棉花期货价格和现货价格均是平稳序列，进一步进行方差分解。本文取滞后期 10 期。

表6 中国棉花期货价格与现货价格方差分解结果

滞后期	期货市场		现货市场	
	期货市场份额（%）	现货市场份额（%）	期货市场份额（%）	现货市场份额（%）
1	100.00	0.00	20.94	79.06
2	99.44	0.56	57.40	42.60
3	98.03	1.97	70.20	29.80
4	96.16	3.84	74.87	25.13
5	94.28	5.72	76.68	23.32
6	92.60	7.40	77.38	22.62
7	91.20	8.80	77.64	22.36
8	90.04	9.95	77.72	22.28
9	89.09	10.91	77.74	22.26
10	88.31	11.69	77.72	22.28

表7 美国棉花期货价格与现货价格方差分解结果

滞后期	期货市场		现货市场	
	期货市场份额（%）	现货市场份额（%）	期货市场份额（%）	现货市场份额（%）
1	100.00	0.00	70.02	29.98
2	96.13	3.87	73.18	26.82
3	93.36	6.64	74.85	25.15
4	91.45	8.55	75.92	24.08
5	90.10	9.90	76.67	23.33
6	89.09	10.91	77.22	22.78
7	88.32	11.67	77.63	22.27
8	87.73	12.27	77.95	22.05
9	87.26	12.73	78.21	21.79
10	86.89	13.11	78.41	21.59

由表 6 分解结果可知：在中国棉花期货市场上，当滞后期为 1 时，期货价格的波动受自身的影响为 100%。随着滞后期的增加，期货市场份额趋于 88.31%；而现货市场份额则由 0 上升为 11.69%。而在现货市场上，当滞后期为 1 时，现货市场占 79.06%，随着滞后期的增加，现货市场份额趋于 22.28%；而棉花期货市场份额呈上升趋势，并且超过现货市场份额，最终稳定在 77.72%。

从表 7 分解结果可知：在美国棉花期货市场上，当滞后期为 1 时，方差 100% 来自于期货市场。滞后期增加，期货市场份额趋于 86.89%；而现货市场份额则上升至 13.11%。在现货市场上，当滞后期为 1 时，现货市场占 70.02%，滞后期增加，现货市场份额趋于 21.59%；相反，期货市场份额呈上升趋势趋于 78.41%。

由此可以看出，短期内中国棉花现货价格受期货价格的影响程度远小于美国，这说明中国棉花期货市场在建立运行初期，并没有发挥其价格发现功能。但是长期来看，中美两国的棉花市场价格受期货的影响均远大于受现货的影响，期货发现功能较好。

3.2.5　向量误差修正模型（VECM）

由协整检验结果可见，中美两国棉花期货价格和现货价格之间都存在着长期协整关系。本文采取误差修正模型进一步研究中美两国棉花期货和现货短期偏离均衡时的调整速度。

中国误差修正模型：$D(R_1) = 0.00075 + 0.5058D(R_2) - 0.4233ECM$

美国误差修正模型：$D(R_3) = 0.00135 + 0.8728D(R_4) - 0.5588ECM$

中美两国各自的现货价格与期货价格误差修正项的系数分别为 −0.4233 与 −0.5588，表示中美棉花期货价格偏离长期均衡时的调整力度，当两国期货价格在长期出现偏离均衡时，将分别以 0.4233 和 0.5588 的强度将这种偏离拉回到均衡价格上。但是可以看出，美国误差修正项系数绝对值大于中国，说明美国期货的调整力度大于中国，这说明中国棉花期货市场在维持长期均衡状态上所发挥的作用不及美国棉花期货市场。

4　实证研究结论与对策建议

4.1　实证研究结论

本文在收集中美棉花期现货价格 10 年月度数据的基础上，借助 Johansen 协整模型、格兰杰因果检验、方差分解、向量误差修正模型等计量经济学方法，对中美棉花期货价格与现货价格之间的长期均衡关系、两个市场的市场价格传导效率进行了实证分析，并得出以下三点结论：

（1）中美两国棉花期货价格与现货价格之间均存在着长期稳定均衡关系，棉花期货市场更容易形成棉花的均衡价格，在价格发现功能上起到了主要的作用。与期货市场相比，棉花的现货市场对均衡价格的发现功能相对较弱，说明两国棉花期货的价格传导功能发挥良好。棉花期货市场价格影响着现货价格，并引导着其变动。虽然在形成均衡价格上，两国期货市场发挥的作用均大于现货市场，但是与美国相比，中国期货市场的价格传导功能效率低于美国。

（2）在长期均衡中，两国棉花期货价格与现货价格具有双向引导关系，期货价格的波动受到其本身市场的影响显著，受到现货市场的影响较小，但是现货价格的变动很大程度上受到期货市场的影响，反而受现货市场因素影响较小。期货市场对价格变动更加敏感，而且期货市场的变动对均衡价格的影响较大，这说明两国的期货市场反应较为及时。但是与美国相比，中国棉花期货市场在本国棉花市场价格长期变化中所占的信息份额相对较小，这说明，中国期货市场参与度相对较低，交易活跃程度也低于美国。

（3）在两国棉花期货市场上，期货价格与现货价格的短期偏离对现货价格的影响更为显著，并且当发生较大偏离时，两国期货价格与现货价格都可以通过调整回归到均衡上，但是美国的调整力度大于中国。

4.2　对策与建议

通过实证分析，本文论证了中美两国期货价格传导效率之间的差异，为了缩小差距、改善我国棉花期货市场，使我国棉花期货市场重新活跃起来，健康良好地发展，本文提出以下建议：

（1）完善棉花期货市场制度，打造良好期货交易环境。目标价格取代临时收储政策，原有的棉花价格机制被打破，面对新的棉花形势，现阶段实行的棉花期货市场管理和合约设计模式需要做出改变，棉花期货交易所应依据现阶段的国家棉花政策以及现阶段棉花市场的情况，尽快出台新的棉花期货合约、交割规则和仓单管理方法。

此外，在期货公司准入条件上也应做出相应调整，简化准入资格审批过程，进一步完善相关制度规则，扩大持仓限额，满足现货企业套期保值的需求，在保证棉花标准仓单质量的同时，实现标准仓单自由流通；适当提高棉花期货的涨跌停板幅度，慎重调整保证金额度，提高棉花期货的日内回转交易成本，同时出台异常交易行为标准，遏制过度投机行为，加大市场宣传力度，吸引更多的涉棉企业进入棉花期货市场。

（2）推出棉花产业期货新品种，丰富资本市场风险管理手段。现阶段棉花产业期货品种只有皮棉交易，但仅依靠皮棉，不能完全规避企业生产经营的风险，尤其是对于棉纱企业来说，利用棉花期货进行原料的对冲保值，再经过棉花加工、棉纱销售环节，周期长、风险大，而且国家对棉纱进口没有配额限制，棉纱市场竞争激烈，价格波动较大。推出棉纱期货，不仅可以降低棉花价格波动引起的棉纱价格波动的风险，稳定棉花市场，而且有助于更多棉纱企业进入期货市场。

再者，还应加速筹备棉花期权交易。棉花期权是棉花期货规避风险的金融衍生工具，纽约棉花交易所先在棉花期货市场上推出了棉花期权交易。很多美国棉商不仅利用期货市场进行套期保值，也经常使用棉花期权对其期货头寸进行保护。我国应尽快设立棉花期权，转移和分散棉花期货交易的风险，使棉花期货交易尽快活跃，更好地服务棉花价格的形成机制。

（3）增设新疆棉花交割仓库，降低棉花流通风险。新疆作为国家优质棉生产基地，2013年棉花种植面积达到了2700多万亩，总产量达到470万吨，占全国总量的62%，并且比重逐年增加，已然成为棉花期货一个重要的后备基地，但是直接参与期货市场的新疆企业不足60家，交易量只有3~5万吨，数量极少。大多数的新疆棉花需要运输到内地交割仓库进行公检，达标后才能注册为期货仓单，诸多不确定因素导致交易成本过高，流通风险较大。在新疆增设交割中转站，可以降低甚至消除新疆棉花流通环节的风险不确定性，降低运输成本，提高交割效率，激励更多新疆涉棉企业参与期货交易，利用棉花期货管理棉花价格风险，提高棉花质量，推动棉花产业发展。

（4）深化棉花体制改革，建立以期货市场为主导的市场体系。现货市场受到国家政策和期货价格的双层影响。三年国家临时收储政策给棉花现货市场带来了一系列严重的问题，同时影响棉花期货市场的健康发展，导致棉花期货市场低迷。所以我国棉花产业在保证安全的情况下，必须放开市场，深化棉花体制改革，建立以期货市场为主导、大型全国棉花市场与小型地方棉花交易市场共同发展的市场体系，充分发挥棉花期货价格发现功能与风险规避功能，形成良好的棉花市场机制。

（董小菁）

关于河南棉花轻简育苗移栽
技术的调研报告

2011 年，为探索棉花轻简栽培技术，有效解决棉花用工问题，充分发挥良种良法的示范效应，促进棉花生产稳定发展，农业部决定在天津、河北、江苏、山东、河南、安徽、湖北、湖南、江西等九省（市）主产棉区开展棉花轻简育苗移栽试点。四年来河南棉花轻简育苗移栽技术试点效果如何？9 月下旬，国家棉花产业技术体系产业经济研究室、河南省经济作物推广站、新疆石河子大学经管学院等随农业部种植业司、全国农技推广中心调研组对河南民权、虞城、尉氏以及南阳宛平区进行调研。

1 河南棉花轻简育苗移栽试点情况

1.1 棉花生产状况

河南棉花种植面积持续大幅下滑。受棉花价格大幅下降、大量农村青壮劳动力外出打工、棉花生产费时费工、植棉效益相对低下等因素的影响，近年来，河南棉花种植面积与产量持续减少。根据河南省农业厅经作站主产棉市（县）调查测算，当时预计 2015 年全省植棉面积 186 万亩，较 2014 年统计面积 230 万亩减少 44 万亩，减幅为 19%，其中春棉为 91 万亩，春育夏栽 95 万亩。从目前棉花产业发展的外部环境来看，上述影响河南棉花种植的因素短期内难以改变，因此，棉农种植棉花的积极性将持续下降，河南省植棉面积将继续减少。作为曾经的产棉大省，河南现有规模以上纺织企业 1200 多家，现有纺锭在 1500 万 ~ 1600 万纱锭左右，年纺织用棉量最高可达 130 万吨。为保护扶持传统优质棉基地、维护我国棉花产业的安全，探索适合河南的棉花生产新技术、降低棉花生产成本、提高棉花种植效益,成为河南省棉花生产的重要任务。

1.2 棉花轻简育苗移栽发展状况

2011 年以来,河南在全国率先实施了"棉花轻简育苗机械移栽技术",通过"工厂化育苗、机械化移栽",将农业育种技术和农业机械化耕作有机结合,实现了"棉麦倒茬"机械化种植。在小麦收获后,使用机械将旋耕、移栽、注水、镇压等环节一次全部完成,移栽棉花过程全部实现了机械化,大大减轻了农民的劳动强度,提高了棉花移栽成活率,使成活率达到98%以上。最突出的是,有效延长了棉花的生长时间,延长了棉花的现蕾、开花结铃等生育进程,加快了棉花的成熟度,提高了棉花产量和质量。

棉花轻简育苗移栽及配套技术不断完善,初步形成技术规范。为克服传统育苗移栽"块头大、移栽难、效率低、费时费力"的难题,经过大量实验探索,河南逐步确立了以"育苗工厂化、移栽机械化、管理轻简化"为核心的棉花种植模式:①轻简化育苗以工厂化基质育苗为主体,育苗基质就地取材,以土壤和有机肥混合配制,穴盘育苗选定 128 孔育苗盘为标准盘;②春育夏栽品种以早熟春棉为主体,选用生育期 115~120 天的早熟品种,如百棉 1 号、中棉 571 号等,实现棉花早播、晚栽、优质、高产;③制定轻简化育苗标准:苗龄为 50~60 天、真叶为 4~6 片、苗高为 15~20 厘米、植株健壮、无虫无病、根系发达、基质完好、便于移栽;④轻简育苗以麦棉同播、一穴双株为主体;⑤棉苗配送以整盘装运和周转箱装运为主体。

配套机械快速发展,农机农艺不断融合。为推进棉花轻简育苗移栽技术,河南大力发展与之配套的育苗、播种、移栽、管理机械,共研发生产出以下三方面的机械设备:

一是机械化装盘播种机,河南研制的 LS-128 型简易装盘播种机和 2BFL-300 型秧盘播种成套设备,作业效率高,育苗效果好,适宜棉花轻简化、工厂化育苗播种。

二是棉花轻简育苗移栽机械设备,河南研制的 2ZL 型开沟式三行移栽机已通过省级农机鉴定和推广许可。日均移栽 30~50 亩,移栽同步浇水施肥,作业效率高,移栽效果好,现已大面积示范应用。

三是研究、引进、示范花铃肥预施技术、遥控旋翼机施药技术、烟雾机喷药防治技术和自动浇灌系统等,大大降低了劳动强度,提高自动化作业水平。

2 棉花轻简育苗移栽技术的适宜性

棉花轻简育苗移栽技术的大面积推广，需要综合考虑苗田比例、配套品种、育苗方式、供苗时间、茬口衔接、服务规模、配套机械等因素。根据河南棉花轻简育苗技术试点情况，进行技术适宜性和经济适宜性分析，总体来看，该技术在试点县乡技术方面的适宜性较强，棉花长势喜人，预计产量高于当地平均产量；从技术适宜性来看，该项技术适合河北、江苏、山东、河南、安徽等省。但目前来看经济适宜性不容乐观，移栽成本较传统种植模式每亩高达 200 元左右，尤其是在棉价较低的情况下，如果没有国家的补贴，短期内难以大面积推广。河南建立了以标准化服务模块为主的轻简育苗移栽植棉模式，下面将分别从标准化服务模块和农户种植成本收益角度分析该技术的经济适宜性。

标准化服务模块经济适宜性方面。标准化服务模块以 500 亩供苗面积为基础，轻简育苗面积 2~3 亩，育成合格棉苗 100~150 万株，育苗成本为 5 万元左右；配套一台三行移栽机、一台 50 型拖拉机，投资约 15 万元；每天机械化移栽 30~50 亩，连续移栽 15~20 天，确保移栽面积为 500 亩以上；按每亩供苗及移栽服务收费 150~200 元计算，可收入 7.5~10 万元，如不考虑机械投入成本，可基本保证育苗成本投入与移栽费用。2015 年，全省已建立标准化育苗基地 700 多亩，提供标准化轻简棉苗移栽面积 1.3 万亩，带动全省示范推广轻简棉田 6 万亩。

农户种植经济适宜性方面。目前，轻简育苗移栽成本较高，如果没有政府补贴，难以快速大面积推广。根据调研，河南每株（穴）育苗成本在 0.1 元左右，仅棉苗成本每亩在 150~200 元左右，若采用机械化移栽，每亩育苗移栽成本在 300~400 元，高于传统种植模式，再加上当前棉价低，棉农难以接受。2015 年尉氏县棉花生产成本每亩高达 2005 元，而按照该县测算，亩均棉花收益仅为 1076 元，每亩亏损 929 元，因此，如果没有政府补贴，农民将种其他经济效益较高的作物。同时，移栽机械等设备价格高、一次性投入大、应用时间短，如果单纯从棉花生产和服务来核算，成本高收益低、难以推广。

3　政策建议

一是为维护我国棉花产业的战略安全，应加大对内地棉区的支持力度。棉花作为我国主要的经济作物，棉花生产关系农民持续增收、农业稳定发展和纺织业健康发展。近年来内地棉区种植面积大幅下滑，新疆棉区的产量占全国的 60%以上，但从降低棉花生产的自然风险角度考虑，长江中下游和黄河流域棉区仍需保留一定的棉花种植面积，尤其是有些耕地只能种植棉花，一种是土壤肥力较低、田间基础设施较差、粮食作物难以生长的盐碱地区和滩涂地区；另一种是采用高效种植模式、单产和收入相对较高的专业区域，这部分棉田区域难以扩大但将维持相对稳定。

二是对棉花轻简育苗移栽技术进行补贴。目前，棉花轻简育苗、机械化移栽技术已基本成熟，适宜大面积推广应用。建议对农民利用轻简育苗进行 50～100元/亩的补贴，机械化移栽补贴 100 元/亩，并在育苗基地建设、移栽机械配置、育苗基地运行等方面进行扶持。尽快促进该技术的大面积应用，降低生产成本，形成良性循环。

三是加大对科技创新与新型经营主体的支持，推进机械化种植，降低种棉成本。加快推进棉花生产机械化，是实现节本增效、保持棉花生产稳定发展的重要措施。为加强农机农艺融合，提高棉花生产机械化作业水平，降低生产成本，目前，一家一户分散种棉，成本高，基本无效益可言，实现棉花种植的规模化和机械化是根本出路。建议国家出台政策，大力扶持棉花专业合作社、棉花农场、植棉大户，促进棉花规模种植，对机械化、规模化生产给予补贴，减少用工，降低生产成本。

四是棉花产业健康稳定发展的根本出路在于提高生产竞争力。建议以提高棉花生产竞争力为核心，在 WTO 的贸易规则下，规避"黄箱"风险与国际贸易争端，加大"绿箱"扶持力度。加大棉区生产能力建设，适度调整补贴政策，探索因地制宜的补贴方式，提高棉花生产竞争力。国家产业政策在向生产效率高、棉花品质好的种植者倾斜的同时，要加大对科技创新的支持力度。

（张杰　杜珉）

第三篇　产业转型

农业企业标准化生产影响因素分析

——基于新疆生产建设兵团石河子垦区 79 家农业企业的实证分析

随着我国经济的发展，人们对农产品品质的要求越来越高，使得农产品质量安全问题日益凸显。为了满足消费者需求并提高农产品质量，迫切需要标准化实施主体——农业企业（以下简称企业）在生产过程中实施标准化生产，农业标准化是农业企业从传统粗放式生产向产业化、集约化现代农业转变的有效途径。

王芳等于 2007 年提出，农业标准化是以农业科学技术和实践经验为基础，依简化、统一、协调、优选原理，将科研成果和先进技术转化为标准，是加快传统农业向现代农业转变的重要手段和途径。章力建等于 2011 年提出，农业企业标准化是把先进的科学技术和成熟的经验制定成标准并加以推广应用，由于融合先进的技术、经济、管理于一体，使龙头企业的发展实现了科学化、系统化，从而达到可持续发展。席兴军等通过对我国农业企业标准化的特点与作用机制进行探析，提出企业实施农业标准化可以加速产品开发，提高企业开发能力，获得适度规模经济，提高和稳定产品质量，使企业活动中各个部门、各个环节能有效合理地运作，最终建立现代企业制度。彭建仿等通过实证分析提出，安全农产品生产能力、安全农产品意识、企业实力、合作伙伴性质、安全农产品生产环境对企业生产安全农产品意愿有显著影响。郑红军等以农业龙头企业质量控制为研究对象，采用实证分析，提出企业销售收入、资产总额、产品是否出口、决策者年龄、决策者学历等因素对农业企业是否愿意采用国际或国内外先进标准，从而提高产品质量水平有显著影响。

通过分析可以看出，农业标准化不仅可以提高农产品的质量及服务技术水平，而且可以提高企业的管理水平，继而有效地提高农业效益，通过实施农业标准化、推行国际标准认证，企业可以加强与国际市场的联系，促进品牌建设，最终提高企业的市场竞争力。而企业实施标准化生产的过程中，究竟受哪些因素影响就成为亟待解决的问题，本书从企业的角度出发，在问卷调查的基础上通过计量模型深入分析影响企业标准化生产行为的主要因素，以期为农业标准化的实施提供参考依据。

1 理论分析与研究假说

笔者根据企业实施标准化生产程度的高低，将其分为"标准化生产"和"非标准化生产"。企业参与标准化生产的影响因素应该从以下两个方面进行分析。

首先，企业为什么实施标准化生产？企业选择标准化生产的外因主要有市场需求、竞争需要、政府支持等因素。通过调查显示，企业标准化生产行为较大程度上受市场需求和竞争压力的驱使。企业实施标准化生产的内在动机来自企业自身对标准化的认知、标准化生产能力和标准化产品的效益等因素。

其次，农业龙头企业实施标准化受企业自身特征的影响，包括员工人数、销售收入、资产总额、产品是否出口、企业性质等因素，具体分析如表1所示。

表1 影响企业标准化行为的因素

影响因素			具体表现	影响
生产动机	外部因素	标准化生产环境	市场需求、竞争需要、政府支持	+
	内部因素	标准化生产意识	认知	+
		标准化生产能力	"三品一标"认证	+
		标准化产品经济效益	比非标准化农产品效益好	+
自身特征	员工数、销售收入、资产总额、产品是否出口、企业性质、企业级别			+

根据以上分析，本文提出如下假说：

（1）企业自身特征主要包括员工数、销售收入、资产总额、产品是否出口、企业性质、企业级别，一般来说，企业的资产多、规模大，抵御标准化生产带来风险的能力越强，对生产的规范性要求越高。由此提出假说：企业规模越大、级别越高、出口越多，越倾向于标准化生产。

（2）标准化生产意识主要是指企业对标准化生产的认知、标准化生产意识及对标准化生产行为的重视程度等。企业领导对标准化生产的意识越强，参与标准化生产的积极性越强。由此提出假说：企业标准化生产意识越强，越倾向于标准化生产。

（3）农业标准化生产能力是指获得无公害、绿色、有机、地理标志认证的数量。企业标准化生产能力越高，农产品品质越高。由此提出假说：企业标准化生产能力越强，越倾向于参与标准化生产。

（4）从长期来看标准化农产品经济效益高于非标准化农产品，理性企业会选择实施标准化以获得更多的效益。由此提出假说：标准化农产品效益越明显，企业越倾向于参与标准化生产。

（5）标准化生产环境是指制约或促使企业进行标准化生产的外部因素，有市场需求、竞争需要、政府支持等因素。由此提出假说：市场需求、竞争需要、政府支持等因素对企业实施标准化生产有促进作用。

2 数据来源

近年来，随着经济的发展，我国农业和农村经济逐渐进入新的阶段，人们对农产品已从追求数量变成追求质量、品质和特色，为了适应人们的需求，实现经济增长由粗放型向集约型转变，我国各地区均发展特色农业产业，培育了一批农业龙头企业，大力实施农业标准化，推动了农业现代化的发展，有力地促进了农业增收。例如，农业发展迅速的石河子垦区高度重视标准化工作，着眼于增强农业自主创新能力，通过实施农业标准化，加快农业科技成果的转化，取得了良好效果。在种植业上，大力推广以六项精准农业技术为主要内容的新科学、新技术，超宽膜植棉 16 万公顷，良种推广率达 100%，精量播种 5.33 万公顷，膜下滴灌率 100%，智能化滴灌 1333 公顷，机采棉种植面积 13.33 万公顷以上。在畜牧业生产中，全面应用人工授精冷配技术、饲草三贮一化技术、牛羊塑料暖棚技术、机械化挤奶技术、牧草机械化收割技术、性控冻精及性控胚胎移植技术、全混合日粮饲喂技术、奶牛自由采食等技术，大幅提高了畜牧业生产的科技含量，已建成 58 个有 500~1000 头的规模化奶牛场，从饲喂、繁育到产奶全部采用现代化管理新工艺。通过无公害农产品产地认证 13 家企业的 34 个品种，认证面积 1.67 万公顷；通过绿色食品获证单位有 7 家，均通过了 800 公顷葡萄有机农产品认证。到目前为止，石河子拥有农产品加工企业注册商标 751 个，其中引进知名品牌 30 个，自治区名牌产品 9 个，新疆著名商标 15 个，中国驰名商标 1 个。截至 2013 年 10 月底，"三品一标"已认证品种达 52 个，其中无公害农产品 34 个、绿色食品 15 个、地理标志 3 个。

石河子垦区在种植业、畜牧业等领域的标准化实施方面取得了显著成效，在整个新疆甚至全国均处于领先地位，因此本文在石河子垦区进行实地调查，通过对新疆石河子农业企业负责人进行访谈及问卷调查，涉及棉业、酒业、果蔬业、畜牧业、种业、粮油加工业等 79 家龙头企业，这些企业的具体分布情况如表 2 所示。共发放调查问卷 90 份，回收 79 份，有效率 87.8%，问卷具有较强的代表性。

表 2 调查农业企业分布情况

企业分类	企业数量（个）	占比（%）
棉业	22	27.85
酒业	9	11.39
果蔬业	19	24.05
畜牧业	15	18.99
种业	1	1.27
粮油加工	13	16.46

3 实证研究结果

3.1 描述性分析

3.1.1 农业企业标准化的出发点

调查表明，企业重视标准化生产的出发点主要集中在提升农产品质量，接着是获得经济效益、迫于竞争压力、加速开发新产品，如表 3 所示。

表 3 农业企业标准化出发点

出发点	企业数（个）	占比（%）
竞争压力	15	18.99
经济效益	19	24.05
提升产品质量	35	44.30
加速产品开发	10	12.66
合计	79	100.00

3.1.2 企业对标准化的认可情况

由表4可知，大多数被调查企业认为标准化对企业发展较为有利，占企业总数的56.96%；没有企业认为标准化不利于企业发展，说明企业实施标准化是比较利于企业发展的，企业比较认可标准化的重要性和必要性。

表4 农业企业对标准认可情况

标准化是否有利于企业发展	企业数（个）	占比（%）
非常有利	12	15.19
较为有利	45	56.96
一般	22	27.85
不利	0	0
合计	79	100.00

3.1.3 企业实施标准化满意度

79个企业中，有72.16%的企业对实施标准化感到很满意和比较满意，一般满意的占25.32%，仅有2家企业不满意（见表5）。对标准化满意度进行1～4分赋值后，计算平均得分为2.8分，与总分4分相比，满意度达70%，总体看来，企业对实施标准化的现状比较满意。

表5 农业企业实施标准化满意度

满意度	企业数（个）	占比（%）
很满意	8	10.13
比较满意	49	62.03
一般	20	25.32
不满意	2	2.53
合计	79	100.00

3.1.4 企业实施标准化的稳定性

从标准化实施的年限来看，70%以上实施标准化企业的生产年限在5年以上（见表6），可见对于大多数企业而言，实施标准化是比较稳定和连续的。

表6 农业企业实施标准化年限情况

实施年限	企业数（个）	占比（％）
3 年以下	3	3.80
3~5 年	20	25.32
5~10 年	28	35.44
10~15 年	24	30.38
15 年以上	4	5.06

3.2 计量经济模型和结果

3.2.1 模型选择及研究方法

假设农业企业选择标准化生产用 y 表示，y 取决于 x_i（影响企业实施标准化生产的各种因素）。结果只有两种：分别用 y=0、y=1 表示农业企业不采用、采用标准化生产，是非连续性的，并且这属于分类结果（y）与多种影响因素（x_i）之间的关系，可以用 Logistic 回归模型分析此问题。

Logistic 回归为概率型非线性回归模型，是研究分类观察结果（y）与一些影响因素（x）之间关系的一种多变量分析方法。Logistic 概率函数模型为：

$$p(y=1 \mid x) = \frac{e^{a+bx}}{1+e^{a+bx}}$$

其中，p 为农业企业采用标准的概率；x 为影响企业采用标准生产行为的因素；a、b 分别为各个因素所对应的参数。

模型的因变量 y 为农业企业是否实施标准化生产，被解释变量 y 是二元选择变量，即实施标准化生产和不实施标准化生产。由于所有的农业企业都表示实施标准化生产，因此采用计量方法对标准化实施程度和质量进行评价，从而判别企业真正实施标准化的取向。通过聚类分析，将标准化实施情况分为两类：标准化实施程度高的为一类，归为"标准化生产"，赋值为1；标准化程度低的为一类，归为"非标准化生产"，赋值为0。自变量是根据之前的五个假设选择变量来反映的。模型中的变量选取及统计数据如表7所示。

表7 模型变量的含义、取值范围和均值

变量名称	取值范围	变量含义
标准化程度变量（y）		
是否通过质量体系认证（y_1）	0~1	0=否；1=是
标准实施满意度（y_2）	1~4	很满意=1；比较满意=2；一般=3；不满意=4

变量名称	取值范围	变量含义
是否采用国际或国外先进标准（y_3）	$0 \sim 1$	$0 =$ 否；$1 =$ 是
标准实施年限（y_4）	$1 \sim 5$	3 年以下 $=1$；$3 \sim 5$ 年 $=2$；$5 \sim 10$ 年 $=3$；$10 \sim 15$ 年 $=4$；15 年以上 $=5$
自变量（x）		
企业自身特征变量		
企业性质（x_1）	$1 \sim 7$	国有企业 $=1$；外资企业 $=2$；股份合作企业 $=3$；私营企业 $=4$；民营企业 $=5$；中外合资 $=6$；其他企业 $=7$
企业级别（x_2）	$1 \sim 5$	市级企业 $=1$；师市级 $=2$；兵团级 $=3$；自治区级 $=4$；国家级 $=5$
资产总额（x_3）	$1 \sim 6$	1000 万元以下 $=1$；1000 万 $\sim$ 5000 万元 $=2$；5000 万 $\sim$ 8000 万元 $=3$；8000 万 $\sim$ 1 亿元 $=4$；1 亿 $\sim$ 5 亿元 $=5$；5 亿元以上 $=6$
销售收入（x_4）	$1 \sim 6$	1000 万元以下 $=1$；1000 万 $\sim$ 5000 万元 $=2$；5000 万 $\sim$ 8000 万元 $=3$；8000 万 $\sim$ 1 亿元 $=4$；1 亿 $\sim$ 5 亿元 $=5$；5 亿元以上 $=6$
员工人数（x_5）	$1 \sim 5$	100 人以下 $=1$；$100 \sim 300$ 人 $=2$；$300 \sim 500$ 人 $=3$；$500 \sim 1000$ 人 $=4$；1000 人以上 $=5$
企业产品是否出口（x_6）	$0 \sim 1$	没有 $=1$；不多 $=2$；较多 $=3$；很多 $=4$
企业成立年限（x_7）	$1 \sim 5$	3 年以下 $=1$；$3 \sim 5$ 年 $=2$；$5 \sim 10$ 年 $=3$；$10 \sim 15$ 年 $=4$；15 年以上 $=5$
外部环境		
政府支持（x_8）	$1 \sim 3$	不支持 $=1$；支持 $=2$；非常支持 $=3$
竞争是否激烈（x_9）	$0 \sim 1$	$0 =$ 是；$1 =$ 否
内部因素		
标准化生产意识（x_{10}）	$1 \sim 6$	很不重视 $=1$；不重视 $=2$；一般 $=3$；重视 $=4$；非常重视 $=5$
是否获得"三品一标"认证（x_{11}）	$0 \sim 1$	没有获得认证 $=0$；获得认证 $=1$
标准化产品比非标准化经济效益（x_{12}）	$0 \sim 1$	低 $=1$，差不多 $=2$；高一点 $=3$，高很多 $=4$

3.2.2 计量结果

首先，本文利用标准化实施年限、满意度、是否采用国际标准、是否通过质量体系认证来评估企业实施标准化的程度，由此来界定企业实施标准化的行为。

如果企业通过质量认证体系，具有稳定的标准实施年限并且对标准化实施的满意度较高，说明企业标准化的实施程度高，有利于标准化实施；如果企业没有通过标准认证、满意度较低，即使实施标准化，也不一定能够保证生产出标准化产品。因此，我们选择若干表征标准化实施程度的指标来加以反映。为了生成虚变量，采用 K 均值快速聚类分析法，结果如表 8 所示，给定 2 组聚类的条件，基于多元变量，将 79 家企业分为两组，对标准化程度较高的一组赋值为 1，对标准化程度较低的一组赋值为 0，由此生成虚变量数据。

表 8   每个聚类中的案例数

聚类赋值	案例数（个）
1	56
0	23

注：有效数为 79 个，缺失数为 0。

其次，应用 SPSS19.0 统计软件对 79 个样本数据进行二元 Logistic 回归分析，在处理中，先对选定的 13 个变量进行多重共线性检验，发现所选择的 13 个变量方差膨胀因子均小于 10，即各个变量之间不存在显著多重共线性。然后进行回归，得出表 9 中的结果，其中数据选择变量的标准水平是 $\alpha = 0.05$，剔除变量的标准水平是 $\alpha = 0.1$，模型预测采用农业标准化生产的正确率为 96.2%，-2 对数似然值为 35.376，该数大于自由度为 13，在 5% 显著水平下的卡方临界值为 22.36，说明回归方程通过了检验。卡方检验值为 74.482，$P = 0.00$，小于 0.05，说明模型至少有 1 个变量系数不是 0，有统计意义；Hosmer Lemeshow 检验值为 0.992，大于 0.05，表明模型拟合较好，实际值与预测值之间没有显著差异。通过检验，得到了影响显著的五个变量：企业级别、销售收入、竞争是否激烈、标准化意识、"三品一标" 认证。Logistic 回归方程为：

$$\text{Logit}(y) = \text{Ln}\left(\frac{p}{1-p}\right)$$
$$= -3.75 - 0.833x_1 + 0.452x_2 - 1.919x_9 + 2.8x_{10} + 3.709x_{11}$$

其中，p 为企业实施标准化生产的概率。

表 9   企业标准化行为的 Logistic 模型估计结果

解释变量	B	S. E.	Wals	df	Sig.	Exp（B）
常量	-3.750	3.781	0.983	1	0.321	0.024
x_1	-0.833	0.361	5.310	1	0.021**	0.435

续表

解释变量	B	S. E.	Wals	df	Sig.	Exp（B）
x_4	0.452	0.258	3.073	1	0.080 *	1.571
x_9	-1.919	1.156	2.754	1	0.097 *	0.147
x_{10}	2.800	0.804	12.114	1	0.001 ***	16.441
x_{11}	3.709	1.156	10.297	1	0.001 ***	40.813

模型整体检验预测企业非标准化生产的概率：88.5%
预测企业标准化生产的概率：90.6%
整体预测准确概率：89.9%
−2 对数似然值：44.723

卡方检验值：55.377
Nagelkerke R^2：0.701
Hosmer 和 Lemeshow 检验：0.947

注："*""**""***"分别表示在 10%、5%、1% 的水平上统计显著。

4　讨论与结论

从研究结果中可以看出，"企业级别"、"销售收入"、"竞争是否激烈"、"标准化意识"、"三品一标认证"的回归系数显著不为 0，说明以上四个变量对企业是否采用标准生产的影响程度很大，且可信度较高。

从企业自身特征变量看，销售收入对企业是否采用标准化有显著影响，并且系数符号为正，说明龙头企业销售收入越高，对标准化生产的投入也会增多，企业的经济实力对企业是否采用标准化提高产品质量有显著的促进作用。例如，石河子西部牧业是国家级龙头企业，管理机制比较完善，其所属公司花园乳业加大标准化投入，促进标准化产品生产，2008 年"花园"商标成为新疆著名商标，于 2013 年 11 月进行 GMP 和 HACCP 体系的外部评价，通过四体系的有效运行，公司管理走上了一个新的台阶。这充分说明了龙头企业级别越高，标准体系越健全，标准化程度越高，经济效益就越大。

外部因素中，竞争者数量对企业实施标准化有显著影响，从现实情况来看，随着经济的发展，企业间的竞争越来越激烈，标准化是企业的制胜法宝，迫于竞争压力，企业会实施标准化以提高企业竞争力。新疆地区经济特产源远流长，是全国优质棉生产基地，产品质量享誉中外，新疆棉业公司众多，为了提高企业竞争力，新疆西部银力棉业（集团）有限责任公司（以下简称"西部银力棉业"）视质量为生命，严格遵守 GB1103−2007《棉花细绒棉》和《"银力"牌棉花质量管理办法》，严格把好"银力"品牌的质量关和使用关，在装棉、运棉、售棉过程中，严禁使用编织袋、塑料袋、麻绳；在棉花收购加工中，任何人进厂必须戴白帽子，各厂都配有特杂箱，拉花车辆一律加盖棉制白布。西部银力棉业严格实施标准化使得经营的棉花 1999 年 7 月在全疆率先注册了"银力"牌棉花商标，并获得"国家权威检测达标品牌·国家质量检测连续合格产品"、"全国认知率最高的棉花品牌"、"中国棉花行业最具影响力十大满意品牌"、"新疆名牌产品"、"新疆著名商标"等荣誉，2002 年集团通过 ISO9001：2000 质量体系认证。西部银力棉业高度重视质量，大力实施标准化生产，使得西部银力棉业在众多棉业企业中崭露头角，成为了石河子垦区最大的棉业集团。

内部动机中，标准化生产意识和是否获得标准认证对企业实施标准化生产有显著影响，对企业实施标准化有明显的促进作用，说明企业标准化意识越强，实施标准的积极性越高，越倾向于实施标准化生产。如石河子垦区的神内食品有限公司，自成立以来就非常注重自主创新能力及标准化生产，依靠自主创新创立企业品牌，自 1997 年获得第一个注册商标起，积极申请注册商标 15 个，目前获得国家工商局商标局颁发的"神内"、"果菜家园"等 10 个高标注册证。公司在运营中意识到标准化生产的最终目的是提高产品的质量，为了确保神内品牌持续良好的发展，公司严格履行"追求绿色天然的一流品质，创造健康快乐的美好生活"的企业宗旨，严格自律，加强产品质量安全管理，不懈地利用多种形式，对员工进行质量意识教育培训，先后建立了 ISO9001 质量管理体系、卫生保证控制体系、HACCP 管理体系，并顺利通过了国家认证机构的审核，取得了认证证书。各项管理体系的建立和实施运行，有效保证神内产品的安全、卫生和营养，在各级质量技术监督和卫生管理部门的监督抽查检验中，产品质量全部符合有关质量标准，赢得了广大消费者的信赖和赞誉。神内牌胡萝卜汁、蟠桃汁、番茄汁连续六年获得绿色产品证书，这进一步增强了神内品牌的实力，年产品产销量达 5000 吨，促进了经济效益大幅提高。

石河子垦区在农业标准化生产方面取得了显著成效，但相对于国内外发达地区还有待提高，为了在出口时突破贸易技术壁垒，垦区应对现有农业标准进行全面梳理，并提高实际推广水平。按照农产品加工业标准化、优质化的要求，调整和优化农产品生产结构。大力提倡发展有机农业和绿色农业，为农产品加工企业提供安全、优质的加工原料。特别是大力推行产品地理标识管理、产品条形码制度和质量可追溯制度，做到质量有标准、过程有规范、销售有标志、市场有监测、安全有追溯，进而以丝绸之路为线索，全力打造西部农垦品牌，构造适应市场经济，产业高度集中、规模化、多元化、国际化的农产品品牌。强化品牌意识，依托兵团文化、绿洲文化及新疆先进的农业技术水平，生产涵盖垦区资源优势、生态优势、产品特色突出、市场竞争力强的农产品。对于企业和政府有针对性提出以下建议。

（1）对企业而言，企业应该不断强化标准化生产意识，重视标准、尊重标准，积极采用国际标准和国内先进标准，使生产、经营、产品质量达到更高的水平；不断提高企业自身的安全生产能力及深加工能力，申请质量标准认证，积极推进品牌建设；以提供资金、技术为切入点，促进标准化实施；加快提高企业技术标准水平，增强产品科技含量，促进销售收入，增加经济效益。

（2）对政府而言，应该着力引导、扶持企业实施标准化，建立完善的市场价格机制，实现优质优价。建立不同级别的龙头企业准入、奖励、淘汰机制，在同一地区引入若干同类型企业，增强企业间的竞争，促进标准的实施。另外，要加大标准化宣传力度，对企业负责人员进行标准化生产宣传与培训，提高标准化意识和标准实施能力，提高企业的社会责任感。

（王力　毛慧）

新疆生产建设兵团农业技术进步
贡献率的测算

——以第八师为例

1 引 言

新疆生产建设兵团依托其特殊的经济体制，在农业生产发展方面具备了高度组织化、规模化的优势，农业生产计划性、指导性非常强。职工按照团场计划规定种植农作物，团场为职工提供大量农业生产公共服务，职工定时定量交售农作物，农产品统一进入市场。西部大开发以来，兵团农业经济增长突飞猛进，农业机械化、信息化得到大力推广，其中第八师现代化农业最具有代表性，无论其农业生产经营方式还是农业结构优化都可作为兵团的代表。由于第八师种植业占农业的75%以上，故本文中的农业为小农业，即种植业。

本文运用计量模型对新疆兵团第八师农业经济增长进行深入的研究：应用第八师1995~2010年的相关数据，以柯布—道格拉斯生产函数和索洛经济增长模型为主要分析工具，建立经济计量模型，实证分析第八师农业经济增长影响因素及其贡献率，旨在探究第八师农业经济增长的瓶颈因素和激励因素，寻找第八师农业经济发展的突破口，结合第八师农业经济发展的实际和潜力，提出促进第八师农业经济增长的政策建议。

2 第八师的农业发展概况

第八师位于天山北麓，古尔班通古特大沙漠南缘，是天山北坡经济带腹心。

2010 年全师总人口约为 581248 人，其中从事农业生产工作的人数为 67189 人。第八师土地总面积约 7762 平方公里，其中耕地面积 237.84 万亩，是发展现代化农业的最佳之地。西部大开发以来，第八师作为天山北坡经济带的腹心，着力营造良好的投资环境，努力实施优势资源转换，积极调整优化产业结构，这对第八师农业的发展起了巨大的推动和技术支持作用。第八师是新疆最早引进并种植棉花的地方，随着膜下滴灌技术的不断改进和农业机械化程度的不断加深，棉花已经成为第八师农业经济发展的支柱产业。

2.1 第八师农业产值增长迅猛

农业作为第八师的基础产业，其产值速度增长迅猛。近几年第八师农业总产值在兵团农业总产值中的比重一直稳中有升，连续多年居于兵团各师前列，2012年，兵团第八师农业总产值为 106.82 亿元，占兵团农业总产值的 19.3%。棉花作为兵团的重要农产品，近几年来由于科技持续投入与创新，棉花产量的增长达到了 5.4%，尤其是第八师棉花产量增长率增幅较大（见图 1），且机械化水平不断提高，积极拉动农业总产值的增加，促进职工增收。

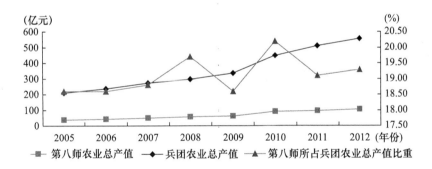

图 1 2005～2012 年第八师农业总产值及其在兵团农业总产值中所占比重

2.2 农业投入不断增加

农业经济增长是一个复杂的经济和社会现象，是劳动、资本、土地、技术进步和社会经济制度等多种因素共同作用的结果。第八师对农业的资本、劳动力、土地、技术的投入换来高增长率，农业科技也得到了进步的开发与利用。表 2 反映出第八师在农业生产过程中资本、劳动、土地和农业机械的投入量，近几年来，农业机械总动力和主要机械与设备投入不断增加，2012 年第八师柴油机动力 551677 千瓦，大中型拖拉机 8079 台，均居兵团首位。劳动力投入却呈现下降趋势，说明第八师农业机械化程度不断加强，劳动生产率不断提高；而农用地膜的使用量逐年增加，也可说明第八师农业生产机械覆膜面积不断增加，农业生产机械化种植模式的规模在不断扩大。

表 1 2008～2012 年第八师农业投入明细

指标 年份	劳动力投入 （人）	耕地面积投入 （千公顷）	农业机械总动力 （千瓦）	主要机械与设备 （千瓦）	农用地膜 使用量（吨）
2008	245554	185.85	561207	527867	11521
2009	245348	187.04	593143	574013	10930
2010	244758	237.84	675052	633344	11967
2011	242826	236.55	713866	680388	12626
2012	234748	236.55	755338	713255	12626

资料来源：根据 2009～2013 年《新疆生产建设兵团统计年鉴》数据计算而得。

3 研究方法选择

在经济学分析中，为了简化分析，通常假定生产中只有劳动和资本这两种生产要素。若以 L 表示劳动投入量，K 表示资本投入量，则生产函数表达式为：

$$Q = F(L, K) \tag{1}$$

柯布—道格拉斯生产函数是由数学家柯布和经济学家道格拉斯于 20 世纪 30 年代初一起提出来的。该函数以投入产出理论为基础，描述了经济学家所关心的经济增长问题。在后人的不断扩展下，可引入更多投入要素来更详细地研究经济增长问题。函数的基础表达式为：$Q = AK^{\alpha}L^{\beta}(A, \alpha, \beta > 0)$，其中，K 为资本投入量，L 为劳动力投入量。

本文选用拓展的柯布—道格拉斯生产函数，在假设要素边际产量和土地规模报酬不变的条件下引进要素耕地面积 S，运用 Eviews 3.0，通过回归法得出各要素的投入产出弹性，再借助索洛经济增长模型计算出农业技术进步贡献率。

4 实证模型和回归结果

4.1 指标选取

4.1.1 农业的产出量

农业的产出量（Y），一般选择农业总产值或农业增加值。农业增加值是指在报告期（一般为一年）内农业生产作物总量或从事农业生产经营活动而增加的价值，可用农业总产值扣除农业中间投入后的余额表示。为了提供更为准确、客观的农业产出量测算数据，兼顾数据的可得性，本文选取 1995～2010 年第八师的农业增加值作为农业总产出 Y，并以 1990 年为基期进行缩减，以消除价格因素的影响。

4.1.2 农业资本投入

农业的资本投入（K），根据梳理以往研究可以发现对农业资本投入数据的选取主要有以下三种：①认为农业资本投入是投入要素所提供的服务流量，是要素投入量、利用效率和质量的综合水平；②在确定折旧率的基础上，确定基期资本投入总额；③直接选取农业的中间消耗，包括中间物质消耗和生产服务支出，中间物质消耗又包括用种量、化肥、燃料、农业、农用塑料薄膜、用电量和农具购置费等；生产服务支出机械修理费、种植业保险支出费、外雇排灌费和外雇机井费等。考虑到数据的客观性、有效性、综合性，本文以《新疆生产建设兵团统计年鉴》中农业中间消耗额作为资本投入。

4.1.3 农业劳动力投入

农业的劳动投入（L），是一定时期内所有劳动者所提供劳动服务的流量，受劳动者的数量、劳动时间和劳动者综合素质的影响。常用的劳动投入指标有劳动者人数、劳动总时间、劳动者报酬等。由于第八师是棉花生产种植大师，每年 9 月均会有近 10 万拾花工进入第八师采摘棉花，由于第八师机械化程度较高，仅在农业生产收获季节，劳动力的每日用工量较大，考虑数据的可获得性，本文忽略劳动力投入在不同季节的分布，仅将实地调研所获取的历年拾花人数与第八师农业劳动人数之和作为第八师农业劳动投入。

4.1.4 土地投入

土地投入（S），由于本文所指农业为小农业，即种植业，故选取第八师农作物播种面积作为农业的耕地面积投入，为了简化数据收集处理工作，耕地质量将不予考虑。

4.2 原始数据的收集整理

本文所使用的所有原始数据来源于 1996～2011 年《新疆生产建设兵团统计年鉴》、第八师统计局和实地调研所获取的数据（见表 2），并将第八师农业产值、增加值、资本投入均以 1990 年为基期进行不变价处理，以消除价格因素对回归结果的影响。

表2　1995～2010 年兵团第八师农业数据

年份	农业总产值（亿元）	农业增加值（亿元）	资本投入（亿元）	劳动者人数（人）	耕地面积（千公顷）
1995	8.47	4.55	3.92	156393	156.67
1996	10.05	4.89	5.16	158023	159.00
1997	11.53	6.16	5.37	159913	159.78
1998	13.44	6.93	6.51	156343	164.87
1999	14.15	7.30	6.85	157891	174.55
2000	15.41	8.33	7.07	160230	176.50
2001	10.59	5.91	4.68	156745	180.45
2002	17.28	8.75	8.53	158903	182.17
2003	16.90	8.82	8.08	161325	186.90
2004	18.06	9.74	8.33	162787	192.59
2005	19.93	10.65	9.28	161873	196.96
2006	23.40	12.55	10.85	162437	197.86
2007	24.76	12.44	12.33	160657	199.43
2008	27.58	13.73	13.85	160205	208.70
2009	28.36	14.25	14.41	162617	217.80
2010	30.29	15.57	14.72	165189	227.27

4.3 计量模型构建

本文对原始数据取对数，以消除由于时间序列而造成数据异方差，同时对拓展的柯布—道格拉斯生产函数两端取对数得到如下形式：

$$LnY = lnA + \alpha lnk + \beta_1 lnL + \beta_2 lnS \tag{1}$$

由 Eviews3.0 软件普通最小二乘法分析可以建立第八师农业产出生产函数方程，具体结果表示如下：

$$LnY = 7.372379 + 0.440699lnk + 0.344016lnL + 0.215285lnS \qquad (2)$$
$$(3.054349)\quad(9.518045)\quad(-3.633378)\qquad(0.241170)$$

$R^2 = 0.983703$，调整后的 $R^2 = 0.979629$，$F = 241.4463$，$DW = 2.113779$。

R^2 值为 0.983703，调整后的 $R^2 = 0.979629$，说明模型拟合度很好；F 值达到 241.4463，远大于临界值，说明方程通过总体线性显著性检验，而各变量的 t 统计量绝对值均大于临界值，因此各变量也通过显著性检验，DW 值为 2.113779，大于 2，说明残差不存在自相关。因此，模型通过统计检验。

由模型可以看出，资本、劳动力、耕地面积的投入产出弹性均为正值，即三者均与农业增加值呈正向变动关系。

4.4　年技术进步速度的测算

年技术进步速度是反映一定时期内生产技术进步快慢的综合指标。其表达式为：

$$\gamma = y - \alpha \times k - \beta_1 \times l - \beta_2 \times s \qquad (3)$$

其中，γ 为每年农业生产平均技术进步速度，α、β_1、β_2 为资本、劳动和耕地的投入产出弹性，y、k、l、s 分别为产出、资本、劳动、耕地投入的年均增长速度。由此可以得出：上式将资本投入、劳动投入和耕地投入以外的所有促进农业经济增长的要素全部归入技术进步的范畴。

由几何平均法，得出各要素投入的增长速度 y、k、l、s，分别为：

$$y = \left(\sqrt[16]{\frac{155674}{45489}} - 1\right) \times 100\% = 7.9927\%$$

$$k = \left(\sqrt[16]{\frac{147233}{39219}} - 1\right) \times 100\% = 8.6129\%$$

$$l = \left(\sqrt[16]{\frac{165189}{156393}} - 1\right) \times 100\% = 0.3426\%$$

$$s = \left(\sqrt[16]{\frac{227.27}{156.67}} - 1\right) \times 100\% = 1.6732\%$$

由式（3）可以得出：

$\gamma = 7.9927\% - 0.440699 \times 8.6129\% - 0.344016 \times 0.3426\% - 0.215285 \times 1.6732\% = 3.7189288\%$

技术进步贡献率：

技术进步贡献率是直接反映技术进步对农业经济增长影响的综合指标。其定义式为：

$$E^A = \gamma / y \times 100\% \qquad (4)$$

同理可以推导并测算出资本、劳动、耕地面积对农业经济增长的贡献率定义式和结果分别为：

$$E^A = \gamma/y \times 100\% = 3.718928\%/7.9927\% \times 100\% = 46.53\%$$

$$E^k = k/y \times 100\% = 3.7956964\%/7.9927\% \times 100\% = 47.49\%$$

$$E^l = l/y \times 100\% = 0.0943566\%/7.9927\% \times 100\% = 1.47\%$$

$$E^s = s/y \times 100\% = 0.3602146\%/7.9927\% \times 100\% = 4.51\%$$

4.5　实证研究结果及相关分析

回归模型结果表明，1995～2010年，资本、劳动力、耕地面积投入与第八师农业增加值是相关关系，但三者对农业经济增长的贡献率不同。技术进步对第八师农业经济增长的贡献率达到46.53%，这与第八师积极推进农业生产设备技术革新与生产方式技术进步结果等离不开；由第八师近些年的农业现状可知，第八师的棉花种植面积在不断扩大，资本对第八师农业经济增长的贡献主要来自于大量购买农业机械设备，如采棉机、节水设备、农田水利建设、燃油投入等，所以资本投入对农业经济增长的贡献达到了47.49%；随着劳动力的成本越来越高，在技术进步的作用下，机械作业逐步代替了大量的人工作业。兵团于1996年开展机采棉试验项目，1997年第八师率先进行农艺实验，并在2001年大面积推广机采棉种植模式，虽然每年也有近10万的拾花大军进入第八师采摘棉花，但随着棉花种植面积的不断增加与机采棉面积的快速增长，劳动投入对第八师农业经济增长的贡献率也仅有1.47%；耕地的投入对第八师农业经济增长的贡献为4.51%，可以看出农业的经济增长不能单纯依靠扩大耕地面积，毕竟土地是有限的。

5　研究结论和对策建议

5.1　研究结论

5.1.1　资本投入方面

一个地区要想更好地发展，资本投入是必不可少的。在上述回归分析中可以看出资本投入对第八师农业经济增长的影响是显著的，并且贡献是正的，农业资本投入贡献率占总贡献率的47.49%。其原因有以下几点：第八师农业生产多为经济作物，如棉花、番茄、水果等，这些都属于资本密集型农业，所以资本的投入对总产值的影响是显著的；第八师农业产出增长主要依靠物质资源投入，说明第八师农业发展还是主要以大量资源消耗来换取农业生产的高产出和农业经济的高增长。

5.1.2　劳动力方面

在上述回归结果中，农业劳动力的投入产出弹性为0.344016。本文选取的劳动投入指标是《新疆生产建设兵团统计年鉴》的第八师农业劳动力人数加上每年的外来拾花人数之和，由1995～2010年第八师农业数据表可以看出：观测期内第八师农业劳动者绝对数量是呈下降趋势的，但随着棉花种植面积的不断增加，外来拾花人数的增加使得劳动投入还是在小幅度增加。1.47%的劳动弱贡献率也说明了第八师农业机械化水平在不断加强。

5.1.3　耕地面积方面

回归结果表明：耕地面积的投入产出弹性为0.215285，其贡献率仅为4.51%，可以发现，第八师农业经济增长方式正处在外延型增长向内涵型增长转变的阶段。虽然第八师与大面积的沙漠相连，可大量改造沙地，增加耕地面积，但由于国家对西部干旱缺水的沙漠地区开荒的严格限制，单纯扩大土地面积以求农业经济发展已丧失了科学性、持久性、生态性。

5.1.4　技术进步方面

随着兵团"三化"建设的提出，农业现代化的基础作用更为突出，通过测算得出技术进步对第八师农业经济增长的贡献率为46.53%，明显强于其他生产要素，这与第八师不断加大农业科技投入有很大关系。机械化程度的不断提高，劳动者生产工艺的提升，管理和决策水平的不断加强，科技推广体系的完善等都离不开科技的进步。科技进步为第八师农业经济增长方式的转变提供了技术指导与支持，而农业经济增长则为科技的进一步发展提供了经济保障，二者相互作用，共同促进。

5.2　对策建议

5.2.1　扩大农业机械化程度

第八师是新疆优质棉的重要生产基地。2012年，第八师棉花播种面210万亩，占师（市）农作物播种面积的73.43%，其中机采棉种植面积达到180万亩，占总植棉面积的80%以上，产值占农业总产值的78.67%，可以说棉花产业的发展决定着第八师农业经济的发展。近年来，随着拾花工的紧缺和人工拾花费用的逐年提高，团场植棉成本也随之高涨，但机采棉技术的推广大大缩短采收时间，降低拾花成本，有效缓解采棉季拾花劳动力紧缺的问题，同时，实现棉花生产机械化也是推动兵团"三化"建设的重要举措。

5.2.2　加大农业科技投入，促进农业科技创新

科技投入在农业发展中占有举足轻重的作用，加大投入是转变农业生产经营

方式的主要手段，因此，促进农业科技不断进步，提供农业发展的科技支撑尤为重要。加大投入主要农作物新品种的研制，建设和完善良种繁育推广体系、病虫害防治体系，在努力提高农作物单产的前提下保证农作物的品质。在师（市）棉花节水滴灌覆盖率基本达到100％的情况下，要不断创新滴灌技术，努力实现精准施肥、进行标准化生产；加快机采棉品种的繁育，以适应机采棉的不断发展；完善农田水利设施，整治农业自然资源，加快实现农业现代化。

5.3.3 提高职工素质、发展高效农业

农民既是农业科技成果的应用者，同时也是农业技术进步的推动者，因此，农民素质的高低直接影响农民对先进技术的吸收和转化水平，从而影响农业科技进步贡献率的高低。大力发展技术培训，培育和造就高素质的创新人才，建立农业科研教育体系、农业投入保障体系、农业经营管理指导服务体系及农产品加工流通体系等，从根本上改变广大农民的知识结构。师（市）各团场要发挥体制优势，积极开展对团场连队职工的农业技术培训，及时提供市场信息，指导、帮助职工增收。

（王力　王洁菲）

我国棉花产业链各环节
利益分配格局研究

1 问题提出及文献回顾

1.1 问题提出

棉花是中国产业链延伸最长的农产品之一,具有重要的战略地位。棉花产业的良性发展关系着国计民生,棉花产业的安全与否决定棉花种植业、棉花加工业、棉花流通业、纱布纺织业和服装生产业等产业经济的正常运作与发展。近几年,我国棉花价格剧烈波动,2002~2003年,我国皮棉价格由12008元/吨涨至16419元/吨,并于2004年迅速跌至11280元/吨,2011年3月,棉花价格达到31222元/吨的最高值,8月又迅速跌至19067元/吨(数据来自中国棉花网)。除了棉价的剧烈波动,棉花库存与进口同时逐年递增,并在2012年双双创下历史新高,棉花市场供给远大于需求,但棉价依然偏离市场价格。棉农为规避风险而放弃植棉,对棉花产业安全产生直接威胁。

复杂背景下的棉花被赋予金融产品的属性,国家为了维护棉农的利益,于2010年不得已在原有临时收储政策的基础上研究制定了大规模敞开收储政策。2011年19800元/吨的收储价格在防止棉价骤跌、保障棉农利益方面确有实效,但是这个临时的应急政策被迫常态化,棉花产业链整体协调发展出现无法回避的问题,中间轧花厂攫取了大部分利润,而棉纺企业生存困难重重。以临时收储为主要内容的当前流通体制对我国棉花产业链健康、持续、稳定发展的"功过得失"是棉花研究学者急需研究的课题。

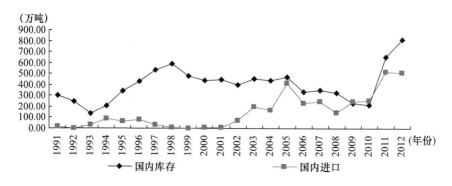

图 1　1991～2012 年我国棉花库存、进口量

1.2　文献回顾

棉花从种植到服装销售已经形成一条完整的产业链，但由于棉花是国家重要战略物资，并且容易被复杂的国际贸易环境影响，所以连续、系统、及时的研究对宏观把握棉花产业链发展状况有重要意义。笔者经过梳理国外棉花流通相关研究发现，美国目前研究重点多集中在国际贸易与期货方面，印度则偏重对种植环节技术进步的研究。国内关于流通体制对棉花产业价值链影响的研究正在逐步深入。谭砚文（2005）认为，我国棉花流通体制改革的过程实质上就是一个制度变迁的过程，并运用制度变迁理论和博弈理论诠释了我国棉花流通体制改革的历程，这对今后的研究有一定作用。张利庠等（2012）利用 Granger 非因果关系检验和脉冲响应函数得出，棉花产业链各个环节存在密切相关，政府相关政策的出台会对棉花产业链上各个变量产生一定冲击，进而影响各个变量长期的均衡状态。黄颖（2013）通过调研数据，直观反映了棉花产业价值链利润分配不均的现状：2012 年轧花厂利润颇丰，成本价在 19000～19500 元/吨，按照 20400 元/吨的收储价，至少有 1000 元/吨的利润，而下游棉纺企业却叫苦不迭。周声涛（2013）在"2013 中国国际棉花会议"中提出，虽然中国政府的各项棉业政策对稳定棉花市场、保障棉农利益起到了积极的作用，但却对产业链健康发展造成了不容忽视的影响，所以设计一个长期的、前瞻性的制度，建立棉花产业发展长效机制已迫在眉睫。

现行流通体制中，国家临时收储政策对棉花产业价值链的影响已得到众多学者的诟病，并对其进行相关研究。肖双喜（2013）通过分析国家对棉业各种补贴政策的积极与消极作用，提出"收入补贴 + 关税配额"组合政策的新构想。但这并没有客观反映棉花产业链各环节的利润分配。Shapley 值法是由 Shapley（1953）提出的用于解决多人合作对策问题的一种数学方法，目前主要用于研究联盟合作伙伴或企业之间的利益分配，用于农产品价值链方面的研究开始慢慢流行。钱贵霞（2013）运用 Shapley 值法研究液态奶产业链利润分配。毕桦（2009）基于产业链视角，利用 Shapley 值法以盱眙龙虾为例研究特色农产品利益分配机制。本文基于国储制度背景，通过实地调研，运用 Shapley 值法对当前流通体制下棉花产业价值链利益分配机制进行研究，并提出利润合理分配方案。

2　当前流通体制下棉花价值链各环节收益分配现状

2.1　当前流通体制下棉花价值链各环节成本利润分析

本文研究对象为受收储政策影响较大的棉花价值链上游各环节主体，由于近几年棉花流通企业几乎失去其原来供销体制时期的作用，例如，银隆国际和新疆棉花产业集团经营项目多以棉花加工为主，涉及棉花期货、现货的经营项目已所剩无几，所以本文的研究对象主要包括棉花种植环节的棉农、加工企业（轧花厂）和棉纺企业三部分。根据产业链各环节收益形成过程，课题组于 2011 ~ 2013 年，在新疆各地州和新疆生产建设兵团展开棉花价值链各环节利润形成及分配的问卷调查。

2.1.1　棉花种植环节

棉花种植环节的成本主要由物化、机械及活劳动和田间管理成本构成，如表 1 所示。近几年来，随着农药化肥、劳动力的价格不断高涨，棉农植棉成本不断增加。新疆生产建设兵团依托其特殊的经济体制成功推进了棉花机械化生产、采收的进程，虽然实现了机械替代劳动力，但配套技术不完善也导致机采棉花含杂量大，品质较低。两种采摘方式虽有 210 元/亩的成本差价，但 2012 年手采籽棉收购价比机采籽棉高 0.5 元/公斤，综合比较，两种采摘方式的经济效益相差不大。据新疆维吾尔自治区农机局统计数据显示，2012 年全疆机采面积占总种植面积的 25%，所以本文根据两种采收方式面积所占比重计算出植棉的亩均成本。

表 1　棉农植棉亩均成本

项目	机采平均成本（元/亩）	所占比例（%）	手采平均成本（元/亩）	所占比例（%）
物化成本	778.45	40.71	649.44	30.17
种子、农药、化肥	272.85	35.05	272.85	42.01

项目	机采平均成本（元/亩）	所占比例（%）	手采平均成本（元/亩）	所占比例（%）
机力、水电费	312.70	40.17	234.09	36.04
地膜、滴灌带、脱叶剂	147.90	18.99	97.50	15.02
病虫防治、滴灌折旧	45.00	5.79	45.00	6.93
机械及活劳动成本	542.52	28.38	928.52	43.15
放苗、定苗、打顶	103.00	18.98	64.00	6.89
机采（正采＋复采）	185.00	34.11	0.00	0.00
人工拾花、家庭用工折价	254.52	46.91	864.52	93.11
田间管理成本	591.00	30.91	574.00	26.68
土地承包	357.00	60.41	357.00	62.19
农业保险	27.00	4.57	27.00	4.71
棉花装运、田间管理	207.00	35.02	190.00	33.10
总成本	1911.97	100.00	2151.96	100.00
机采、手采平均成本	2091.97			

数据来源：《新疆维吾尔自治区农牧产品成本收益资料汇编》结合石河子大学棉花经济研究中心《调研资料汇编》计算得出。

目前国储是皮棉主要流向，2012年全国皮棉的入储率达到90%，新疆棉区入储率达到95%以上，当时预计2013年国储的入储率将突破90%（中国棉花协会）。在植棉成本高涨的今天，临时收储虽然能够确保棉农不亏损，稳定棉农种植积极性，但"增产不增收"的现象日益凸显。

2.1.2　初加工环节（轧花厂）

初加工环节的成本主要有原料（籽棉）、机械设备折旧、管理包装费、水电费和工人工资等构成，如表2所示。虽然手采籽棉的价格较高，但加工程序少于机采棉，所以最终二者成本仅相差75.3元/吨。为使研究数据更为客观准确，本文根据机采棉与手采棉在总产量中所占比重计算出轧花厂加工1吨皮棉的成本。

表2　轧花厂皮棉平均生产成本（元/吨）

项目	机采平均成本（元/吨）	所占比例（%）	手采平均成本（元/吨）	所占比例（%）
原料（籽棉）	16813.52	92.19	17488.02	95.49
机械设备折旧	344.63	1.88	93.21	0.51

续表

项目	机采平均成本（元/吨）	所占比例（%）	手采平均成本（元/吨）	所占比例（%）
包材、抵材费	245.00	1.35	198.00	1.08
燃料、电费	304.00	1.67	150.40	0.82
工资、管理费	312.68	1.72	203.00	1.11
保险、运杂费	64.20	0.35	51.00	0.28
其他	153.30	0.84	129.00	0.71
总成本	18237.33	100.00	18312.63	100.00
机采、手采平均成本	18293.80			

数据来源：《新疆维吾尔自治区统计年鉴》结合石河子大学棉花经济研究中心《调研资料汇编》计算得出。

从表2中可以看出，皮棉生产成本90%以上用于收购籽棉。按39%的衣分率折算，生产1吨皮棉至少需要2.56吨籽棉。2012年籽棉收购价最高为7.5元/公斤，加工1吨皮棉所需籽棉成本为17488元，加上水电费等最多达到18312元，而国家的收储价格是20400元/吨，轧花厂通过棉花交储可至少获得2088元/吨的纯利润。除此以外，棉籽、棉粕、棉短绒的收益均属于轧花厂（轧花厂加工1吨皮棉纯利润＝1.28吨棉籽×1800元＋0.26吨棉短绒×3300元＋入储利润2088＝5250元/吨）。据石河子大学棉花经济研究中心调研资料显示，2012年121团通过团场直属的轧花厂获得利润2亿元左右。

2.1.3 棉纺环节

棉花种植环节和加工环节分享了国储带来的利润。成本的不断高涨，导致棉纺企业正面临着二三十年从未有过的严峻考验。通过测算发现，棉纺企业原料价格一旦高于18000元/吨便面临亏损。而中储棉总公司抛储的起拍价加上竞拍后的手续、出库、运输费和资金利息等一直在19000～21000元/吨徘徊，在国内外棉价差平均4000～6000元/吨的环境下，棉纺企业只有获得棉花进口配额才能维持生产。除了成本压力，棉纺企业还要负荷高额的赋税。表3反映的是棉纺企业使用国储棉和依照3配1原则获得配额的生产成本明细。

表3 棉纺企业32支纱生产平均成本（元/吨）

项目	仅用国储棉的平均成本（元/吨）	所占比例（%）	拥有配额的平均成本（元/吨）	所占比例（%）
原料	19880	77.26	18500	75.97
水电费	1600	6.21	1600	6.57

续表

项目	仅用国储棉的平均成本（元/吨）	所占比例（%）	拥有配额的平均成本（元/吨）	所占比例（%）
劳动成本	750	2.91	750	3.08
折旧费、管理费	2000	7.77	2000	8.21
税费	148	0.58	148	0.61
包装费	240	0.93	240	0.98
运输费	980	3.82	980	4.03
其他	132	0.52	132	0.55
总成本	25730	100.00	24350	100.00
平均成本	25040			

资料来源：《新疆维吾尔自治区统计年鉴》结合石河子大学棉花经济研究中心《调研资料汇编》计算得出。

2012 年 1 月至 2013 年 9 月，国内主要市场纯棉筒纱 32 支纱（KC32S）的价格基本稳定在 25700 元/吨（中国棉花网）。拥有配额的棉纺企业成本是 24350 元/吨，再加上运输费用和销售过程中产生的交易费用，利润所剩无几，没有配额的棉纺企业生产成本高达 25730 元/吨，必然亏损。我国的纺织工业是以国际市场为导向、以出口创汇为主要目标的外向型产业，如此高的生产成本导致我国纺织产品在全球市场上的竞争力急剧下降，棉纺企业普遍降低开工率，亏损生产以求政策转变来渡过难关。

2.2 棉花产业价值链各环节成本利润比较

本文将棉农植棉环节作为棉花产业价值链起点，初加工环节（轧花厂）作为中间环节，棉纺企业作为终点。由图 2 可以看出，在整个价值链中，仅有种植环节和初加工环节盈利，中储棉总公司和棉纺企业都如履薄冰。2012 年，新疆生产建设兵团虽然通过利用膜下滴灌技术将籽棉单产提高至 434.3 公斤，但新疆整体籽棉亩均产量是 329.9 公斤/亩，通过计算发现，在种植环节，棉农获得 1933 元/吨的利润所需的耕地面积是 3.03 亩，南疆少数民族地区的植棉规模多集中在 10 ~ 20 亩，所以一年植棉利润也仅有 6379 ~ 12759 元；新疆生产建设兵团棉农的植棉规模多在 50 ~ 100 亩，其年收益也仅是 31897 ~ 63795 元。而轧花厂加工生产 1 吨皮棉就可获得 5250 元的纯收益；中储棉公司由于需要支付大量的仓库管理、安全防治费等，2012 年给国家带来近 300 亿元的财政负担外；棉纺企业承担的市场风险最大，提供的工作岗位最多，但获得的利润最少，加上纺织设备具有较强的资产专用性，所以短期内很难改变困境。

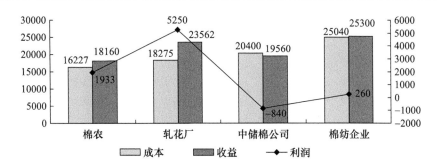

图2　棉花产业价值链各环节成本、收益及利润

资料来源：《新疆统计年鉴》并经过单位换算计算得出。

1吨32支的棉纱价值的形成过程是：2.82吨籽棉→1.1吨皮棉→1吨32支的棉纱，棉花到棉纱共增值11486元/吨，在当前流通体制下，种植环节获得了47.45%，初加工（轧花厂）获得了50.28%，棉纺环节仅剩2.27%。在种植环节，数量庞大的棉农共分47.45%的份额，过大的人口基数导致单个棉农所获得的利润微乎其微，轧花厂一条生产线的日产能已到达200吨，一天可产生173万元的利润，棉纺企业是劳动密集型产业，也是棉花增值最大的环节，原料成本的居高不下使其面临严重的生存困境。

3　棉花产业链利润合理分配实证分析

基于现行流通体制对棉花产业价值链各环节主体成本利润的分析发现，当前价值链利润分配不合理，严重制约其持续健康发展。如何在保障棉农收益的前提下实现产业链各环节主体的帕累托改进需要深入研究。考虑当前棉花产业深受宏观政策的影响，本文提出如下假设：由于临时收储政策制定的初衷是补贴棉农、稳定价格，中储棉总公司在收储、抛储过程中并没有使产品增值，所以假设中储棉总公司不参与价值链利润分配。根据假设，利用Shapley值法，以棉花产业各环节参与合作主体的贡献大小为权重，计算棉花产业链各环节主体的收入期望值，进而获得国储政策背景下各环节主体的合理利润分配方案。

3.1　Shapley值法

Shapley值法是由Shapley L. S.（1953）提出的用于解决多人合作问题的数学方法，是分配参与者合作所产生的收益的一种分配方案。可定义如下：n人合作

政策调整、产业转型中的新疆棉花经济

的集合为 I = {1, 2, 3, …n}，对于 I 中任何一个子集都表示可能形成的一个联盟 s，则 v(s) 被称为定义在 I 上的特征函数，即通过相互协调，合作成员获得最大收益，而所谓的合作对策是指定义了特征函数 I 中的 n 个人的合作结果，可以用向量值函数 φ(v) = (φ₁(v), φ₂(v), …φₙ(v)) 来表示，函数解是总体合作联盟 s 所获得利益的一个分配方案，φᵢ(v) 表示合作主体 i 从合作获利中所获得的报酬，也是一个分配方案。合理的 Shapley 值需要满足四个公理：①合作获利对每人的分配与赋予它的记号 {i} 无关；②各人分配之和等于合作获利；③如果 {i} 对每一个参与的合作都没有贡献，那么他不应从全体的获利中获得报酬；④当 N 人同时进行两项合作时，分配方案应该是两项之和。

为了确定 φ(v)，Shapley L. S. 在 1953 年得出并证明满足这组公理的 φ(v) 唯一的解是：

$$\phi_i(v) = \sum_{s \in s_i} \varpi(|s|)[v(s) - v(s-i)] \quad (s \in s_i; \ i = 1, 2, 3, \cdots n) \quad (1)$$

式(1)中，φ(v) 称为由 v 定义的合作的 Shapley 值，$\sum\limits_{s \in s_i}$ 表示对所有包含 {i} 的集合求和，s_i 是 I 中包含 {i} 的所有子集，$|s|$ 是集合 s 中的人数，$\varpi(|s|)$ 是加权因子，$[v(s) - v(s-i)]$ 表示 {i} 对合作 s 的贡献，v(s) 为子集的收益，v(s-i) 是合作中除去主体 i 所获得的收益。

3.2 棉花产业价值链合理利益分配方案

假设在自由竞争市场（m）上，32 支棉纱的价格是 p_3，棉纺企业以 p_1 元/吨的价格水平从轧花厂买数量 q_1 的皮棉；轧花厂为满足对棉纺企业的供给，以 p_2 元/吨的价格从棉农手中购买数量 q_2 的籽棉。R 代表利润，S 代表棉纺企业，M 代表轧花厂，F 代表棉农；设棉农每生产 1 吨籽棉的边际成本是 c_1，轧花厂每加工销售 1 吨皮棉的边际成本是 c_2，棉纺企业每生产 1 吨 32 支纱的边际成本是 c_3，根据中国棉花网、棉花信息网和调研数据综合整理、计算得出表4。

表4 棉花产业链各环节成本价格明细（元/吨）

变量	数值
棉纺企业的边际成本（c_1）	19190
轧花厂的边际成本（c_2）	17150
棉农的边际成本（c_3）	2032
棉纺企业皮棉购买价格（p_1）	19190
轧花厂籽棉收购价格（p_2）	7200
32 支纱市场售价（p_3）	25300

棉花产业价值链各主体为实现利润最大化而确定最优生产规模，通过各环节成本收益计算得到各主体所期望获得 1 吨 32 支棉纱增值的利益份额分别为：5354 元/吨、2313 元/吨、3819 元/吨。采用利润共享模式后，产业链整体趋于协调，1 吨 32 支的棉纱生产遵循：2.82q（籽棉）= 1.1q（皮棉）= q（棉纱）。当棉农与轧花厂进行合作而棉纺企业处于非合作状态时，由于棉纺企业直接面对市场需求，并将需求量反馈至轧花厂，轧花厂自身谈判能力较强，压低籽棉收购价格，棉农要维持生计，便与轧花厂展开博弈，棉农掺杂、造假行为影响了棉花品质，籽棉流通市场的不公平竞争导致"棉农 + 轧花厂"的总利润将少于二者在公平市场中的利润之和：

$$R_{FM} = p_1 \cdot q - (p_2 + c_2) \cdot 1.1q + c_2 \cdot 1.1q - c_3 \cdot 2.28q$$
$$= p_1 \cdot q - (1.1p_2 + 2.28c_3) \cdot q < R_F + R_M \quad (2)$$

轧花厂由于经营主体数量庞大，在非合作状态时，流通市场的竞争较为激烈，轧花厂通过抬高收购价购买籽棉，棉农收益增加，棉纺企业也从竞争的市场中获得收益。所以，当棉纺企业与棉农进行合作而轧花厂处于非合作状态时，"棉农 + 棉纺"合作总利润大于二者自由市场利润之和：

$$R_{FS} > R_F + R_S \quad \text{（依照式（2）推导，略）} \quad (3)$$

当轧花厂与棉纺企业进行合作而棉农处于非合作状态时，"轧花厂 + 棉纺"合作总利润是：

$$R_{MS} < R_M + R_S \quad (4)$$

通过计算可以得出表5、表6和表7。

表5 1 吨 32 支棉纱附加值中棉农所获利润 $\phi_F(v)$

S_F	棉农（元/吨）	棉农 + 轧花（元/吨）	棉农 + 棉纺（元/吨）	棉农 + 轧花 + 棉纺（元/吨）
$V(S_F)$	5354	6637	9206	11486
$V(V_F - i)$	0	2313	3819	6132
$V(S_F) - V(V_F - i)$	5354	4324	5387	5354
$\|S\|$	1	2	2	3
$\varpi(\|S\|)$	1/3	1/6	1/6	1/3
$\varpi(\|S\|)[V(S_F) - V(V_F - i)]$	1785	721	898	1785

表6 1吨32支棉纱附加值中轧花厂所获利润 ϕ_M （v）

S_F	轧花 （元/吨）	棉农 + 轧花 （元/吨）	轧花 + 棉纺 （元/吨）	棉农 + 轧花 + 棉纺 （元/吨）
$V(S_F)$	2313	6637	6032	11486
$V(V_F - i)$	0	5354	3819	9173
$V(S_F) - V(V_F - i)$	2313	1283	2213	2313
$\mid S \mid$	1	2	2	3
$\varpi(\mid S \mid)$	1/3	1/6	1/6	1/3
$\varpi(\mid S \mid)[V(S_F) - V(V_F - i)]$	771	214	369	771

表7 1吨32支棉纱附加值中棉纺企业所获利润 ϕ_S （v）

S_F	棉纺 （元/吨）	棉农 + 棉纺 （元/吨）	轧花 + 棉纺 （元/吨）	棉农 + 轧花 + 棉纺 （元/吨）
$V(S_F)$	3819	9206	6032	11486
$V(V_F - i)$	0	5354	2313	7667
$V(S_F) - V(V_F - i)$	3819	3852	3719	3819
$\mid S \mid$	1	2	2	3
$\varpi(\mid S \mid)$	1/3	1/6	1/6	1/3
$\varpi(\mid S \mid)[V(S_F) - V(V_F - i)]$	1273	642	620	1273

将表5、表6、表7最后一行相加可以得到 $\phi_F(v) = 5189$ 元/吨，$\phi_M(v) = 2125$ 元/吨、$\phi_S(v) = 3808$ 元/吨，即最佳分配的向量为（5189，2125，3808）。在 Shapley 法计算的值中，各环节主体依据对产业价值链的贡献度大小，确定整个产业价值链利润分配合理结果，即生产 1 吨 32 支纱，种植环节的利润分配比例为 46.6%、初加工（轧花厂）的利润分配比例为 19.2%、棉纺企业的利润分配比例为 34.2%。

4 结论与对策建议

相较当前流通体制下棉花产业价值链利润分配，Shapley 值合理分配后种植环节变化不大，轧花厂利润份额由 50.28% 下降至 19.2%，而棉纺企业由原来的 2.27% 增加至 34.2%。结果表明，政府的宏观经济政策使棉花产业价值链利润分配在当前流通体制下并没有遵循马克思主义劳动价值论，中共十八届三中全会公报也指出，经济体制改革的核心问题是处理好政府与市场的关系，使市场在资源配置中起决定性作用，本文立足此观点提出以下对策建议。

4.1　改革当前流通体制，构建惠及棉农及棉纺的利润分配格局

现行的棉花流通体制弊端日益显现，收储政策造成市场僵化，种植环节利益被盘剥。收储政策导致国内外棉花差价悬殊，棉纺企业被迫围着棉花转圈，无法兼顾管理和产品研发，为满足棉纺企业生产需要，国家实行 3 吨国棉配 1 吨进口棉的配额政策，在消费疲软之际，出现棉花进口与库存同时创新高的不合理现象，最终影响棉农利益。改革当前流通体制，转变国储职能，由低价收购国际棉花替代高价收购国内棉花，充分利用国际原料市场，平衡国内外棉花价差，让棉花回归国际市场，恢复我国纺织品、服装的价格竞争优势。在此基础上加大对棉农的补贴，主要包括直接补贴、农机补贴、良种补贴等；制定棉花最低收购价格，降低棉农植棉风险；加强农业保险，转移自然灾害对棉农利益的损害。

4.2　构建竞争有序的籽棉流通市场，促使棉农获得公平利润

2012 年中储棉规定，交储企业要具备 400 型棉花加工资格，改造一条具有大型打包机的加工线成本上千万元，如此高的资金投入，让许多轧花厂都放弃继续经营。符合交储资格的轧花厂则具有较强的价格谈判能力，在籽棉收购过程中压低价格，侵害棉农利益。废除轧花厂收购加工资格认定行政许可，由市场实现资源合理配置，让棉农在出售籽棉时有更大的选择空间，择价而售，进而获得较为公平利润。

4.3　构建寡头竞争市场结构，培育大型棉花加工企业

经营主体数量庞大导致我国棉花流通市场混乱无序、产能过剩、哄抢棉花资源等问题较为严重。2003 年，新疆维吾尔自治区政府将轧花厂审批权下放到各地州后，各地纷纷招商引资，兴办棉纺厂，但据实地调研发现，以纺织的名义增设轧花项目的现象极为普遍，大量棉花经纪人在各地哄抢棉花资源，将不同地区棉花相互掺杂以提高整体品级，实现入储。通过借鉴美国农产品流通环节的经营模式，本文提出构建寡头竞争市场结构，培育和支持资产实力雄厚、技术先进、管理水平较高、社会责任感强的企业经营棉花的加工、流通。国家可以通过这几个企业实现棉农直补，也可以准确统计棉花产销总量，规范流通市场秩序。

4.4　探索并推广低成本的栽培模式

随着中国人口红利逐渐消失，劳动力成本逐年上升，探索、推广低成本栽培

模式对棉花产业持续发展有重要意义。新疆棉花种植规模大、种植区域较为集中，是发展机械化的优势之地。新疆兵团依托其经济体制优势，机采面积已达到种植面积40%~50%，农业生产第八师更是实现80%以上的机采率。南疆的喀什、阿克苏地区由于经济发展水平较低，传统、落后的农业生产模式难以打破，劳动力转移困难，机采棉的推广受到极大限制。建议政府在南疆地区大力发展纺织工业，将少数民族聚集地的棉农从传统农业中解放出来，整合土地，实行规模化生产，推进棉花生产全程的机械化发展，降低生产成本，提高劳动生产率，实现农业现代化。

（王力　王洁菲）

兵团机采棉产业经济绩效的测度与评价

1 兵团机采棉产业经济效果分析

1.1 机采棉与手采棉的产量比较

目前，由于新疆机采棉与手采棉在品种上没有大的差别，因此产量差别也不是很大，造成机采棉和手采棉产量收益差别的最主要因素是由于机采棉喷洒脱叶剂使顶部棉铃成熟度不够，造成机采棉减产约 10% 左右，直接影响团场棉花总量的增加，棉花副产品效益减少。根据我们对 2011 年八个主要植棉师的调研数据得出，机采棉平均每亩皮棉产量 157 公斤，手采棉的平均每亩皮棉产量为162.7 公斤，平均每亩皮棉产量相差 6 公斤左右。

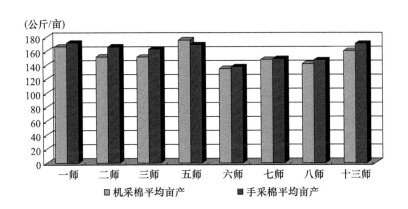

图 1　2011 年兵团机采棉和手采棉产量比较

从图 1 可以看出，2011 年兵团机采棉和手采棉产量对比发现，除了五师机采棉产量为 180 公斤/亩，大于手采棉产量 173 公斤/亩以外，其余植棉师的机采棉产量均低于手采棉产量。

1.2　机采棉与手采棉的加工比较

1.2.1　手采棉的加工流程

新疆兵团棉花加工水平在全国处于领先地位，采用较先进的棉花加工工艺。先将货场或仓库的籽棉采用气力输送方式运送到生产车间。当籽棉含水较高，不适合轧花工艺要求时，籽棉经外吸棉分离器、籽棉自动控制箱进入烘干系统的热空气管道内，并由热空气吹送至烘干机烘干，再由内吸棉分离器卸入高效清花机清理；当籽棉含水适宜时，通过调整使籽棉直接进入内吸棉分离器，再由内吸棉分离器卸入高效清花机清理。籽棉清理、膨松后，采用正压配棉装置或螺旋配棉装置等配送给大型锯齿轧花机。经锯齿轧花机加工后，纤维与棉籽分离。可根据皮棉的质量情况确定是否对皮棉进行清理，当皮棉质量符合要求时，通过调整皮棉清理机（简称皮清机）的四通阀，使皮棉不经皮清机而直接由共同集棉装置送往打包机成包；一般情况下，皮棉应送皮清机清理。籽棉量的自动控制是通过设备电机间的连锁和储棉箱（或配棉箱）上设置的微动开关的连锁连动实现的。锯齿轧花机、皮清机排出的不孕籽和杂质等采用气力输送装置送往回收车间回收；轧净长纤维的棉籽采用螺旋输送装置送往剥绒车间加工（见图 2）。

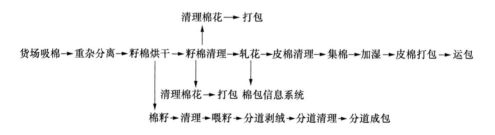

图 2　兵团棉花加工流程

1.2.2　机采棉加工流程

由于机采棉中的外附杂质较手摘棉高出几倍，籽棉含水又较多，故轧花前的籽棉需经过多次清理和 1～2 次烘干，轧花后的皮棉需经过 2 次或更多次的清理。相对于手摘棉的棉花加工工艺而言，该工艺增加了籽棉烘干次数，增加了籽棉清理次数（其中，在第一次籽棉烘干之后增加了用于清除棉铃、铃壳、棉枝等杂质的提净式籽棉清理机，并在第一次、第二次籽棉烘干后均采用了兼有籽棉分离作用的倾斜式籽棉清理机），增加了皮棉清理次数（采用一次气流式皮棉清理和二次锯齿滚筒式皮棉清理），增加了皮棉加湿。这些工序不但增加了机采棉的加工成本，也降低了机采棉的一些指标，主要是使机采棉的短绒率增加等。同时，机采棉的清花需要对原有的清花设备进行升级改造，新建一条机采棉清花加工设备生产线的投入一般在 1000～1200 万元，改造费用在 300 万元以上，固定资产投入和加工成本增加。

1.3　机采棉与手采棉的品质比较

不同的采摘和加工方式造成的棉花质量损失程度不同。2011～2012 年新疆约有 164.6 万包机采棉，几乎全部为兵团产棉，约占兵团产棉的 28%，其中约有 74% 产自北疆，24% 产自南疆，2% 产自东疆。同传统的手摘棉相比，机采棉的生产和加工工艺对质量的影响表现在以下三点：

首先，农田生产采用了脱叶催熟技术，成熟情况相对较好，马克隆值级 A 级的比率接近 45%，A＋B 级比率接近 97%，但催熟对断裂比强度也产生了不利影响，很强档、强档的比率仅约 10%。

其次，机采棉的平均品级比手摘棉约低 0.5～0.6 级，主要是因为机采籽棉的杂质成分要多于手摘棉，加上加工进度与采摘速度尚不能合理匹配，籽棉采摘后长期存放、不能及时晾晒加工，回潮率通常超过 10%，阴雨天气下最高接近 20%，造成籽棉焐垛，使得棉花的色泽和内在质量受到影响。

最后，为了清除杂质，皮棉清理的次数要多于手摘棉，而多次皮棉清理对棉纤维的损伤更大，因此，机采棉的长度偏短、长度整齐度指数偏低，长度级加权平均长度仅约 27.7 毫米。此外，在机采棉推广过程中，一些技术尚未成熟，种植品种选取不合理、脱叶催熟不当、地膜残片混入棉花等问题也会对棉花质量造成影响。

2012 年兵团统计局采取典型调查、重点调查和抽样调查相结合的方式，开展了机采与手工采摘对棉花质量影响的问卷调查。我们利用兵团统计局调研的八个植棉师 25 个团 231 个植棉户，样本分布如表 1 所示。

表 1　表样本分布

师名称	机采棉调查单位	手采棉调查单位
一师	1 团、8 团	3 团、16 团
二师	29 团	33 团
三师	45 团、50 团	49 团、50 团
五师	81 团、89 团	86 团

师名称	机采棉调查单位	手采棉调查单位
六师	105 团、芳草湖农场、新湖农产	105 团、芳草湖农场、新湖农产
七师	125 团、130 团	129 团、130 团
八师	121 团、142 团、148 团、149 团	121 团、142 团、148 团
十三师	红星二场、火箭农场	红星四场

通过统计整理，可以得出机械收获对棉花品级有一定的影响。近三年各师的机采棉均没有一级花，二级花中只有八师比重较高，其余各师机采棉三级花比重均在 90% 以上，其中三师、六师、十三师均为三级花。图 3 显示了近三年各师机采棉棉花等级的平均水平。

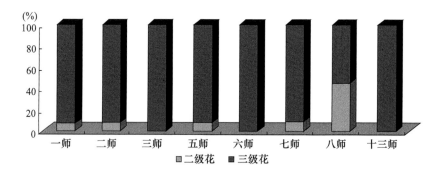

图 3 调查师机采棉等级比重情况

从各师近三年手采棉棉花等级比较，一师、二师、七师、八师手采棉的收购等级超过八成都是二级花以上（含二级），三师、五师手采棉五至七成也是二级花以上（含二级）；除六师外，各师手采棉等级较高。与手采棉相比，各师机采棉等级下降明显：八师的主要棉花等级由一级降为二级，其余师的棉花等级则由一级或二级降为三级，机采棉较手采棉籽棉收购等级平均低 1~1.5 个等级，等级差异明显（见图 4）

由于人工采摘采净率高，各师手采棉平均扣杂率为 2.9%。相比之下，除三师和五师的机采棉扣杂率分别在 8.9% 和 7.3% 之外，其余六个师都超出10%，机采棉较手采棉扣杂率高出 10 个百分点左右。除了扣杂率，机采棉喷洒的脱叶剂也造成顶部棉铃成熟度不够，减产多达 7%，直接影响棉花总量的增加。

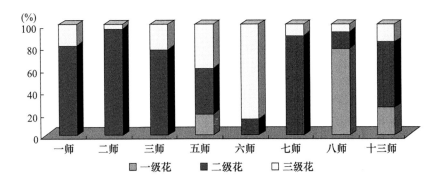

图 4　调查师手采等级比重

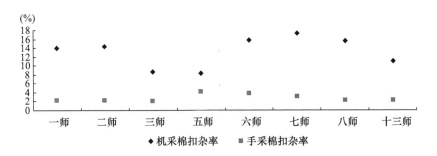

图 5　机采棉与手采棉扣杂比较

2　棉花生产收获机械化经济效率分析

数据包络分析（Data Envelopment Analysis，DEA）方法由运筹学家 A. Charnes，W. W. Coopert 和 E. Rhodes 对相对效率为基础发展起来的一种崭新的效率评价方法，DEA 方法因其明显的经济意义被广泛应用于管理科学、系统工程、决策分析和评价技术等领域。DEA 模型的最大优点在于不需要事先界定生产函数的具体形式，对投入、产出的价格信息没有严格要求，这使得对于复杂生产过程的考察变得相对简单化。另外，DEA 方法具有单位不变性，投入、产出指标计量单位的变动不会影响效率值，加之指标权重由数学规划根据样本数据产生，有效地避免了人为因素的干扰和不确定性。因此，本文利用 DEA 方法对新疆棉花种植的机械化进行比较分析，考虑到数据的可获得性，我们主要是对兵团 2011 年的机采棉和手采棉进行对比，同时对兵团 2009～2011 年的机械化发展状况进行

Malmquist 生产率指数分析。

2.1 基于 DEA 的投入产出效率分析

2.1.1 DEA 常用模型

DEA 投入产出分析的常见模型主要有 CCR 模型和 BCC 模型，CCR 模型假设有 n 个评价的决策单元（DMU），每个决策单元都有 m 种投入 $X_j = (x_{1j}, x_{2j}, \cdots, x_{mj})^T$，以及 s 种产出 $Y_j = (y_{1j}, y_{2j}, \cdots, y_{sj})^T$，其中，$X_{ij} > 0$，$Y_{ij} > 0$，它们的数据可以由统计资料得到。想要对决策单元进行评价，还需要对它的输入、输出指标赋予恰当的权重。但是一般来说，分析者对输入、输出量之间的信息结构了解得不多，也很难厘清它们之间的互相替代关系，为了避免分析者主观意志的影响，DEA 方法不对指标权向量赋值，而是把它们当作变向量。这里假设决策单元输入指标和输出指标的权重向量为：$v = (v_1, v_2, \cdots, v_m)$，$u = (u_1, u_2, \cdots, u_n)$，使得每一个被评价单元的效率评价指标 $h_j = u^T y_j / v^T x_j = \sum_{r=1}^{s} u_r y_{rl} / \sum_{i=1}^{m} v_i x_{1j}$，满足其 $h_j \leq 1$ 的条件下以 h_j 为目标函数达到最大为最优，构建 CCR 模型[1]。

BCC 模型是 Banker，Chames，Cooper 在 1984 年给出的，它是在 CCR 模型基础上的改进。它突破了 CCR 模型固定规模报酬的假设，将决策单元规模因素纳入效率分析，把技术效率（TE，也称综合效率）分解成纯技术效率（PTE）和规模效率（SE）。技术效率是规模报酬不变下的技术效率，是对纯技术效率和规模效率的综合测度。它们有如下关系：$TE = PTE \times SE$。纯技术效率测度的是可变规模报酬时的技术效率，是对现有投入资源配置效率的测度；规模效率衡量的是不能在不变规模报酬下生产造成的无效率程度。换言之，BCC 模型认为，资源配置不当与不恰当的规模是造成决策单元非 DEA 有效的两个方面，由此，非有效的决策单元可以根据分析结果提高资源配置能力或调整投入产出的规模来达到技术有效性[2]。

2.1.2 指标变量及数据来源

本文选择兵团的一师、二师、三师、五师、六师、七师、八师、十三师的机采棉与手采棉共 16 个主要产棉区为样本，2011 年棉花生产成本的相关数据来源于兵团统计局对上述八个师的调研数据。本文选取的产出要素包括四个，分别为机采棉和手采棉：平均亩产（皮棉）、平均售价（皮棉）、亩产值、亩纯收益。投入要素有八个，主要包括：机械（手）采收面积、土地使用费及利费、雇工费（手采棉不包括手采费）、灌溉费、机械作业费（机采棉不包括机采费）、机

---

①② 崔栋. 我国区域科技资源配置评价及优化研究 ［D］. 哈尔滨工程大学硕士学位论文，2007.

械（手）采摘费、脱叶催熟费（手采棉为零）、其他投入费用。主要指标变量的描述性统计如表2所示。

表2　主要指标变量的描述性统计

指　标	样本数	最大值	最小值	均值	标准差
平均亩产（皮棉）（公斤/亩）	16	180	138	46.53	44.73
平均售价（皮棉）（元/亩）	16	22	17	302.25	100.40
亩产值（元/亩）	16	4150	2760	120.06	72.70
亩纯收益（元/亩）	16	2103	748	186.31	80.12
机械（手）采收面积（万亩）	16	171	3.94	163.88	40.57
土地使用费及利费（元/亩）	16	550	214	515.06	237.43
雇工费（元/亩）	16	320	10	13.38	14.44
灌溉费（元/亩）	16	359	91	653.31	231.55
机械作业费（元/亩）	16	290	130	159.94	13.38
机械（手）采摘费（元/亩）	16	850	190	19.06	1.39
脱叶催熟费（元/亩）	16	37	0	3282.13	370.03
其他投入费用（元/亩）	16	1010	110	1327.88	360.80

资料来源：根据兵团统计局对八个师机采棉、手采棉调研数据整理而成。

2.1.3　实证分析

利用Maxdea5.2软件，将上述2011年的投入产出数据代入CCR模型和BCC模型分别进行测算。由于兵团各师植棉模式基本一致，导致CCR模型算出来的七个师的机采棉、手采棉效率值均等于1，其中二师的手采棉效率值为0.8875。这虽说明手采规模较大的二师效率最低，但难以比较效率值均为1的各师机采棉与手采棉的效率；采用BCC模型计算出的各师效率值均为1，根本无法比较各师的效率，计算规模效率时，得出的二师手采棉的综合效率、规模效率均为0.8875，纯技术效率为1。上述结果说明兵团各师在棉花种植方面资源配置效率达到最佳，资源都得到了充分利用，没有投入资源的闲置和产出的不足，也没有资源投入结构和产出结构的配置不当。为了更详细地比较兵团各师机采与手采棉生产的效率差别，本文利用Anderson和Peterson（1993）提出的超效率模型（Super Efficiency DEA）进行规模效率的计算，该模型允许效率值超过1，以便于在不同的师之间进行机采棉和手采棉的比较。计算得到2011年兵团8个师机采棉和手采棉的综合效率、纯技术效率和规模效率，结果如表3所示。

表3　兵团各师综合效率、纯技术效率和规模效率

单位	综合效率	纯技术效率	规模效率	规模收益趋势	单位	综合效率	纯技术效率	规模效率	规模收益趋势
一师机采	1.6604	1.0000	1.6604	Drs	一师手采	6.4842	1.0000	6.4842	Drs
二师机采	1.1286	1.3035	0.8658	Drs	二师手采	0.8875	1.1827	0.7504	Drs
三师机采	4.7219	4.7644	0.9911	Drs	三师手采	1.3468	1.5298	0.8803	Drs
五师机采	1.4566	1.0000	1.4566	Drs	五师手采	3.5513	3.5885	0.9896	Drs
六师机采	1.2269	1.2380	0.9911	Drs	六师手采	1.1891	1.1939	0.9959	Irs
七师机采	1.6761	1.6812	0.9969	Irs	七师手采	1.9427	1.0000	1.9427	Drs
八师机采	1.2435	1.2856	0.9672	Irs	八师手采	1.1689	1.2666	0.9229	Drs
十三师机采	1.9205	6.3735	0.3013	Drs	十三师手采	1.3471	1.0000	1.3471	Drs
平均值	1.8793	2.3308	1.0288			2.2397	1.4702	1.7892	

注：利用Maxdea5.2软件测算综合效率、纯技术效率和规模效率。

从表3的综合效率及其分解可以看出，兵团16个产棉区的综合效率平均为2.0595，大于这一数值的产棉区分别为：一师手采、三师机采、五师手采，说明这些棉区的规模有效和技术有效，资源的投入和产出相对比较合理，植棉投入资源的配置适中，完全享受到了规模效益和技术效益带来的全部好处，避免了投入多、产出少带来的效率损失。其他各师的机采棉与手采棉综合效率较低，这也印证了我们对机采棉和手采棉效益的对比分析，2011年兵团机采棉与手采棉相比较还没有占据绝对的优势，由于机采棉在相关生产环节的技术不匹配、植棉团场和植棉户的观念还停留在手采棉的生产阶段，导致机采棉的综合效率较低。但是，我们也应看到，机采棉在八个师的效率值较为平均，而手采棉效率值的波动性较大，这说明机采棉的综合效率较为稳定，满足现代农业生产标准化产品的需求。

从兵团16个产棉区机采与手采的纯技术效率来看，其平均值为1.9005，其中机采棉的纯技术效率为2.3308，手采棉的纯技术效率为1.4702，机采棉的纯技术效率大于手采棉；从各师来看，除了五师的手采棉纯技术效率大于机采棉外，其他师的机采棉纯技术效率均大于手采棉，说明兵团在机采棉生产方面投入要素的数量和投入要素的价格上均处于相对最优，投入要素数量和价格方面无改进的空间。相对而言，兵团手采棉的纯技术效率水平偏低，这说明随着劳动力价格的上升，手采棉相对于机采棉来说成本偏高，棉花生产过程中的管理和收获技术影响其生产效率。

规模效率是由于植棉规模因素影响的生产效率，由表3可以看出，兵团各师

规模效率的平均值为1.4090，其中机采棉为1.0288，手采棉为1.7892，机采棉小于手采棉，机采面积占比较大的五师和八师的规模效率均大于手采棉。这说明，机采棉的整体规模还较小，应进一步加快推广的步伐，从而实现机采棉的规模效率。从规模收益趋势来看，大部分师的机采棉与手采棉均呈现收益递减的趋势，这可能是由于2011年植棉成本偏高而棉价远低于2010年导致的。

2.2　基于 Malmquist 生产率指数的时间序列分析

Malmquist 生产率指数最早由 Malmquist（1953）[①] 提出，Caves 等（1982）将其应用到非随机框架中，Farrell 等（1994）[②] 将其拓展为产出导向 Malmquist 生产率指数，适用于评价跨时期的动态生产效率。Farrell 等（1994）提出的产出导向 Malmquist 生产率指数可以度量全要素生产率的逐期变化，还可以将全要素生产率变化 $m_i(y_s, x_s, y_t, x_s)$ 分解为综合技术效率变动（EC）和技术变动（TC），即 $m_i(y_s, x_s, y_t, x_s) = EC \times TC$。综合技术效率变动又可以进一步分解为规模效率变动（SEC）和纯技术效率变动（PEC），即 $EC = PEC \times SEC$。

本文选取兵团七个植棉师的14个机采棉与手采棉作为决策单位，指标选取与上一节相同。时间跨度选择2009~2011年共三年。所有数据均来自兵团统计局关于机采棉手采棉的调研数据。利用 Maxdea5.2 软件，将上述投入产出2009~2011年的数据代入 Malmquist 模型进行测算，结果如表4、表5所示。

表4　2009~2011年兵团机采棉与手采棉综合效率

植棉师	本年度比较			三年比较		
	Efficiency（2009年）	Efficiency（2010年）	Efficiency（2011年）	Efficiency（2009年）	Efficiency（2010年）	Efficiency（2011年）
一师机采	2.0738	1.3736	1.6604	1.1833	1.2830	1.0101
二师机采	2.5871	2.7373	1.1286	1.5304	2.0720	0.8039
五师机采	1.6665	1.6169	1.4566	1.4838	1.6084	1.0676
六师机采	1.4370	1.5009	1.2269	1.1453	1.5009	0.9290
七师机采	1.4639	1.4607	1.7049	1.1659	1.3350	1.1285
八师机采	1.1397	1.1215	1.2435	0.9533	1.1215	0.9655

---

①　Malmquist S. Index Numbers and Indifference Surfaces [J]. Trabajos de Estatistica, 1953 (4).

②　Farrell M. J. The Measurement of Productive Efficiency [J]. Journal of the Royal Statistical Society, Series A, 1957 (120).

续表

植棉师	本年度比较			三年比较		
	Efficiency（2009 年）	Efficiency（2010 年）	Efficiency（2011 年）	Efficiency（2009 年）	Efficiency（2010 年）	Efficiency（2011 年）
十三师机采	3.3299	2.6205	2.2538	1.2365	1.5518	0.9776
平均值	1.9568	1.7759	1.5250	1.2427	1.4961	0.9832
一师手采	6.9277	13.1101	6.4842	1.2668	2.0397	1.2583
二师手采	1.0288	0.9948	0.8875	0.9349	0.9948	0.7785
五师手采	2.1848	2.5874	3.5513	1.4985	1.9402	2.9128
六师手采	1.2994	1.2947	1.1891	1.0437	1.2818	0.9417
七师手采	1.4562	1.6854	1.9695	1.0353	1.3298	1.3023
八师手采	1.0584	0.9487	1.1689	0.8095	0.9487	0.9359
十三师手采	3.8468	1.6618	1.3471	1.2138	1.5301	1.0768
平均值	2.5432	3.1833	2.3711	1.1146	1.4379	1.3152

注：采用超效率模型。

由表4可知，兵团机采棉与手采棉总体经营绩效呈先增后减的趋势。如2009年、2010年、2011年棉花种植平均综合技术效率分别为2.2499、2.4796、1.9480（和本年度比较）和1.1787、1.4670、1.1492（三年比较）。这很有可能是近几年棉花价格大幅波动造成的，2010年达到最大值，随后出现大幅下降，致使各植棉师与前沿界面植棉师之间的平均差距有所增加。从机采棉与手采棉的比较情况来看，如果以本年度为参照，机采棉的平均效率值低于手采棉，如果以三年全局为参照，则呈现出2009年、2010年机采棉效率均值高于手采棉，而2011年则低于机采棉，这可能与机采棉推广过程中的利益分配不合理有关，机采棉在推广前期，团场加工厂对机采籽棉定价较高，后来随着加工费用的增加，逐渐开始降低机采籽棉的收购价格、加大扣杂等，使机采棉的效率值降低。

表5　2009～2011 年兵团机采棉与手采棉 Malmquist 指数

植棉师	TEC（2009～2010 年）	TEC（2010～2011 年）	TP（2009～2010 年）	TP（2010～2011 年）	Malmquist Index（2009～2010 年）	Malmquist Index（2010～2011 年）
一师机采	1.0000	1.0000	1.0000	1.0000	1.0000	1.0000
二师机采	1.0000	1.0000	0.8039	1.0000	1.0000	0.8039
五师机采	1.0000	1.0000	1.0000	1.0000	1.0000	1.0000

续表

植棉师	TEC (2009 ~ 2010 年)	TEC (2010 ~ 2011 年)	TP (2009 ~ 2010 年)	TP (2010 ~ 2011 年)	Malmquist Index (2009 ~ 2010 年)	Malmquist Index (2010 ~ 2011 年)
六师机采	1.0000	1.0000	1.0000	0.9290	1.0000	0.9290
七师机采	1.0000	1.0000	1.0000	1.0000	1.0000	1.0000
八师机采	1.0000	1.0000	1.0489	0.9655	1.0489	0.9655
十三师机采	1.0000	1.0000	1.0000	0.9776	1.0000	0.9776
平均值	1.0000	1.0000	1.0070	0.9537	1.0070	0.9537
一师手采	1.0000	1.0000	1.0000	1.0000	1.0000	1.0000
二师手采	0.9948	0.8922	1.0697	0.8771	1.0641	0.7826
五师手采	1.0000	1.0000	1.0000	1.0000	1.0000	1.0000
六师手采	1.0000	1.0000	1.0000	0.9417	1.0000	0.9417
七师手采	1.0000	1.0000	1.0000	1.0000	1.0000	1.0000
八师手采	0.9487	1.0541	1.2354	0.9359	1.1720	0.9865
十三师手采	1.0000	1.0000	1.0000	1.0000	1.0000	1.0000
平均值	0.9919	0.9923	1.0436	0.9650	1.0337	0.9587

注：采用规模报酬不变模型。

当 Malmquist 生产率指数等于 1，表示生产率不变；当指数大于（小于）1，则表示生产率增长（衰退）。TEC 表示规模报酬不变下的技术效率改进指数，即测度当期到下一期之间每个决策单元实际生产点对生产前沿面的追赶程度。TP 表示技术进步指数，即测度当期至下一期之间生产前沿面的移动。如果 TEC = 1，表明从当期到下一期不存在技术效率改进；而 TEC 大于（小于）1，则表明存在技术效率改进（恶化）。如果 TP = 1，表明不存在技术进步；而 TP 大于（小于）1，则表明存在技术进步（退步）。由表 5 可以看出，2009 ~ 2011 年，兵团机采棉的 TEC 均为 1，说明机采棉生产三年内不存在技术效率的进步，而手采棉的 TEC 分别为 0.9919、0.9923，小于 1 说明存在技术效率恶化；从技术进步角度来看，2009 ~ 2010 年，机采棉和手采棉的 TP 值均大于 1，说明存在技术进步，而 2010 ~ 2011 年的 TP 值均小于 1，则说明存在技术退步；从 Malmquist 生产率指数变化来看，2009 ~ 2010 年，机采棉和手采棉的 Malmquist 值均大于 1，说明存在生产效率的提升，而 2010 ~ 2011 年的 TP 值均小于 1，则说明存在生产率衰退；上述结果说明，兵团机采棉相关技术在这三年还未完全成熟，还需进一步发展完善。

3 结论

虽然兵团棉花生产全程机械化走在全国、全疆的前面，但也存在一些问题。

首先，各师及团场之间发展不平衡，棉花机械化程度差距较大，如八师棉花全程机械化程度在80%以上，而个别师却不到50%。

其次，一部分团场把已经购买的采棉机闲置或停用，有些是因为机具故障损坏而厂家售后服务跟不上所致，还有一部分机具是因为已完成本团场棉花收获，没能实现农机跨区作业，影响了机具的使用效益，制约了棉花机械化的发展①。通过上述定性定量分析可以看出，兵团机采棉生产是目前国内棉花生产收获机械化水平最高的，但机采棉生产收获技术的成熟度还不够，目前还不能从各个方面超越手采棉，这表现在机采棉生产技术效率存在波动，其技术效率还有待进一步提升；从规模效率来看，2009年、2010年、2011年兵团机采棉的推广比重分别为23.72%、34.40%、48.25%，机采棉的规模相对较小，还未充分发挥其规模效率，但随着我国劳动力价格的上升，棉花生产全程机械化成为棉花可持续发展的必然选择，因此，要协调相关生产环节，大力推进机采棉的规模，提高机采棉的生产效率。

（张杰　赵新民　贾娟琪）

---

① 马俊贵，马娟，刘宏涛. 推进新疆棉花生产全程机械化技术的思考［J］.农业机械，2013（7）.

新疆棉纺织业产业组织问题研究

1 引 言

新疆是重要产棉基地,棉花产量占据全国半壁江山。由于棉花是新疆农业的第一大产业、农民收入的第一大来源。当前棉花收入占农民收入的35%左右,在南疆棉花主产县甚至占50%~70%,是全国最具比较优势的棉花产区,对国家经济全局具有举足轻重的影响。然而,随着西部大开发战略的进一步实施,加大资源利用,将新疆的特色资源棉花最大限度地开发利用,将资源优势转化为经济优势、产业优势进而形成竞争优势,促进新疆的棉花加工业的发展已经成为当务之急。

目前,新疆棉纺织业仍处于初级阶段,即初加工为主。作为棉花产量最大的地区,新疆可以为棉纺织企业提供充足的原材料,但是由于投资过于分散造成了市场恶性竞争。因此,对于研究新疆棉纺织业产业组织问题十分必要,同时针对存在的问题提出建议举措,才能快速推进新疆棉纺织业的发展。

2 新疆棉纺织业发展现状

新疆已成为我国最大的商品棉生产基地,总产量已占全国总产量的52%,2013年,新疆棉花种植总面积为2538万亩,总产量达340万吨,新疆棉花总产量已连续20年位居全国第一。截至2012年底,整个新疆已拥有棉纺生产能力为500万吨,浆粕生产能力为80万吨,粘胶生产能力为67万吨,是全国最大的化纤用浆粕和粘胶纤维生产基地之一。服装等终端产业发展迅速，2012 年全区销售收入 500 万元以上的服装（服饰）企业达到 81 家，服装产量达到 2826 万件。整个新疆规模以上纺织企业完成工业总产值 215 亿元。近几年来，国内外纺织服装企业来新疆投资新建、重组棉纺织产能规模占到新疆内产能规模总量的 85% 左右，化纤产能规模达到 90% 以上。在投资新建重组新疆纺织服装企业中，有全国纺织 500 强和国内外知名企业 40 余家，其中上市企业 11 家。这些企业都有下游产业链支撑，市场占有率高、整体实力强，已成为新疆纺织服装产业发展的生力军。

新疆纺织工业经过近 60 年的不懈努力，目前已经形成了集棉纺织、毛纺织、麻纺、针织、服装、化纤产业及纺织教育、科研、设计、产品质量检测等服务业为一体的工业体系。近年来，受"欧债危机"的影响，世界经济复苏和增长乏力，主要发达经济体国家和地区纷纷表现出市场不振、外需不振、内需趋缓，对我国纺织品服装出口贸易形成巨大压力，但由于消费低迷，国内外棉花价差不断加大，特别是受不能有效利用两个市场原料资源的影响，新疆棉纺织行业生产经营受到重大冲击，遇到 2000 年以来最大的困难。2012 年，许多棉纺企业在棉价高涨的影响下，普遍出现限产、减产甚至停产，全年棉纱生产量还不到全部能力的 70%，制约了全行业同步增长。

3　基于 SCP 分析模型的新疆棉纺织业实证分析

3.1　市场结构

市场结构包括市场集中度、产品差异化程度以及进入壁垒三个方面。参考贝恩的市场结构类型分类标准：CR_4（集中率）$<30\%$ 或 $CR_8<40\%$ 为竞争型；反之则为寡占型，其中 $50\%\leqslant CR_4<65\%$，$75\%\leqslant CR_8<85\%$ 为寡占 II 型（中上集中寡占型）；$71\%\leqslant CR_4<75\%$，$85\%\leqslant CR_8$ 是寡占 I 型（高度集中寡占型）。

3.1.1　市场集中度

市场集中度是反映产业结构形状和企业的控制力，从一般集中度和绝对集中度来分析研究该产业的竞争程度。

（1）一般集中度。它反映了一个国家或地区国民经济中经济力的状况，取规模以上大中型企业的数据进行分析。

新疆棉纺织业大中型企业在企业单位数、实收资本、产品销售收入、从业人员四个方面占新疆农产品加工业大中型企业的比重都大体呈现下降趋势，其中实收资本比重在 2012 年又呈现回升趋势。而其他三个指标下降幅度较明显，说明新疆棉纺织业在不断发展的同时，大中型企业在整个农产品加工业中的地位和影响力有所下降，但新疆的棉花加工业在新疆农产品加工业中还是占据较大比重，解决了部分就业问题。2006 年，新疆棉纺织业的大中型企业产品销售收入为1346280.7 万元，到 2012 年时销售收入达到 2524101.3 万元，比 2006 年增长87.49%，几乎是 2006 年的两倍，但是在整个新疆农产品加工业中的产品销售收入比重却由 2006 年的 31.75% 下降到 2012 年的 24%。由此可见，这些年来，新疆在棉纺织业不断发展的同时，在整个农产品加工业中的影响力在下降，如表 1所示。

表1 新疆棉纺织加工大中型企业占农产品加工业大中型企业的比重

年份	企业单位数比重（%）	实收资本比重（%）	产品销售收入比重（%）	从业人员比重（%）
2006	23.79	38.84	31.75	55.20
2008	23.68	36.36	26.60	50.56
2010	17.76	28.54	27.35	43.10
2012	18.49	36.37	24.00	43.97

资料来源：2007~2013 年《新疆统计年鉴》中数据经过整理计算得出。

2003 年以来，新疆棉纺织业规模以上企业总产值与农业总产值比值一直维持在 0.1 左右，2007 年比值最高仅为 0.175，这一情况说明，新疆棉纺织业一般集中度不高，规模以上企业对农业发展的带动力较弱。同时，它的滞后发展与发达地区还存在着较大的差距。不难看出，在新疆经济快速的发展期，新疆大中型棉纺织加工企业的地位和作用并没有预期的不断上升，一般集中度维持在较低水平，如图 1 所示。

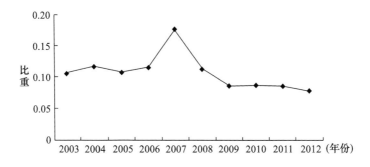

图1 棉纺织业与农业总产值比值

资料来源 2004~2013 年《新疆统计年鉴》数据整理计算得出。

（2）绝对集中度。CRn 指数又称为行业绝对集中度，其中 X 代表某产业的销售产量，第 i 大企业的销售量为 X_i，第 i 大企业的市场份额为 S_i（即 X_i/X），又设 X 为产业中最大的 n 个企业所占市场份额之和，则有式（1）：

$$CR_n = \sum_{i=1}^{n} \frac{X_i}{X} = \sum_{i=1}^{n} S_i \tag{1}$$

表 2　新疆棉花生产的市场集中度

地区	原棉产量（吨）	CRn	
		占全国比重（%）	占新疆比重（%）
南疆地区	1495193	21.87	42.25
北疆地区	745365	10.90	21.06
东疆地区	63568	0.92	1.79
阿克苏地区（1）	576730	8.45	16.29
巴音郭楞蒙古自治州（2）	372084	5.44	10.51
喀什地区（3）	369810	5.41	10.45
伊犁哈沙克自治州（4）	265943	3.89	7.51
塔城地区（5）	250356	3.66	7.07
博尔塔拉蒙古自治州（6）	138028	2.01	3.90
和田地区（7）	38541	0.56	1.09
吐鲁番地区（8）	30268	0.44	0.86

注：资料由《中国统计年鉴 2013》、《新疆统计年鉴 2013》和《新疆建设兵团统计年鉴 2013》中的有关数据计算而来；表中地区后的数字表示该地区的排序，且各地区数值包括当地新疆建设兵团的数量。

从表 2 的计算结果来看，南疆地区是新疆最大的原棉种植区域，占全国的 21.87%，加上北疆地区的产量，市场集中率已达到 32.77%，可见新疆原棉市场结构的确具有竞争优势。按地州来衡量，CR_4、CR_8 分别为 23.19%、29.86%，参考贝恩的市场结构类型分类标准，新疆的原棉在国内市场上还没有形成寡占垄断市场结构，竞争优势还相对较小。

表 3　2012 年新疆分地区棉纱生产的市场集中度

地区	棉纱产量（吨）	CRn	
		占全国比重（%）	占新疆比重（%）
石河子市	173072	0.58	43.04
伊犁哈萨克自治州	52274	0.18	13.00

续表

地区	棉纱产量（吨）	CRn	
		占全国比重（%）	占新疆比重（%）
阿克苏地区	43659	0.14	10.86
巴音郭楞蒙古自治州	28105	0.09	6.99
喀什地区	27833	0.09	6.92
乌鲁木齐市	21411	0.07	5.32
昌吉回族自治州	18876	0.06	4.69
哈密地区	10653	0.04	2.65

注：资料由《中国统计年鉴2013》、《新疆统计年鉴2013》和《新疆建设兵团统计年鉴2013》中的有关数据计算而来；表中地区后的数字表示该地区的排序，且各地区数值包括当地新疆建设兵团的数量。

从表3可以看出，新疆的棉花纺织企业占全国比重只有石河子、伊犁哈萨克自治州、阿克苏地区超过0.1%，CR_4、CR_8分别为0.99%、1.25%，按照贝恩的市场结构分类标准，为分散竞争型。在新疆的棉花纺织企业的棉纱产量CR_4、CR_8分别为73.89%、93.47%，按照贝恩的市场结构分类标准，为寡占Ⅱ型（中上集中寡占型）。可见，新疆本地棉纺企业相对集中在这几个地区，呈现出集群态势。

表4 2012年新疆分地区棉布生产的市场集中度

地区	棉布产量（万米）	占全国比重（%）	占新疆比重（%）
石河子市	4830	0.06	73.34
巴音郭楞蒙古自治州	642	0.008	9.61
乌鲁木齐市	584	0.007	8.74
昌吉回族自治州	324	0.004	4.85
塔城地区	268	0.003	4.01
博尔塔拉蒙古自治州	25	0.0003	0.37
喀什地区	3	0.00004	0.04
阿克苏地区	0	0	0

注：资料由《中国统计年鉴2013》、《新疆统计年鉴2013》和《新疆建设兵团统计年鉴2013》中的有关数据计算而来；表中地区后的数字表示该地区的排序，且各地区数值包括当地新疆建设兵团的数量。

从表4可知，新疆棉纺企业的棉布产量占全国的比重十分微小，CR_4、CR_8分别为0.079%、0.08234%，可见新疆棉布的市场结构为分散竞争型。可以说，对全国来说，新疆的棉布生产十分薄弱。在新疆的集中度 CR_4、CR_8 分别为 96.54%、100%，如果把新疆整个棉布行业市场看作大市场，按照贝恩的市场结构分类标准：新疆棉布市场结构为高度集中寡占型，也就是说，新疆棉布企业数量极少，棉布生产力很弱。

3.1.2 产品差异化程度

由于新疆棉花加工业的产品差异化一方面由最初级的原料棉花决定，另一方面又与该加工企业的技术水平和自主创新意识有关。因此，可以从最初级的棉花产业发现产品差异化程度。北疆早熟棉亚区、南疆早中晚熟棉亚区和东疆中晚熟棉亚区域依次呈现不同格局，中绒、中长绒陆地棉、长绒棉和色彩棉兼顾的品种结构使新疆棉花生产进一步优化。同时，新疆棉花生态品质分部逐步呈现多样性，保持适织 32 支棉田的基础上，长绒棉、中长绒棉品种以每年 8000 公顷的速度增长，目前新疆适合纺织 60 支以上的棉田面积已经达到 36 公顷。而新疆棉纱、棉布及服装的差异化不明显。

3.2 市场行为

市场行为是指企业为实现其经营目标而根据市场环境采取相应行动的行为，它由市场结构决定，又反作用于市场结构。从新疆棉纺织业市场来看，受垄断竞争市场结构的影响，各棉纺织企业在竞争中通常采用以下行为。

3.2.1 原材料竞争激烈

新疆棉纺织业市场集中度和进入壁垒较低，恶性市场竞争非常激烈。目前，在新疆棉花初加工企业中，较完整的轧花新工艺得到了运用，棉花纤维加工生产能力和技术水平也有了较大提高，但是也存在一些比较突出的问题：①棉花纤维加工能力严重过剩，导致各棉花纤维加工企业为争抢原料，哄抬棉价，简化了棉花收购程序和办法，降低了收购标准，扰乱了正常的棉花收购秩序；②由于混等收购、混等堆放、混等加工，大量收购水棉，严重影响了新疆皮棉的质量；③棉花纤维加工企业普遍规模不大，小规模作坊过多，技术设备档次不高，无法满足新疆棉花企业产业化、规模化经营和市场竞争的需要。

3.2.2 劳动力竞争激烈

棉纺织业属于劳动密集型行业，新疆地广人稀，劳动力资源不太富裕，不能为纺织等劳动密集型行业提供有力的支持，并且随着新疆城镇化的不断推进、教育水平的不断提高以及旅游业的快速发展，劳动力的综合素质不断提高，能力较强的年轻人就业渠道比较多，他们更倾向于从事旅游等收入较高、劳动强度较小的工作，因此，棉纺织企业招工越来越困难，这就导致了该行业劳动力竞争越来越激烈。

3.2.3　成本较高

路程远、运力不足、运费高是新疆经济发展面临的普遍问题。由于新疆棉纱较少自用，主要销往内地，因此运输问题更为突出。据新疆鲁泰丰收棉业的总经理介绍，他们的纱运到山东，运费每吨是 1500 元，由于包装物料不能回收使用，因此包装费用还要增加 500 多元，所以与内地相比，每吨纱的生产成本要高出2000 元，利润空间很小。

另外，棉花作为农产品可以享受一定的铁路运输优惠政策。有时，针对新疆棉花积压较大的现实，国家还出台了运输补贴政策。但是，棉纱则被认定为工业品，不能享受这些补贴支持政策。从而造成棉花和棉纱的运输差价，进一步削弱了新疆棉纺织品的竞争力，阻碍棉纺织行业的发展。

3.2.4　合作效果有限

新疆棉花产业有较明显的合作，但经济效益比较有限。农户之间的双边合作较普遍，但没有实际的创新合作。同时，新疆的棉花加工企业间的合作不够稳定，如对棉花纺织企业来说，小规模的纺织企业可以直接从棉花加工企业获取原料，交易对象经常变化，缺乏长期合作。对于棉花加工业来说，产业延伸不足，多数企业只是单纯对原材料进行初级加工，欠缺深加工能力，能完成纺纱、织布再到服装制造的企业却很少。

3.3　经营绩效

3.3.1　新疆棉纺织业产值分析

新疆棉纺织业是促进新疆经济发展的重要产业，而棉花产业又为新疆棉纺织业提供原材料，是保障材料充足的重要产业。根据《新疆统计年鉴》，2012 年，新疆规模以上棉纺织业（由于数据有限，这里主要以纺织业和纺织服装、服饰业的工业增加值总和代替）工业增加值占规模以上工业增加值的 0.94%。2008 ~ 2012 年，新疆棉纺织业工业增加值处于下降状态，2009 年有大的波动，从 2008 年的 323176.2 万元降到 168826.7 万元。截至 2012 年，其工业增加值达到 255804.1 万元，减幅 20.85%，平均减幅 3.48%。由此可见，新疆的棉纺织业发展比较缓慢。

3.3.2　新疆棉纺织业经营企业数量分析

新疆规模以上棉纺织企业数目包括纺织业、棉化纤纺织及印染精加工、毛纺织和染整精加工、纺织服装鞋帽制造业的企业数目，由 2002 年的 175 家减少到2012 年的 162 家，而亏损企业数目也由 2002 年的 89 家减少到 2012 年的 70 家。总体趋势图如图 2 所示。

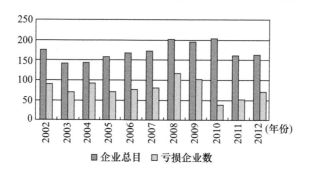

图2 新疆规模以上棉纺织加工业企业数目和亏损企业数

资料来源：2003~2013 年《新疆统计年鉴》。

从图 3 可以看出，新疆规模以上棉纺织加工业企业的数目缓慢增长，2011 年有所下降，2002~2008 年亏损企业缓慢增长，到 2010 年有所下降，之后基本开始恢复。图 3 反映新疆的棉纺织业发展还是比较缓慢的，企业规模变化不大。

3.3.3 新疆棉纺织业利润分析

2002~2012 年，新疆棉纺织企业主营业务收入从 2002 年的 975609.6 万元增长到 2012 年的 3084581.4 万元，增加了 3 倍。利润总额由 2002 年的 50605.7 万元增长到 2012 年的 72821 万元。而从企业亏损总额看，每年都有企业亏损，平均每年亏损 63494.23 万元，其中 2002 年、2003 年、2004 年、2008 年、2011 年和 2012 年企业亏损额都大于平均亏损额，而 2008 年亏损额最高为 104940.2 万元。如图 3 所示。

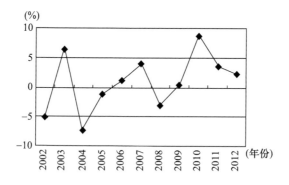

图3 新疆规模以上棉纺织企业销售净利率情况

资料来源：2003~2013 年《新疆统计年鉴》。

这里需要说明一下：销售净利率等于企业净利润与企业销售净收入的比值，

反映企业的盈利能力。可以看出其销售净利率变化波动较大，其中2010年销售净利率值最高，达到8.72%，这种急剧上升和下降的情况反映出新疆棉花加工企业的盈利能力还有待提升。

4　新疆棉花加工业产业组织存在的问题

4.1　新疆棉花加工业的市场结构有待优化

新疆的棉花加工业市场集中度较低，棉花加工业主要集中在棉花初加工上，对于棉花的深加工有待提高，缺少行业龙头企业带领整个棉花加工业。这是由于该行业进入壁垒低，因此，当企业发现有利可图时就会大量涌入，而造成新疆棉花加工行业"拥挤"现象严重，生产力比较分散，规模经济的实现就比较低。

4.2　新疆棉花加工业的市场竞争力有待提高

虽然新疆在棉花种植方面具有很强的资源优势，但是却在棉花加工方面相对于其他非产棉大省的地区处于劣势地位。尤其棉花深加工产值远远低于如浙江、江苏等地，但是在棉花产量方面却又远胜于这些地区，资源丰富却未能物尽其用，还有待提升新疆棉花资源的利用率。缺乏相应的人力资源，技术创新和品牌单一等都成为限制新疆棉花加工业市场竞争力的重要因素。

4.3　新疆棉花加工业区域特色品牌创新有待提升

新疆棉花加工业主要靠初加工即皮棉、棉纱、棉布来提高产值收入，却未能在深加工品上创下高的产值；而缺少品牌创新意识又是其短肋，因为新疆多以棉花初加工为主，如新疆雅戈尔棉纺织有限公司的棉纺品、新疆天山毛纺、新疆玉泰驼绒纺织品等都是以棉花初加工产品出名；但是在深加工方面，如服饰品牌数目远不如其他地区，最多的是新疆民族服饰，但是，却没有代表的品牌。而内地在棉花加工业产品以深加工、精加工为主，如浙江的千百惠服饰、森马服饰、广州品牌女装、中国香港地区的衣讯等。这些品牌都深受大家的喜爱，由此可见，新疆棉花加工业在深加工、精加工方面比较薄弱，缺乏品牌创新意识。

5 新疆棉花加工业产业组织优化与发展对策

5.1 实施市场结构优化战略

通过政府引导、龙头企业的带动和科技创新的支撑，逐步形成优势产品产业集群。而目前新疆的棉花加工企业众多，轧花机械、轧花技术水平参差不齐，一些小型轧花厂的轧花质量不能保证，不能最大限度地发挥籽棉原有的品质特征。而且由于轧花和纺织加工各自为政，轧花厂只根据自己的利益制定工艺，且工艺、质量单一，造成纺纱只能被动地根据棉花品种和轧花工艺设计生产。因此，必须强调棉花产业链观点。将轧花加工和纺织加工作为一个整体，从纺织质量多元化出发制定轧花加工工艺流程、技术参数，提高轧花加工企业的技术水平，达到提高质量、降低成本、增加效益的目的。在棉纺工业方面，针对目前新疆棉纺织能力总量过剩且技术装备结构不合理的问题，要加快设备更新和技术改造，用新型纺纱技术来提高产品档次。

5.2 实施提升市场竞争力战略

对于新疆棉花加工业而言，要充分利用其资源优势，提高产品质量，加强产品检测和质量检查，才能增加产品国际市场竞争力。同时在技术、人才储备方面更要下足功夫，提高产品创新能力，引进人才技术，更要懂得抓住人才、留住人才。还要靠政府出台相应的政策支持西部地区大力发展棉花加工业，带动农业、工业经济提升。

5.3 实施区域特色品牌战略

利用新疆本土特色资源打造自己的品牌，让人一提到新疆或者新疆的某个地区就想到那里的特色品牌。而作为盛产棉花的新疆，没有道理不发挥资源优势，大力发展棉花加工业，带动新疆的经济发展。相比而言，浙江、江苏虽然不生产棉花，但是它们的棉花加工业却遥遥领先，像浙江的千百惠服饰、森马服饰，广州的品牌女装备受人们的青睐，它们的这种品牌效应就为当地的棉花加工业起到了重要的带动作用。

（张杰　杨杨）

转基因棉花的经济研究^①

笔者利用一年的时间研究转基因抗虫棉的效益，主要讲三方面，第一个是长期的，短期的还有政策管理的。先讲一个问题，哪些人在研究，他们的研究方法是什么，研究结论是什么。黄季焜团队的研究对象是中国。第二个是 Martin Qaim 及其团队，他研究印度、南美。第三个是 Carl Pray，他研究中国、非洲。第四个是 George B. Frisvold，他只研究美国。大多数文章都是前两个团队的，Martin Qaim 及其团队的研究。研究这两个数据主要有截面数据和面板数据。截面数据是几年前开始的，面板数据是最近几年出现的。模型方面，最主要的是一个问题：农药是特殊品，不能用最小二乘法进行估计，最小二乘法估计的是错的，估出来的符号是负的。最常用的有两个方法，一个是 Weibull 的方法，另一个是 Exponential 的方法，都是非线性的估计起来比较难，Spass、Stata 可以做但不太容易。中国的结论是说农药减少 2/3，产量增加 5% ~ 10%；美国的结论是产量增加 0 ~ 8%；阿根廷的是产量增加 60%，农药减少 50%；印度的是产量增加 40% ~ 80%；农药节省 20% ~ 70%。这就解释了为什么印度的产量会上升那么快，因产量增加 80%，阿根廷和印度产量增加比较多，中国和美国的产量增加并非很多，因为我们用的农药比较多，限制了产量。

只有这两个团队在做长期效益。黄季焜的 CCAP 团队；Martin Qaim 及其团队。Martin：4 轮 7 年都是在印度，黄季焜的 CCAP 团队：7 轮 15 年。Martin Qaim 的研究已经在美国科学院的杂志上发表了。长期效益需要考虑的一个问题是内生性。所有的发展经济学问题都要考虑内生性；另一个问题是农药的特殊性，不能使用最小二乘法，还有长期的可持续性和抗虫棉扩展的内生性。关于长期效益，笔者做了一个简单的例子，有三个方程，第一个是投入品的方程，这里包括农药、种子、劳动力；第二个是产量的方程，第三个方程是第二个方程的一部分，是非线性的。全国农产品成本资料，全国代表性数据，长面板的数据都很

---

① 本文为乔方彬教授在"石沙子大学研究中心论坛"上的讲话，根据录音整理。

好，采用前期，采用中期，采用后期，农药用量下降了，种子成本增加了等，这是一个长期的影响。这是农药投入品、劳动力的投入及种子成本，说明种植抗虫棉是有影响的，地区之间是没有差异的。我考虑黄河流域、长江流域和西北地区，地区之间是没有差异的。种植抗虫棉是有帮助的，结果不显著，说明长期来看不变化不是没有影响。西北地区和长江流域没有区别，西北地区和黄河流域没有区别，但这个不同不是说他有没有影响，而是说抗虫棉在影响产量这个问题上有没有不同。在次要害虫的问题上是危害加重，但不是由抗虫棉种植引起的，抗虫性有没有增加，没有被证实，经济效益的持续性，有还是没有，在印度是有，而且有增加的趋势。中国还没有结论，因为相关研究成果比较少，一个基本的结论是持续，但有没有增加还不确定。最后一个问题是政策管理，研究政策管理的人就特别少了，一个是 Michael Livingston，现任美国农业部官员；另一个是 Secchi Hurley，他做的是转基因玉米，他是第一个做政策管理的论文。论文方法比较难，一个是理论分析，另一个是模拟分析。模拟分析中一个动态最优一个静态最优，最后一个是空间分析，我们国家地块比较小，不存在空间分析，对于新疆可能会考虑这个问题。笔者举个简单的例子，这是个特别简单的模型，即使这样也没有解，但是它是有好处的，什么是政策最优，什么是动态最优呢，什么是静态最优呢？这就是你的目标函数，你做政策分析都可以运用这个方法。

（乔方彬　中央财经大学教授）

新疆优质棉基地建设：增产还是提质？[①]

新疆优质棉基地建设从 1995 年就开始了，在 1995 年，新疆的产量大概占到全国的 20%，但是经过近 20 年的建设，新疆的棉花已经接近全国的 60%，当然，不同的统计口径，结果差别很大。在优质棉基地建设的整个过程中，有以下几个关键的时间点：第一个是在 2000 年的时候，新疆棉花的产量达到 1/3，已经占到了 33%，接下来几年基本维持在这个水平上，我们曾达到一半，占据全国的半壁江山，在 2014 年我们统计可能会超过 60%。所以从整体来说，新疆棉花在全国占据重要地位，这是 2015 年新疆棉花种植面积和产量，种植面积是 2577.93 万亩，产量是 351.8 万吨，分别占全国的 39.5% 和 55.8%，兵团的种植面积是 886.22 万亩，产量是 146.52 万吨，分别占新疆的 34.38% 和 41.65%，当然这些数据都是统计年鉴上的数据，与现实可能有差别。如果我们按亩均产量大概 300 多公斤统计的话，那么新疆可能会多出来 500 万亩，相应地，产量多出来 70 万吨，这样加起来有 430 万吨，稍微多一点，但是如果有更多黑地的话 300 产量就会更多一些，这是我们粗略做的一个估计，但这个估计好像与我们的实际情况差别很大。但是黑地来自哪儿呢？根据调研的情况来看，主要来自三个方面：第一部分是农户在分地的时候，比较差的地，一亩半算一亩，更差的两三亩算一亩，经过长时间的种植，这部分地就养熟了；第二部分，主要来自开荒，一个是农户会在耕地周边进行开荒，另一个是近邻沙漠、戈壁进行开荒；第三部分来自监狱、部队，所以现在按面积补贴 60%，就冒出来了很多土地。谈面积和产量都是出力不讨好的事，因为这些事情谁也说不太清楚，因为这里面牵扯到许多利益主体，这是我讲的第一个问题，新疆的棉花产量的重要地位。

第二个是新疆棉花的品质，它整个品质不容乐观，以前不管是疆内还是内地的纺织企业，一提新疆的棉花都竖大拇指，我们新疆光照长，降雨少，棉花品质非常好。但现实是，新疆棉花的很多指标都在下滑。从去年实行颜色级，新疆的

---

① 本文为张杰副主任在"石河子大学研究中心论坛"上的讲话，根据录音整理。

棉花依然是最好的，无论是新疆地方还是新疆兵团，但轧工质量这块就出现了很大的问题，去年我们兵团轧工质量为差的比重占 2.63%，远远高于 0.97% 的全国水平，为最差。

第三个是棉花的长度，新疆棉花的长度已经低于全国平均水平，我们按照棉花的长度做的一个排序，新疆兵团 28.19，低于全国 28.37 的平均水平，新疆棉花的长度也有一个降低的趋势，整个新疆包括兵团的棉花长度都在降低，所以导致我们国家近年来棉花长度出现一个叫作"三连降"，达到了近五年来最低水平；新疆棉花断裂比强度近三年来也在降低，无论是新疆地方还是新疆兵团都表现了这个特点。那么长度整齐度方面，包括兵团和地方也在逐年下降。总结下这些指标，我们会发现：十年前，新疆兵团的棉花是综合评价最好的棉花，但近几年棉花等级出现了下滑，过去一二级比较多，三级属于比较差的棉花，但现在三级棉花变成了最好的棉花，现在很多棉花内在品质的指标都在下降，而且棉花成本的提高，使棉花价格也比较高，导致新疆的棉花与印度、巴基斯坦基本相同，属于中低档，那么就会导致：我们种了那么多棉花，费了那么多劲，补贴了那么多，但我们生产出来的棉花没有被国内企业使用，这是一个非常严重的问题。

针对以上问题，笔者对新疆优质棉基地建设提出自己的观点：第一个方面就是为了保障棉花产业链的安全，国家保证种植一定比例的棉花；第二个方面是产业转移的规律表明，低端纺织业将向低成本国家和地区转移，在高品质纺织产品领域，我国依然具有竞争优势，因此需要高品质棉花作为原材料；第三个方面是随着我国经济发展水平的提高，对高端纺织品的消费需求将进一步加大，需要相应的原料支撑，所以我们要保障新疆棉花的不是产量而是品质；第四个方面是提高棉花品质是提高我国棉花国际竞争力的要求。

我国新疆优质棉基地建设一定要提高品质而不是增加产量，因为现在全球的棉花产量出现供大于求的状态，随着印度、非洲种棉的数量在增加，单产的增加，那么在未来的一段时间内，整个全球供大于求的局面是没有办法改变的，如果我国通过补贴生产出大量品质不是很好的棉花，就会造成非常大的一个问题。到底有哪些因素影响棉花的品质呢？最重要的因素是品种的选择。好的品种是生产出优质棉的一个基本保证，当然也有种植管理。种植技术、规模化生产、采收方式、加工过程，这些都会影响棉花的品质，也包括气候因素，气候因素是我们没办法控制的因素，其他因素我们可以通过管理、政策来调整，从而提高我国棉花的品质。

当前制约我国新疆棉花品质提升的因素主要有以下三个方面：第一，新疆棉花面临着一个重要的现实，就是它的无霜期非常短，相应的技术就出现了，包括早密矮栽培技术、膜下滴灌技术和其他一些技术。在这些技术的推动下，我们生产出来的是高产优质棉，但有个前提：必须是手采棉。现实是，劳动力的价格上升，手采难以实现，我们一定要大力推广机采棉。但我国不像美国大面积机采，新疆实行的是早密矮栽技术。早是无霜期短，也就是棉花的生长时间短；矮是要脱叶剂，催熟剂，这样的话就会导致棉纤维的一致性不高；而密，打完脱叶剂后，棉叶就很难从棉干落到地上，而新疆的气候又非常干燥，干燥的气候又使这些棉叶很快变干变脆，而机采棉的过程是用棉锭把它钩下来，然后像吸尘器一样把它吸进去，这样就会把棉叶等其他杂质吸进去，含杂量就会非常高。矮，说明棉桃离地面比较近，美国棉花比我们高一倍还要多，因为矮，所以在机采的过程中，会把棉叶、地膜等都吸上来，也导致我们的含杂量高，这些都是非常不利的因素，需要大量的清理程序，每进行一次就会对棉纤维的长度损伤一次，其他内在品质造成机采棉短绒多，棉结多，品级低。这是我们面临的技术现实问题。

第二，另一个导致棉花品质低的因素是棉花交易的次数太多，从棉农到棉农贩子，或是直接到棉花厂，棉花厂要么直接转纺织企业，要么卖给流通企业，流通企业再卖给纺织企业，这就导致棉花市场的真实信息不能有效传递给棉农。而棉农只考虑产量和价格，而加工厂又追求利润最大化，不对棉花进行分品种、分批分类进行加工。纺织厂很难把它的需求信息传递给生产加工的各个环节，由于各个环节缺少协调机制，导致棉花的品质下降。

第三，分散化种植、栽品种的选择、栽培管理等方面缺乏标准化管理。棉花不像其他农作物，它需要标准化的种植管理才能提升品质。目前最严重的是品种多乱杂的问题，前几天在一个县城进行调研，在一个县城就有很多种棉花，但正规种子公司卖的棉花只占整个市场的10%左右，剩下的90%左右都在被其他品种操控着。之所以出现这种情况，是因为棉农想买比较便宜的棉种，但最重要的是卖种子的店铺，因为农民很少能从政府这种正规部门得到技术、施肥方面的指导，那么他们在选择品种时更多的是询问农资店，农资店在这个过程里更多地影响农民对品种的选择。因卖假棉种利润可观，棉农根据实地参观就进行购买。据有关专家估计，非正常品种占整个市场的50%以上。还有一个影响因素是棉花采收不规范，加工过程中难以分类，以及以提高棉花品质为目标，实施综合补贴。针对上述情况，我们提出以下对策建议：①推进规模化生产，组织化经营；②规范棉种市场，解决品种多乱杂问题；③重塑生产经营主体，减少交易环节；④加大科技支撑力度，提高机械适应性；⑤以提高棉花品质为目标，实施综合补贴。

（张杰　石河子大学棉花经济研究中心副主任）

促进棉花种业健康发展的政策建议

1 加大宣传力度，引导棉农理性用种

1.1 加大《中华人民共和国种子法》与主栽品种宣传力度

继续做好《中华人民共和国种子法》的宣传工作，增强企业守法经营和棉农自我保护的意识。结合每年举办的种子法规培训班和每年 3 月开展的宣传活动，继续做好法规宣传工作，让种子企业自觉地依法生产、经营农作物种子。同时让种子使用者尽快学会依法保护自己。这样广大农民就成了那些违法生产、经营种子企业的监督者。加大对棉花主栽品种的宣传力度。

首先，要通过电视、广播、报纸等宣传媒体和乡村小黑板、入户通知单等多种形式，大力宣传棉花主栽品种，要把主栽品种的特征、特性及其与其他品种相比的优势道明，要把主栽品种的核心栽培技术讲透，使广大棉农自觉地按照全省指导性意见选定良种。

其次，要增强群众的质量意识，把当前原棉质量状况和市场需求告诉棉区广大干部群众，帮助他们搞好优质良种推广与品种区域布局。

再次，农业部门要向本级党委、政府汇报，争得领导支持，使上下达成共识。

最后，在少数民族聚集地区，对宣传材料进行翻译，利用多种形式加强宣传力度。

1.2 强化对棉农用种及种植的指导

棉花品质的提高除了依靠政府的扶持与补贴外，还要加强棉农品种选择和种

植技术的指导工作，让棉农明确认识到，他们当前的选择道路有两条：①要提高棉花的产出质量，保证质量是实现收益回报的前提；②要尽量降低生产成本，这样才能增加利润空间。但是，无论是提高棉花的质量和产量，还是降低棉花的生产种植成本，科学种棉是帮助棉农打好这场棉花种植市场攻坚战的最终武器和保障。加大与棉花品种相配套的栽培管理技术的推广力度，提高投入产出比。目前，种子市场上的品种数量多，许多品种之间的差异不大，有些新品种的栽培管理技术滞后，其优良种性未能完全发挥出来，需要加大推广与品种相配套的栽培管理技术力度。要鼓励棉农充分挖掘新品种的增产潜力，不要一味地追新求异。各种子企业在推出新品种的同时，应一并推出最佳栽培技术措施，同时引导棉农采取各种节本增效措施，以最小的投入获得最大的产出，使农民在应用新品种时获得最大的经济回报。

2　划分棉花生态区，合理布局品种

2.1　根据生态气候划分棉花生态区

新疆地域辽阔，以生态类型为基础，按品质类型合理布局品种，将实现效益最大化。众所周知，棉花是一种可塑性较强的农作物，即同一品种在不同条件下，可产生较大的产量差异。但其区域性更强，即不同生态区只能种植与其相适应的品种，若在其他生态区种植，则存在较大的风险，甚至可能绝收。根据这一特点，新疆棉区划分了南疆棉区和北疆棉区两大棉区。但新疆地区又因面积大、区域广、"三山夹两盆"、沙漠多等地理特点，形成了不同地区多样的生态气候。因此，新疆棉区又划分了若干个亚区，根据各亚区的生态条件，种植不同的品种①。不同棉区存在气候等差异，应科学地进行区域划分，根据区域特点，选择适宜的棉花品种，充分发挥品种的增产潜力。

2.2　根据纺织企业需求合理布局品种

目前我国棉纺织企业需求多样化、高端化，与新疆棉品质类型单一化、低品质的矛盾日趋突出。因此，必须按照纺织企业的需求调整新疆棉花品质的种植结构与布局。按生态区域实行品质区域化种植，利用新疆的多类型生态条件及独特

---

① 赵富强，曾庆涛 . 论新疆奎屯垦区的棉花品种布局 [J]. 农业科技通讯，2009（12）.

的绿洲农业生态体系，使新疆成为我国唯一适宜种植多品种棉花的优势地区，达到棉花纤维品质种植"优质优价"的市场效果。为保证纺织用原棉质量的一致性，实现棉花品质区划种植，各产业环节要紧密协作，实行种业公司、种植单位、原棉收购及纺织企业按生态区域统一组织品种繁育供种，依品质类型进行区域化生产，以订单形式收购的一体化模式，形成紧密的产业链，保证原棉品质多样性、质量一致性①。

3 深化科研体制改革，鼓励科技人员创新

3.1 下放成果处置权和收益权

对从事棉花品种研发的高校、科研机构的职务科技成果，除涉及国家安全、国家利益和重大社会公共利益外，单位可自主决定采用科技成果转让、许可、作价入股等方式开展转移转化活动，主管部门和财政部门不再对此审批。高校、科研机构职务科技成果转化所获得的收益全部留归单位，纳入单位预算，实行统一管理，使用、处置收益不再上缴财政。科技成果的知识产权由承担单位依法取得，赋予科研机构自主处置权。约定科研成果产权归属，允许高校、科研机构与职务发明人通过合同约定共享职务科技成果所有权。高校、科研机构拟放弃其享有的专利及其他相关知识产权的，应当在放弃前通知职务发明人，职务发明人愿意受让的，可以获得该知识产权，单位应当协助办理权属变更手续。未实施转化的职务科技成果，成果完成人或团队拥有成果转化处置权。

3.2 提高科技人员收益分配比例

建立科研人员成果转化收益分配机制，经职工代表大会同意，科研机构可提取部分转化所得收益，划归科技成果完成人以及对科技成果转化做出重要贡献的人员所有。科研院所和高等院校研发团队在实施种业科技成果转化、转让的收益，其所得不得低于某一比例，个人所得按照贡献分配。鼓励科研院所、高等院校和国有企事业单位种业职务科技成果的所得收益，按贡献划取一定比重归参与种业研发的科技人员及其团队拥有。转化种业职务科技成果给予科技人员个人奖励的，暂不征收个人所得税。科研成果发明人与本单位按照约定比例进行收益权

---

① 李保成，王林，刘永光. 新疆棉花品质类型生态分布及产业化 [J]. 新疆农垦科技，2003（1）.

分配。

3.3　放宽科技人员流动政策

支持高端人才创新创业或进入企业。对从事棉花育种高校、科研机构"双肩挑"（既担任行政领导职务又担任专业技术职务）人员，经所在单位批准允许在新疆创办企业并持有该企业股份。选择部分科研院所和高等学校，开展科技人员兼职取酬、保留身份离岗领办创办企业试点。要求明确离岗科技人员可保留编制、身份、人事关系，工龄连续计算，不影响档案工资正常晋升和职称评定。支持科研院所和高等院校通过兼职、挂职、签订合同等方式与企业开展人才合作。鼓励科研院所和高等院校科研人员到企业从事商业化育种工作，经所在单位同意，保留编制、身份、人事关系，档案工资正常晋升，5年内可回原单位。期满后继续在企业从事商业化育种或继续进行创业的，可以回原单位办理离职、医疗保险、养老保险等手续。

3.4　鼓励科学家到企业育种

改变现在的经营模式，鼓励科学家到企业育种。由于体制问题，目前棉花育种科研力量主要在科研院所与高校，没有专业公司做得好，但民营企业研发能力弱，无法做大做强。因此，应鼓励科研院所、高等院校和事业单位科研人员到种子企业开展商业化育种或离岗创业。到企业从事商业化育种的科研人员，保留其原有身份和职称，档案工资正常晋升。借鉴国外企业好的经营模式，科研院所与企业一定要剥离。鼓励育种家采取提成或分红等方式参与到企业中。科研人员辞去公职到种子企业工作的，经批准可参照解聘人员给予经济补偿，并按工作年限长短发给一定数额的自主创业费。

4　加强执法力度，规范种子市场

4.1　禁止生产、经营未经审定通过的品种

《中华人民共和国种子法》第十七条明确规定："应当审定的农作物品种未经审定通过的不得发布广告，不得经营、推广"。但目前新疆地方套牌生产经营棉种的行为普遍存在，整个新疆各级种子管理部门应先从品种的生产、经管着手，要求各种子企业生产经营的品种必须是经国家或省级审定通过的品种，这样

就可淘汰一部分棉花品系种子在大田生产上的应用。政府部门要根据当前种子市场假冒伪劣、套牌侵权行为，推动完善法律法规，加大联合执法力度，创新市场监管方式，强化企业维权意识，保护农民合法权益。

4.2 打击套牌侵权行为，加大处罚力度

要严格市场准入，对现有企业要按照要求认真进行清理，对不符合条件的坚决予以清出，对低水平重复的品种坚决不予审定。要加强市场监管力度，健全县级市场监控信息平台，积极推进县级农业综合执法，加强与工商、质监等部门联合执法。套牌侵权行为会影响企业研发的积极性。要加强种业打假，重点是要持续，如果能连续打假几年，市场秩序会好很多。此外，还要加大套牌侵权行为的处罚力度。如发现 1000 公斤侵权的种子，每斤售价 20 元，按照 5 倍处罚的话，要罚款 20 万元。事实上，被剽窃的是育种人员的劳动成果，这些成果是耗时 5～10 年，花费上百万元乃至上千万元培育的新品种，处罚侵权行为时，应考虑这些培育代价，制定相应的商业性处罚。

5 创新管理体制，促进种业健康发展

5.1 提高新品种与旧品种的差异标准

要加强对知识产权的保护力度，还必须尊重和保护原始创新，提高新品种与旧品种的差异标准，才是市场化条件下，棉种企业能够积累的资本得以加速发展的根本所在。没有知识产权的合理保护，就没有新疆棉花种业的发展。只搞微小差异改良，不提高新品种差异标准就是保护落后。没有对原始创新的保护，新疆种业就没有跨越性新种子的未来。新疆要建设优质棉基地，市场化条件下的现代棉花种业是基础，棉花的"现代种业"就是标准原始创新，而不是只看注册资本和几个审定品种，很多企业审定的品种并不是自己选育的。"现代种业"必须具备真正高水平的创新能力、生产加工能力及推广销售服务能力。

5.2 棉花新品种审定过程推进第三方公正

针对目前在棉花品种审定过程中的行贿受贿、弄虚作假问题，可考虑引入第三方公正。对于品种区试的申请单位、承试单位、区试程序，都应该清楚罗列出来，有据可查。如果第三方公证机构认为这些程序合乎规范，数据没有疑问之

处，便出具公证书，作为一种保证；与之相反，则可持保留态度，区试数据便不能随便发布。因为公证书具备法律效力，公证机构对调查过程的监督，有望增强数据的可信度。而现状是，不管区试数据真假，现有法律法规难以追究相关责任人的法律责任。因此，建议种子管理部门进行品种审定时，附上公证机构的意见书，提高棉花新品种审定的公正性。

5.3　品种审定变审定制为登记制

一些棉花品种的审定过程中，由于没有品种独特性和真实性监督，花了很多行政成本和公共财政成本，搞区域试验、品种审定，结果审定了许多品种、定了许多名称，评出了许多专家甚至科技成果，其实就是几个自交系亲本配来配去，十几年没有突破曾经的优良主栽品种。建议修改品种审定办法，变审定制为登记制。由政府承担完全责任转向企业承担品种真实性和优良性责任、用户承担选择责任的同时政府承担监管责任。

6　培育棉种制售大企业，增强市场的垄断力量

熊彼特认为，大企业对技术进步的作用最大，这是因为：①技术创新的成本巨大，只有大企业才能承担得起；②研究与开发也存在规模经济，大企业创新成本低；③为维护垄断地位，大企业更有动力开展技术发明和创造活动。因此，只有通过培育棉种制售的大企业，形成寡头竞争的市场格局，才是提升种业创新能力的核心所在。要积极促进棉花种子企业的兼并重组，培育种子龙头企业，通过实施强强联合和企业兼并，促进市场结构由竞争型向寡头垄断型转变。对种业龙头企业在政策、科研立项、基础建设、资源配置和技术等方面优先给予支持，把科研单位的科研优势与生产经营企业的资金、场地、市场开发优势相结合，合理进行资源重组和配置，高度集中品种、资金、技术、市场、设施等，培育一批具有竞争力的现代化种子企业，实行"育繁销一体化"的经营模式。加强现代企业制度建设，树立品牌意识，全面提升棉花种业发展水平。

（张杰）

新疆优质棉基地建设的选择：
增产还是提质？

1　引　言

作为全球最大的棉花生产国、消费国和进口国，我国棉花总产量、消费量和进口量分别约占世界总产量的 25%、40% 和 40%。棉花产业的健康发展不仅事关全国 200 多个产棉大县近 2 亿棉农的生产与生活，还直接影响我国 5000 多家棉花加工企业、1000 多家流通企业、10000 多家纺织企业的生存与发展；棉花加工、流通与纺织服装及相关产业的发展为 1 亿多名劳动力提供就业岗位。可见，棉花是我国产业链最长、产业关联度最高的经济作物。为保障我国棉农稳步增收和纺织服装产业的国际竞争力，政府先后出台了棉花进口配额管理政策、滑准税政策、良种补贴政策、农机补贴政策、临时收储政策和目标价格补贴政策。上述政策在一定程度上稳定了市场、提高了棉农的收入、增强了我国纺织服装产业的竞争力，但是，随着我国要素价格尤其是劳动力价格不可逆转的上升，我国棉花生产的低成本优势逐渐丧失，对棉花产业的支持政策的财政成本持续大幅增加。一方面，对我国财政支出造成巨大压力，另一方面，过多地直接补贴也有违反WTO 的贸易规则。2015 年中央一号文件指出，国内农业生产成本快速攀升，大宗农产品价格普遍高于国际市场，必须尽快从主要追求产量和依赖资源消耗的粗放经营转到质量效益并重、注重提高竞争力、注重农业科技创新、注重可持续的集约发展上来，走产出高效、产品安全、资源节约、环境友好的现代农业发展道路。因此，转变我国棉花产业的发展方式成为促进棉花全产业链可持续发展的重要战略选择。

新疆棉区在我国具有较大的比较优势与重要的战略地位，1995 年国家决定在新疆实施优质棉基地建设。得益于政策与资金的大力支持，2000 年，新疆棉花产量达到 150 万吨，在全国所占比重已由 1995 年的不足 20% 增长为 34%。其后 10 年，我国棉花种植逐步形成了黄河流域、长江流域和西北内陆棉区"三足鼎立"的格局，至 2010 年，新疆棉花产量达到 247.9 万吨，占全国总产量的 41.59%；2013 年新疆棉花产量达到 351.8 万吨，占全国总产量的 55.8%①。然而，伴随着新疆棉花产量的持续增加，棉花品质却不断下滑，2009 年以来，尤其是实施收储政策的三年间，新疆地方与兵团棉花的平均长度、断裂比强度、马克隆值、长度整齐度等指标明显下降，难以满足国内纺织服装业的用料需求。造成我国棉花"高库存"与"高进口"共存的局面，虽然目标价格补贴政策在一定程度上保障了棉农的收入，但加工流通企业"买棉难"与纺织企业"用棉难"的困境并未根本解决，严重制约着我国棉花全产业链的可持续发展。因此，在"让市场在资源配置中发挥决定性作用"的改革背景下，调整新疆优质棉基地建设的战略方向，提高棉花的品质以适应市场需求成为"新常态"下新疆优质棉基地建设的必然选择。

2　提升棉花品质是新疆优质棉基地建设的必然选择

在全球棉花"供大于求"的大格局下，世界主要产棉国尤其是印度、巴基斯坦等发展中国家供给依然存在逐步上升的趋势，再加上世界经济复苏乏力，纺织服装产品需求不足，棉价在低位徘徊成为市场的常态。为解决"棉贱伤农，棉贵伤纺"的问题，我国于 2014 年实施棉花目标价格补贴，让市场在棉价形成中发挥决定性作用，政府通过财政补贴保证新疆棉农的生产成本和基本收益，但棉企销售困难与纺企用棉需求无法满足的困境并未得到解决，目标价格补贴难以解决我国棉花的供需困境。可见，如何在成本上升与品质下滑的"双重挤压"下创新棉花支持政策、提升新疆棉花竞争力，成为今后一段时期内保障我国棉花全产业链可持续发展的必由之路。

2.1　新疆棉花产量与成本均大幅攀升

相对于我国其他棉花种植区，新疆棉区日照时间长、降雨量少，具有一定的植棉优势。再加上优质棉基地建设中国家政策对节水灌溉、高标准棉田、良种工

---

① 新疆维吾尔自治区统计局. 新疆统计年鉴 2014［M］. 北京：中国统计出版社，2014.

程、全程机械化等项目的支持，新疆逐渐形成了以"精量播种"、"早密矮栽培"、"膜下滴灌"与"全程机械化"相结合的高产植棉模式，棉花单产比全国平均水平高出30%～40%，新疆棉花单产的提高对全国单产水平的贡献率达到近50%①。自优质棉基地建设项目实施以来，新疆棉花种植面积与产量持续增加（见图1），植棉面积与产量分别由1995年的1114万亩和93.5万吨，分别增加到2013年的2577万亩和251.8万吨，分别增长了131%和276%。据国家统计局发布的最新数据显示，2014年我国棉花总产量616.1万吨，其中新疆棉花产量达到367.7万吨，占全国总产量的59.7%。而从新疆农业厅公布的数据来看，2014年新疆地方棉花种植面积达到2967万亩，预计棉花总产为309.5万吨②，再加上兵团棉花种植面积与产量，整个新疆棉花种植面积和产量将达到3800万亩和450万吨以上，产量占全国的比重将超过70%。

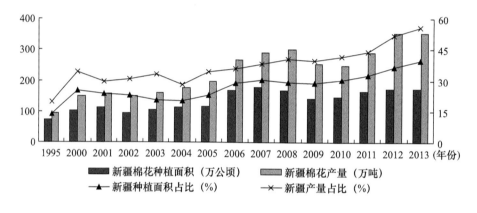

图1 1995～2013年新疆棉花种植面积及产量

　　然而，植棉成本并未随着植棉规模的扩大而降低，近年来，随着我国要素价格的上升，棉花低成本优势不断弱化。据王莉、杜珉（2006）测算，2001年，我国皮棉生产成本为7004.6元/吨，与美国同期相比每吨低4125.7元，仅为美国皮棉生产成本的62.9%③。2013年，新疆兵团皮棉种植成本约为14193元/吨，而同期美国皮棉种植成本在13395元/吨左右，美棉生产成本与新疆兵团皮棉成

---

① 毛树春，李亚兵，冯璐，孔庆平，孙景生．新疆棉花生产发展问题研究［J］．农业展望，2014（11）．

② 新疆地方2014年棉花种植面积达到2967万亩［EB/OL］．http：//news. ts. cn/content/2014 - 12/23/content_ 10848376. html.

③ 王莉，杜珉．中美棉花生产成本比较分析［J］．农业展望，2006（7）．

本相当[①]，而新疆地方与兵团棉花生产成本基本一致。据新疆发改委调查，2013年，全区棉花生产平均每亩总成本达 2115.25 元，较上年增加 325.19 元，增长18.17%；植棉成本的大幅度上升使新疆棉花的竞争力不断下降，2013 年平均每亩净利润仅为 530.27 元，较上年减少 143.99 元，下降 21.36%。根据我们的调研，2014 年，新疆实施目标价格补贴，再加上大风等自然灾害导致的减产，棉农收入减少 20% 左右。

2.2　新疆棉花品质持续下滑致使棉花销售困难

长期以来，新疆棉花尤其是兵团棉花在我国乃至全球均属于品质较高的棉花，皮棉素以纤维长、丝光度好、品级高、洁白著称，多数年份平均品级均在 1级以上（全国平均在 3.58 级），新疆棉纤维绒长、断裂比强度、细度、成熟度等指标居全国首位[②]，成为我国纺织企业生产配棉的首选原料，在市场上具有较高的竞争优势。但自 2010 年以来，尤其是临时收储政策实施以来，新疆棉花的内在品质出现持续下滑的局面。棉花品级是衡量棉花内在品质与可纺性的主要指标之一，是棉花外观和内在质量的综合反映，也是棉花进行市场贸易的主要结算依据；棉花品级的高低是棉纤维品质优劣和纺用价值大小的重要标志之一。据统计，2006 年新疆细绒棉平均品级为 1.85 级，到 2014 年新疆细绒棉平均品级下降到 2.66 级，棉花品级由过去的一级、二级为主转变为以三级为主。由图 2 可以看出，2006~2010 年新疆一级、二级、三级皮棉所占比重大幅减少，虽然临时收储三年间这一比重有所改善，但这种改善并非来自棉花品质的真实提高，而是一方面源于加工企业为入储降低公检标准，表现出品质上升的假象；另一方面源于 2013 年的公检标准由长度级改革为颜色级，导致新疆棉花品级提高。从纺织企业不愿使用新疆棉花和国储难以抛售也可以看出，新疆棉花品质下滑的状况并未得到根本改善。

棉花作为纺织厂最重要的生产原料，在纺织总成本中约占 70%[③]，并且棉纱品质大约有 80% 受原棉性能的制约[④]，决定了纺织企业的竞争力。棉纤维品质直接决定纺织产品的质量，棉纤维长度、断裂比强度、马克隆值、长度整齐度和短纤维含量等指标是决定棉纱质量好坏的重要指标。2011~2013 年，新疆地方与兵团棉花平均长度、断裂比强度、马克隆值 A 档值、长度整齐度明显下降（见表1），

①　银河期货陈晓燕. 中美棉花生产成本及收益的比较 [N]. 期货日报，2014 – 06 – 25.

②　李雪源、王俊铎，郑巨云，艾先涛，多力坤，莫明，吐逊江，郭江平，梁亚军. 提升新疆棉花综合生产能力研究 [A]. 中国棉花学会. 中国棉花学会 2011 年年会论文汇编 [C]. 中国棉花学会，2011.

③　邓捍. 棉花品质对棉纱质量的影响 [J]. 中国纤检，2009 (3).

④　唐淑荣，杨伟华. 我国主产棉省纤维品质现状分析与建议 [J]. 棉花学报，2006 (6).

全国棉花质量下滑。长度变短意味着可以纺高支纱的棉花越来越少，马克隆值级 A 档的棉花使用价值较高，但占比也逐年降低，长度整齐度和断裂比强度均对原棉制成率、纱线的条干、纱线的强度有很大影响，上述大部分指标在 2013 年处于五年来最低水平。2014 年受目标价格补贴政策和市场的双重作用，棉花收购加工企业的质量意识也显著增强，新疆地方与兵团棉花纤维有所提升，但棉花品质并不能满足纺织企业的需求，导致新疆地方棉花售价低、兵团机采棉销售困难。

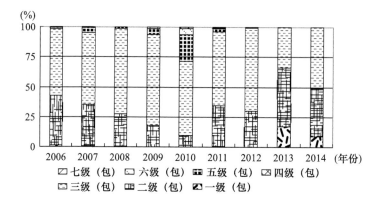

图 2　2006～2014 年新疆棉花品级分布

表 1　2009～2014 新疆地方与兵团棉花纤检品质状况

指标	区域	2009 年	2010 年	2011 年	2012 年	2013 年	2014 年
平均棉花长度（毫米）	新疆地方	28.40	28.82	28.33	28.09	28.09	28.37
	新疆兵团	28.07	28.45	28.08	27.88	27.75	28.11
	全国	28.41	28.67	28.27	28.04	27.92	28.24
平均断裂比强度（cN/tex）	新疆地方	27.75	28.04	28.59	27.80	27.40	27.92
	新疆兵团	27.33	27.72	27.97	27.28	26.90	27.75
	全国	28.02	28.24	28.55	28.12	27.99	28.03
马克隆值 A 档占比（%）	新疆地方	37.40	41.20	22.33	28.13	31.46	33.81
	新疆兵团	44.25	47.25	27.82	29.88	39.37	50.49
	全国	33.79	37.02	33.30	31.35	29.97	35.50
长度整齐度指数（%）	新疆地方	82.60	83.01	82.87	82.56	82.59	82.94
	新疆兵团	82.13	82.67	82.57	82.25	82.08	82.45
	全国	82.54	82.74	82.50	82.48	82.41	82.76

资料来源：根据中国纤维检验局网站数据整理而得。

2.3　提高棉花品质是新疆优质棉基地建设的出路

面对上述困境，我国是否应该放弃棉花种植，完全依靠进口，由市场对棉花资源进行配置呢？2015 年中央一号文件指出，科学确定主要农产品自给水平，合理安排农业产业发展优先序。作为纺织品消费和出口大国，纺织服装业在我国具有重要地位，2011～2014 年，我国纺织服装业出口额占出口贸易总额的 12% 以上，为保障棉花全产业链的健康发展，我国需要保证一定比例的棉花自给率，加强新疆优质棉基地建设是保障我国棉花产业安全的出路。同时，随着我国产业经济的发展，未来一段时期内纺织服装业对高品质皮棉的需求将会进一步加大。

首先，产业转移的规律表明：正如此前纺织产业从欧洲转移到日本又转移到中国，现在随着人民币升值、劳动力成本上升和环保压力的增大，低端纺织业将向低成本国家和地区转移，但在高品质纺织服装领域我国依然具有竞争优势，因此需要高品质棉花作为原材料。

其次，随着我国经济发展水平的提高，对高端纺织品的消费需求将进一步加大，需要相应的原料支撑。

最后，提高棉花品质是提高我国棉花国际竞争力的内在要求。因此，提高棉花品质是新疆优质棉基地建设的必然选择。

3　基于 Logistic 模型的棉花品质影响因素分析

为探讨新疆棉花品质的影响因素，我们在主要植棉区南疆阿克苏、北疆石河子等地进行问卷调查与访谈，选取棉花种植、采收、加工等生产环节的 11 个变量，利用 Logit 模型对影响新疆棉花品质的因素进行实证分析。

3.1　模型与数据

本文采用二元回归模型对棉花品质的影响因素进行分析，Logistic 回归为概率型非线性回归模型，是研究分类观察结果（y）与一些影响因素（x）之间关系的一种多变量分析方法。Logistic 概率函数模型为：

$$P(y=1 \mid x) = \frac{e^{a+bx}}{1+e^{a+bx}} \tag{1}$$

在本文中，P 为棉花品质高低的概率，x 为影响棉花品质高低的因素，a、b 分别为各个因素所对应的参数，模型中的变量选取及统计数据如表 2 所示。为分析棉花品质的影响因素，我们对棉花育种、种植、采收、加工、纺织等环节进行多次深入访谈，在此基础上设计棉花品质的 9 个影响因素，含义与取值范围如表 2 所示，发放问卷 187 份、收回问卷 186 份、有效问卷为 174 份，有效率为 93%。

表 2　模型变量的含义与取值范围

变量名称	取值范围	变量含义
因变量：是否影响棉花品质（Y）	1～2	否 = 1；是 = 2
自变量：文化程度（X_1）、品种选择（X_2）、种植管理方式（X_3）、种植技术（X_4）、规模化生产（X_5）、气候（X_6）、土地质量（X_7）、采收方式（X_8）、分类加工（X_9）、加工技术（X_{10}）	1～4	不大或者无影响 = 1；一般 = 2；很大 = 3；非常大 = 4
自变量（X_{11}）兵团或地方	1～2	是 = 1；否 = 2

3.2　计量结果

用 SPSS17.0 统计软件对 174 个样本数据进行多元 Logistic 回归分析，在处理中，其中数据选择变量的标准水平是 $\alpha = 0.05$，剔除变量的标准水平是 $\alpha = 0.1$，-2 对数似然值为 60 以上，说明回归方差的拟合度高，卡方检验值为 60 以上，$p = 0.001$，小于 0.05，说明模型至少有一个变量系数不是 0，有统计意义。表 3 给出了 Logit 回归模型中 11 个变量的参数估计值和显著性检验，结果显示：在所选的 11 个指标中，对棉花品质影响程度由大到小的顺序为：种植技术、棉花品种的选择、品种分类加工、气候、规模化生产、采收方式、文化程度、种植管理方式、土地质量、兵团与地方等。

表 3　Logit 模型影响棉花品质的因素回归结果

参数 变量	B	S. E.	Wals	df	Sig.	Exp（B）	EXP（B）的95% C. I. 下限	EXP（B）的95% C. I. 上限
文化程度	0.705	0.498	2.003	1	0.157	2.024	0.762	5.373
品种选择	1.425	0.669	4.54	1	0.033	4.157	1.121	15.412
种植管理方式	0.57	0.567	1.011	1	0.315	1.768	0.582	5.374
种植技术	1.94	0.488	15.837	1	0	6.962	2.677	18.104
规模化生产	0.879	0.48	3.357	1	0.067	2.409	0.941	6.169
气候	0.929	0.494	3.534	1	0.06	2.531	0.961	6.663
土地质量	0.409	0.442	0.853	1	0.356	1.505	0.632	3.581
采收方式	0.771	0.514	2.249	1	0.134	2.162	0.789	5.923

续表

参数 变量	B	S. E.	Wals	df	Sig.	Exp（B）	EXP(B)的95% C. I.	
							下限	上限
品种分类加工	1. 316	0. 478	7. 581	1	0. 006	3. 73	1. 461	9. 518
加工技术	0. 666	0. 558	1. 427	1	0. 232	1. 947	0. 653	5. 809
兵团和地方	-1. 995	0. 75	7. 072	1	0. 008	0. 136	0. 031	0. 592
常量	-23. 393	6. 013	15. 133	1	0	0		

除了气候这个不可控因素外，对棉花品质影响较大的前五位因素分别为种植技术、棉花品种选择、采收方式、品种分类加工和规模化生产。种植技术越规范越统一，对棉花品质提升越有利，种植技术对棉花品质具有正向作用，目前新疆已形成了以早密矮、精量播种和膜下滴灌为核心的高产种植模式。长期以来，新疆棉区形成的独特种植技术已成为决定棉花品质的重要因素；棉花品种是决定棉花品质的关键，统一种植优良品种是保障高品质棉花的基础，同时能满足棉纺企业的用棉需求；采收方式影响棉花品质，新疆棉花采收方式主要分为机采和手采，同时，采收过程是否按照规范要求也是影响棉花品质的因素；按照不同的品种分类加工，减少不同品种棉花的混杂，有利于提高皮棉纤维的一致性，进而提高皮棉品质，但调研中发现绝大多数加工厂收购的籽棉难以确定品种，再加上受场地、成本等因素的影响难以分类加工；棉花是否规模化生产也直接影响棉花品质，分散农户很难在种植品种、种植技术上做到统一规范，这直接降低了棉花的品质。同时，气候对棉花的衣分率、棉花纤维的粗细与长短有很大影响，但难以控制，只能通过科技与管理加以改善。兵团与地方的棉花品质也存在很大的差别，整体来看，兵团的棉花更具有比较优势，这与其棉花种植机械化、规模化有关，这种方式更便于统一作业，统一管理，致使棉花品质的一致性较高。

4 制约新疆优质棉基地棉花品质提升的原因

新疆优质棉基地建设近20年来，在种植面积、总产、单产和种植模式等方面均取得重大进步，但在市场经济条件下，政府缺乏对分散化棉农的引导、调控手段，棉农的自由选择行为导致品种多乱杂、种植分散化、采收不规范、加工难分类、交易环节多等问题，使新疆棉花品质逐年下滑、竞争力下降、销售困难，严重制约了新疆优质棉基地的可持续发展。

4.1 品种多乱杂

棉种是决定棉花产量与内在品质的核心，培育适合棉花全产业链的品种，生产与纺织企业的发展需求相适应的棉纤维，是实现新疆棉花产业健康发展的基本要求。市场经济条件下棉农在选择棉花品种时更多考虑产量和衣分率，而忽视影响棉花质量品级的其他指标，导致棉花品种多乱杂的问题普遍存在。棉花种子制售企业数量多、规模小、创新能力不足，多数企业在市场竞争中"重审定，轻育种"、"重品种，轻繁育"，不利于新疆棉种产业的健康发展；再加上棉花品种审定权下放，棉种市场点多面广，管理难度大，棉花品种产权保护不力，进一步加重了棉花品种的混乱局面。在南疆很多植棉县非法地下制售棉花种子的行为十分猖狂，一些棉花加工企业与农资经销商非法生产经营棉花品种。由于这种棉种生产销售行为十分隐蔽，种子管理机构难以监管，成为新疆地方棉种市场混乱和棉纤维品质差的主要原因。

据新疆维吾尔自治区种子管理总站统计，2012～2014年，地方规模以上品种分别种植了34个、38个和37个。从种植面积较大的前十个品种的种植面积来看，2012～2014年，种植总面积分别为910.63万亩、926.31万亩和1072.18万亩，所占种植棉面积的比重分别为59.97%、59.37%和53.59%，呈下降趋势；品种多乱杂的局面没有得到改善。棉花纤维质量的高低取决于棉种的品质，由于棉花品种经营主体混乱，激烈的市场竞争造成棉花遗传品质低下，棉花一致性较差，进而影响棉花纤维的内在质量，使新疆棉花纤维的可纺性下降，纺织企业宁愿使用高额滑准税下的进口棉花，而不愿使用国产棉，品种多乱杂现象已成为当前制约棉花品质提升的重要原因之一。

4.2 分散化种植

分散化种植是制约新疆棉花品质的一个重要原因。研究指出：由于我国实行农村集体土地所有制隐含着"产权虚置"和"集体成员权平等"的平分机制，使"地权分散化"和"耕地细碎化"的趋势更加凸显，造成了几亿农民在高强度劳动投入和过密型种植模式下的土地报酬递减和边际收益下降[1]。不同于其他农产品，棉花作为供纺织企业使用的原材料，对棉纤维的可纺性要求很高，分散化的种植模式难以满足现代纺织业对棉花的需求。分散化种植模式难以生产高品质的棉花的主要原因是：

首先，分散的棉农根据自己的经验管理棉田，由于种地面积相对分散，因此

---

① 张新光. 关于小农经济的理论争论与现实发展［J］. 农业经济问题，2008（4）.

很难做到统一管理，这将会影响棉纤维的一致性。

其次，分散的棉农自己决定种什么品种，导致品种多乱杂，不同品种的籽棉混杂在一起加工，大大降低了皮棉的品质。

再次，即使棉农种植同类棉种，分散化会使得开花期花粉杂交，产生棉花品质参差不齐，进而影响皮棉的长度、马克隆值、整齐度等指标。

最后，受生产规模小、生产单元分散、植棉者素质较低等因素的影响，先进植棉技术的推广应用受到严重制约。

新疆地方棉田多为小户农民自行开垦种植，地块小而分散，土地平整度差，水、电、路等配套设施严重不足，不仅造成了水土等资源的巨大浪费、经营成本增加，还成为依靠技术进步提高农业生产效率和农业综合生产能力的主要限制因素。同时，水资源管理、农资供应以及技术、金融、信息等服务体系等方面存在的问题也难以支持高效集约现代植棉业的发展[1]。2014 年，新疆地方棉花种植面积达到 2967 万亩，其中基本农户种植面积达到 1786 万亩，户均种植面积 30 亩左右，农业生产经营单位种植面积达到 1181 万亩；新疆兵团棉花种植面积为1031 万亩，职均种植面积为 80 亩左右，虽然较内地棉区种植户高出很多，但与美国等发达国家相比，种植的分散化问题十分严重，严重制约新疆棉花品质的提升。

4.3　采收过程中不规范

棉纤维品质直接影响棉纺织品的质量，棉纤维品质除由棉花品种决定外，还受采摘、晾晒、运输、贮存等诸多环节的影响。在棉花采摘过程中，人为因素是影响棉花质量的重要原因，不规范的采收导致棉花品质下降，如因各种原因造成棉花纤维水分含量偏高、颜色变黄，特别是"三丝"混入等，严重影响纤维质量。异性纤维严重影响棉纺企业的生产和产品质量，成了纺织企业最头疼的老大难问题。棉纤维夹杂的"三丝"从数量上看含量很少，但其危害极大，尤其是化学类纤维在棉花加工过程中难以清除；在梳理过程中会被梳理成更短、更细的纤维，形成无数的纤维小点，纺纱时容易断头，使棉纱质量下降，严重影响成品质量，产品价格难以提高。

按照规范要求：采摘人员要戴白帽，收花时严格按要求用布袋装运，严防异性纤维混入；同时要严格分级，僵瓣花、劣质花要单收单放，严禁混入优等花；严格做到五分：分摘、分晒、分运、分轧、分贮。但根据我们的调查来看，在棉花采收中不注意科学采收的现象较为普遍，主要存在采收不及时、混收混存、异

① 孔庆平. 新疆棉花产业面临的困境与发展战略探讨［A］. 中国棉花学会. 中国棉花学会 2015 年年会论文汇编［C］. 中国棉花学会, 2015（5）.

性纤维等问题，导致高品质的籽棉因采收不规范而使棉花纤维品质严重下降；虽然政府相关部门十分关注棉花纤维质量，但对于分散的种植户缺乏监督主体和监督手段。再加上棉花收购市场全面放开以后，市场收购主体较多，籽棉市场交易过程中难以区分采收过程是否规范，棉贩子经营方式灵活，走村串户或者直接到地头收购棉花，高等级籽棉和低等级籽棉掺在一起、异性纤维问题突出，棉花收购质量得不到保证。

4.4　加工过程中难以分类

只有严格遵守籽棉收购环节"一试五定"的检验标准，按照生产规范加工才能生产出高品质的皮棉。但随着市场化的推进，棉花收购加工企业数量大幅增加，股份制、私营棉花加工企业越来越多，激烈的市场竞争导致企业哄抢资源、混等级收购，为了抢收籽棉，根本无暇顾及"一试五定"。不按质论价会使棉花种植者不再注重籽棉质量而追求数量，造成棉花品质的下降。棉花混等级加工现象也比较严重，很多企业收购的棉花不能分级堆放，一般按棉花上市的先后和霜前霜后分垛。甚至有些企业利用加工设备的便利条件，使用两个吸棉管道，将两垛不同等级的棉花人为混在一起加工。有些企业为了节约成本，减少专业人员的使用，临时工对这种专业性较强的分垛不是十分清楚，这样大大降低了加工皮棉的品质。

近几年新疆（尤其是兵团）大力推广棉花机械化采收，虽然缓解了劳动力短缺的问题，但新疆棉花现阶段的"早密矮膜"种植模式极不适合机采，机采棉易将地膜、棉叶等杂质吸起，使机采棉含杂量很高，棉纤维一致性低。这样都会给加工过程带来不便，加工厂为把杂质、异性纤维剔除，会反复加工，这不仅会使得棉花原有纤维长度受损，越来越短，还会增加棉结数量，降低皮棉品质。机采棉无论长度、成熟度、色泽还是断裂比强度等内在品质与手采棉均有所不同。由于现行有效的棉花品级实物标准是以手采棉制作的，因此，为了达到实物标准的外观质量，保证棉花品级，棉花加工企业在机采棉加工上很下功夫，但过度加工使棉花内在质量发生变化，最典型的特点是短纤维率高，造成棉花有效使用率降低，是对棉花资源的极大浪费[①]。

4.5　棉花多次交易导致信息传递困难

目前，我国棉花的生产、流通、使用情况如下：数量众多的植棉农户分散种植棉花，交售给几千家加工、流通企业，这些加工、流通企业将棉花销售给纺织

---

① 鲁伟东. 关注棉花收购加工中存在的问题 [J]. 中国纤检，2013（5）.

企业，分别在棉农和加工企业间形成籽棉市场，在加工流通企业和纺织企业间形成皮棉市场。在市场经济条件下，棉农、加工厂、流通企业和纺织企业均追求自身利益的最大化。在籽棉交易时，加工厂依据籽棉的衣分率、含杂量和重量给籽棉定价，无法测定籽棉纤维品质的高低，导致棉农只关心籽棉的衣分和产量，很少关注棉花的内在品质；棉农在选择种植品种时也仅考虑该品种是否高产和高衣分，而这类棉花品种的棉纤维品质一般较低，这直接导致棉花品质的下降。另外，高度分散的植棉户自由选择种植品种导致品种多乱杂，棉花加工厂考虑到加工成本，不愿也难以对棉花实施分品种轧花，使各种不同的棉花掺杂在一起，也导致棉花品质的降低。

在皮棉交易时，纺织企业根据可纺性从棉花加工、流通企业购买皮棉，异性纤维含量低、棉纤维长度较长、断裂比强度大、马克隆值适当、纤维一致性高的皮棉可纺性高、纺纱成本低，因此，纺织企业也愿意出高价购买高品质的皮棉，能够做到"优质优价"；但加工、流通企业难以将"优质优价"的信号传递给植棉户，因为在籽棉交易时不是依据棉花内在品质定价的，种植高品质品种的棉农产量低、收入低，从而导致其选择高产量、高衣分、低品质的品种，即便有部分棉农种植高品质的籽棉，由于加工企业混合加工从不同植棉户收购籽棉，也无法生产出高品质的皮棉。可见，现有籽棉、皮棉交易方式使市场机制无法发挥"优质优价"的优胜劣汰机制，棉农、加工厂、纺织企业间缺失有效的协调机制，纺织企业难以通过市场机制将需求信息通过加工环节传递给生产环节，只能被动接受低品质的棉花或高价购买优质进口棉花，这是导致棉花品质下降的一个重要原因。

5 提高新疆棉花品质的对策建议

作为我国优质棉基地，提高新疆棉花品质是提升我国棉花产业竞争力、促进纺织服装业可持续发展的关键。当前，一方面要从源头上遏制棉花品质下滑的局面，通过规范棉种市场，治理品种多乱杂问题；另一方面要通过调整补贴方式，向高品质棉花倾斜，引导棉农生产高品质籽棉。长远来看，要通过推进规模化生产、组织化经营，减少交易环节，提升棉花品质，同时要通过科技创新探索适合机采的棉花种植、加工新模式，提高棉花生产的科技化水平。

5.1 规范棉种市场，解决品种多乱杂问题

目前我国棉纺织企业需求多样化、高端化，与新疆棉品质类型单一化、低品

质的矛盾日趋突出，必须按照纺织企业的需求调整新疆棉花品种的种植结构与布局。

一是要加大宣传力度，引导棉农理性选种。继续做好《中华人民共和国种子法》的宣传工作，增强企业守法经营和棉农自我保护的意识，通过宣传皮棉质量状况和市场需求，增强群众的质量意识。

二是要禁止生产、经营未经审定的品种，加大对套牌侵权行为的处罚力度。根据棉种市场出现的假冒伪劣、套牌侵权行为，推动完善法律法规，加大联合执法力度，对不符合条件的坚决予以清除，对低水平重复的品种坚决不予审定，要加大套牌侵权行为的处罚力度。

三是要严格棉花新品种审定，提高新旧品种的差异标准。只搞微小差异改良，不提高新品种差异标准就是保护落后，只有提高新品种与旧品种的差异标准，才能通过市场机制让创新能力强的大企业在竞争中胜出，提高棉花育种的科技水平。

5.2 推进规模化生产，组织化经营

棉花规模化生产有利于提高劳动生产率，降低单位生产成本，提高皮棉的内在品质，提升棉花产业的竞争力。根据我们的调研，如果规模达到几万亩，生产成本可降低10%～20%，规模化的棉花生产有利于种植品种的统一、有利于田间管理的统一、有利于采收过程的规范，这将从根本上提高棉纤维的品质，进而提高棉花的销售价格。由于新疆棉花生产经营高度分散，要实现规模化生产只能通过土地流转实现组织化经营，根据我们的调研，在土地规模相同的情况下，棉花合作社等组织化程度较高的经营方式可比分散的棉农亩均收益高10%～20%，同时组织化经营可提高棉农的议价能力，一方面可以降低农资采购成本，另一方面也可以提高棉花的销售价格，最重要的是可以提升棉纤维的品质。在市场经济条件下，新疆优质棉基地建设必须通过规模化生产和组织化经营，才能有效解决小农经济的各种矛盾，才能实现棉花提质和棉农增收，从而有效解决我国棉花"供需矛盾"问题。

5.3 重塑生产经营主体，减少交易环节

现阶段，围绕棉花生产的利益相关者过多，这些利益相关者均要从棉花产值中分一杯羹，再加上市场经济条件下各利益相关者追求自身利益最大化，使棉花产业陷入"囚徒困境"，表现为棉花生产成本过高、品质下滑。因此，要按照中共十八大的要求"构建集约化、专业化、组织化、社会化相结合的新型农业经营体系"，重塑生产经营主体，减少交易环节。结合新疆优质棉基地建设的实际情

况，①可以通过棉农以土地承包经营权作价入股成立棉花合作社，制定政策鼓励合作社发展棉花加工，直接向纺织企业销售皮棉；②可以利用现有加工流通企业的资金、技术实力，流转棉农的土地成立股份制棉花经营公司，形成集种植、采收、加工、销售为一体的新型棉花经营主体，减少交易环节；③通过棉纺织企业带动、棉花合作社与棉花经营公司联动、棉农积极参与的订单生产，打造"纺织企业＋合作社（公司）＋基地＋农户"的新机制，紧密联结产业链各环节，有效减少交易次数。

5.4 加大科技创新投入，探索棉花种植新模式

多年来，新疆棉花形成的"早密矮膜"种植模式成为优质棉基地"引以为傲"的核心技术，不可否认，这种模式配合手采能生产出高品质的棉花，但随着我国劳动力价格上升，机械化采收成为新疆优质棉生产降低成本的发展趋势，当前机采棉含杂多、品质低、销售困难，究其原因是新疆还未探索出适合机械化采收的棉花种植模式。

一要加大对适合机采的品种的研发投入，培育出衣分高、棉纤维长、成熟相对集中、植株紧凑、高矮适中的机采品种。

二要探索适合机采的种植、采收模式，田间管理与采棉机械不匹配，导致机械化采摘只能降低成本、提高效率，但采收的棉花品质大大降低，要加大对农机与农艺相互适应性的研发投入。

三要加大对棉花加工机械设备的研究及技术改造力度，加快开发与应用机采棉加工新技术、新工艺，提高棉花加工质量。同时还要加强"轻简育苗移栽"技术在新疆的试点，这是解决品种多乱杂、延长棉花生长时间、提高棉花品质的重大技术，该技术的大面积推广应用，可从根本上提升新疆棉花的品质。

5.5 以提高棉花品质为目标，实施综合补贴

新疆棉花产业健康稳定发展的根本出路在于提高棉花品质。建议以提高棉花生产竞争力为核心，在 WTO 的贸易规则下，规避"黄箱"风险与国际贸易争端，加大"绿箱"扶持力度。

一是加大棉区生产能力建设，适度调整目标价格补贴政策，提升棉花生产竞争力。国家产业政策应向生产效率高、棉花品质好的种植者倾斜，向优势植棉区域倾斜，向科技创新方向倾斜。考虑建立产棉大县奖励政策，鼓励棉花生产向宜棉的优势区域集中；加大棉花生产装备建设，补贴机采棉生产综合效益高的地区，逐步培养高产量、高品质、低成本的机采棉种植、加工模式。

二是未雨绸缪，在实现棉花种植保险全覆盖的基础上，逐步探索棉花收入保

险政策。棉农以目标收入向保险机构投保，保险机构对棉农目标收入的核算可以根据前几年的棉花生产利润确定一个 3 年内或 5 年内的亩均目标收入水平。若棉农因灾受损，当损失率达到 30% 以上，保险机构对棉农目标收入与实际收入的差额进行赔付，国家财政对棉农的投保费用给予一定的补贴。

（张杰）